대학생활
끝판왕

20대를
시작하는 너에게

저 자 정동완 조영민 김승호 송다혜 신종원

20대를
시작하는
너에게

고등학교를 졸업하던 그때, 우리는 모든 것을 끝냈다고 생각했다. 그리고 우리에겐 꽃길만이 기다리고 있을 것이라고 막연한 기대를 하고 있었다. 12년 동안 많은 고생을 했고 그 고생의 결과가 지금 우리가 선택한 대학생활이라고 생각했기 때문에 그것은 세상이 우리에게 주는 선물이어야 했다. 하지만 그 선물은 우리에게 또다른 선택과 참여와 노력이 있어야만 누릴 수 있는 것들이었다. 그 선물의 실체는 시간이었다. 그 시간은 날 것으로 주어졌고 전부가 직접 설계를 해야만 했다. 시간 계획을 하고 취미를 선택하고, 수강신청을 해야했다. 심지어 사람을 만나거나 모임에 참여하는 것도 다 내가 취하거나 버려야 하는, 나의 주체적 사고와 결단 없이는 주어지지 않는 것들이었다.

이 시간들이 필자들에게는 너무나 어려운 시간들이었다. 누군가의 조언을 듣는 일도 부담스럽거나 번거로운 일이었고 그렇게까지 치밀하게 대학생활을 준비하고 싶은 마음도 없었다. 그래서 그냥 기다렸다. 그렇게 맞이한 대학생활은 너무나 어려웠다. 답을 써도 맞았는지 틀렸는지 확인할 모범답안이 없었고 나에게 맞는 답을 써내려갈 수 있도록 도와주는 좋은 멘토도 없었다.

대학을 졸업하고 많은 시간이 흐른 지금, 우리 필자들은 각자 속해 있는 중고등학교와 대학교에서 우리가 겪었던 그 어려움들을 동일하게 겪고 있는 인생의 후배들을 보곤 한다. 그래서 그들에게 인생의 어려운 순간마다 이 책을 보면서, 생각할 수 있는 시간을 벌어주고 싶었다.

금낭묘계(錦囊妙計). <삼국지연의>에서 유래된 고사성어인데, 이 고사성어의 유래로 제갈공명이 조자룡에게 위기의 순간마다 꺼내보라고 주었던 3개의 비단 주머니 이야기가 있다. 중국 삼국시대의 제갈공명은 손권의 여동생과 결혼을 하러 가는 유비의 호위를 맡은 조자룡에게 비단 주머니 3개를 준다. 이 비단 주머니는 유비를 속여 인질을 잡으려는 주유의 계책을 간파한 제갈공명의 묘안이었다. 이 비단 주머니로 인해 유비와 조자룡은 위기를 넘기고 오히려 그 손권의 여동생과 결혼을 한 뒤, 무사히 형주로 돌아올 수 있었다.

이 책은 한 번도 겪어보지 않은 세계로 들어가야 하는 인생의 후배들에게 비단주머니를 쥐어주는 제갈공명의 마음으로 쓰여졌다. 중고등학교 교사로서, 대학교 입학사정관으로서 여러 학생들을 만나며 들었던 안타까움과 미안한 마음으로 모인 필자들은 각자의 경험과 지혜, 정보들을 모아 '묘안의 주머니'라기 보다 '인생의 이야기 주머니'를 하나 선물해주고 싶었다.

이 글들은 사랑하는 제자들, 후배들의 졸업과 대학생활을 위한 '이야기 비단 주머니'이다. 이 책의 글들을 읽고 엄청난 계책을 찾아 일이 완전하게 풀릴 것이라는 기대를 하지는 않는다. 인생은 공식을 암기한다고 풀 수 있는 공부가 아니기 때문이다. 다만, 인생을 먼저 살아본 선배 멘토들의 다양한 이야기를 들어보고 주어진 인생을 가늠해보는 도움닫기를 할 수 있기를 바란다.

| CONTENTS |

01
19세, 지난 세상을 돌아보다

02

대학, 새로운 세상을 만나다

| CONTENTS |

O3
도전, 나만의 세상을 디자인하다

O4
사회, 더 넓은 세상으로 걸어가다

01

19세,
지난 세상을 돌아보다

01

지난 12년 동안
남는 게 하나도 없는 것 같아요

#12년간 배운 비밀무기 #누구나 한 번쯤 경험한 얘기
#나는 왜 울었는가 #머털도사

유독 어린시절부터 공부에 대한 압박감 속에서 자라왔고 그렇다고 해서 열심히 한 것도 없는 것 같은데 이 12년의 학생 신분을 마무리해야 하는 지금, 도대체 나는 무엇을 배웠고 무엇을 얻어왔는지 생각을 하게 하는 시간들이다. 열심히 살아온 사람들이나 그렇지 않은 사람이나 저마다 허전한 마음을 가지게 한다. 왜냐하면 대부분의 대한민국 학생들이 주어진 공부를 왜 해야하는지도 모르고 수동적으로 살아왔기 때문이다. 차라리 열심히 놀기라도 했으면 이제 스무살이 되었으니 공부라도 해야하지 않겠냐며 다짐이라도 할텐데, 이제는 좀 쉬고 싶다는 생각이 들면서 어느 것도 열심히 하기 싫어지는 시기이기도 하다.

그런데 그렇다고 해서 마음껏 놀지도 못한다. 고기도 먹어본 사람이 잘 먹는다는 말이 있듯이, 놀아본 사람이 또 잘 놀 수 있다. 놀아봐야 PC방에 가서 밤새 게임을 하거나 영화나 드라마를 마음껏 볼 수 있는 웹사이트에 들어가 하루 종일 드라마나 영화를 보는 것 말고 또 무슨 놀이를 할 수 있을까? 그나마 친구들이 좀 있는 사람들은 하루 하루 여러 친구들을 만나며 맛집에 가거나 쇼핑을 하기도 한다. 그런데 한 번 만날 때마다 소비되는 것이 또 돈이기에 용돈 받아 사는 입장에서 매 번 친구들을 만나러 외출을 할 수도 없는 노릇이다.

생각해보니 열심히 해온 공부라고 하는 것도 대학에 들어가고 나니 더이상 쓸모가 없는 것 같기도 하고 그렇다고 재미있게 놀 줄도 모르는 참 어정쩡한 인간이 된 것 같은 생각이 들어 자신에 대한 한심스러움과 이런 사회에 대한 분노가 치민다. 그런데 그렇게 자신에 대한 원망과 사회에 대한 분노로 이 시간을 채울 수는 없는 일이다. 첫 번째는 정말로 내가 그렇게 무의미한 시간들을 보내왔는지에 대해 따져봐야 한다. 그리고 두 번째는 과거에 대한 나의 해석이 또 나의 미래를 만들 수 있기에 정말 버릴 것이라고 생각되는 부분에 대해서는 뼈아프지만 인정을 하더라도 정말로 다 버릴 것 밖에 없는 지에 대해 냉정하게 분석하면서 미래를 만들어가야 할 것이다.

버티는 것도 능력이다

버티는 것도 능력이다. 대한민국의 남자들이 해외에서 무슨 일을 하게 되면 인정을 받는 일이 많다고 한다. 그 이유 중 하나가 바로 군대 경험이다. 군대라고 하는 단체 생활 속에서 자신이 포기해야 할 것과 조직의 원칙에 따라 자신을 맞추어가며 사는 법을 배운다. 그리고 하기 싫은 일, 혹은 해보지 않은 일을 어쩔 수 없이, 열심히 해보면서 자신의 경험치를 늘려간다. 대한민국의 군인들은 군대에 가면 훈련만 하는 것이 아니다. 막노동을 하기도 하고 음식을 만드는 일을 하기도 하며, 행정 일을 하기도 한다. 주어진 일을 모두 착실하게 해야 한다. 그러다 보니 사회에 나왔을 때 모든 일이 참 쉬워보이기도 한다. 무엇보다 전역한 사람이라면 가지게 되는 능력이 하나 있는데, 그것이 바로 버텨내는 능력이다. 그 버틴다는 것이 수동적인 말 같이 느껴지기도 하지만, 그것도 쉬운 일은 아니다. 이 버티는 능력을 가진 사람은 어려운 시기를 어떻게 보내야 할지 안다.

이스라엘 2대 왕인 다윗왕의 반지에는 솔로몬의 지혜가 담긴 이런 말이 새겨져 있었다고 한다.

This too shall pass away(이 또한 지나가리라)

사람이 사는 일 속에는 좋은 일도 있지만 어려운 일도 있다. 좋은 일만 있다고 해서 교만할 필요도 없고 나쁜 일만 있다고 해서 낙심할 필요도 없다. 왜냐하면 시간은 흐르고 그 시기는 이미 과거가 되어가고 있기 때문이다. 많은 사람들이 직장 생활을 하면서, 입시 준비를 하면서, 또는 인생을 살면서 다가오는 많은 어려움 속에서 빠져나오지 못하는 이유 중 하나가 그 시간이 영원할 것이라고 믿기 때문이다. 그만큼 어려운 시간들을 버텨내는 능력은 중요하다. 대한민국의 대부분의 성인들은 12년이라고 하는 시간을 네모난 교실에 앉아서 똑같은 교과서를 펴고 똑같은 시간표에 따라 사는 인생을 버텨낸 사람들이다. 그 과정 속에서 때로는 행복한 추억을 만들기도 했고, 희열을 느끼기도 했으며, 사랑도 했고, 우정을 만들기도 했다. 생각해보면 그리 힘들기만 했던 시간들은 아니었다. 너무 지루하고 힘들 때는 몰래 웹툰을 보기도 했고, 평소에는 잘 그리지도 않는 그림을 그리며 머리를 쉬게 두기도 했으며, 다시 마음을 다잡고 집중을 하며 공부라고 하는 불구덩이로 뛰어들기도 했다.

그런 시간이 흐르고 흘러 오랜 시간을 버텨냈고 지금은 성인이 되고 있다. 우리나라의 건국신화나 설화를 보면 주인공들이 대부분 이런 고통의 시간들을 견뎌낸 후 위대한 성취를 이룬다. 때로는 아무런 의미가 없는 것 같은 고통도 주어진다. 단군신화에 나오는 호랑이와 곰은 '쑥'과 '마늘'을 100일 동안 동굴 안에서 먹어야 했다. 이는 대부분 '통과의례'로써 이런 어려움과 고통을 겪어내야만 하는 시간이라고 해석을 한다. 이런 어려움을 이겨내고 성인이라고 하는 자유인이라고 하는 시간을 얻어냈다. 그냥 나이만 먹고 주어진 자유가 아니란 말이다. 그렇게 잘 버텨내는 일을 해낸 것이 얼마나 유익한 일인가?

생각보다 뛰어난 능력

아는 사람이 없을 수도 있겠지만, 1990년대에 나온 애니메이션 중 '머털도사'라는 만화가 있었다. 그 만화는 시대의 유능한 두 도사가 각자의 제자들을 키워가며 나름의 경쟁 속에서 성장하는 이야기가 담겨 있다. 두 도사의 교육 방법은 많이 달랐다. 한 도사는 보기에도 뛰어나 보이는 명석한 제자를 골라 싸움의 기술과 역량을 길러주면서 뛰어난 싸움꾼을 만들어갔고, 한 도사는 지능과 신체능력이 떨어져 보이는 제자를 골라 밤낮 밥을 차리게 하고 청소를 시키며 그냥 이 아이를 데리고 살았다. 가르쳐준 것이라고는 머리를 세우는 능력 뿐이었다. 그런데 나중에 이 머리를 세우는 능력을 가진 것이 자신을 변신시킬 수 있는 능력이었다는 사실을 알게 된다. 나아가 머리털로 타인을 변신시키는 능력 또한 가지게 된다. 그 아무것도 배운 것이 없었다고 생각했던 이 머털도사는 자신이 생각하는 자신보다 실제 자신이 참 뛰어난 사람이라는 사실을 뒤늦게 알게 된 것이다. 그 시간이 너무 오래 걸렸다. 그래서 그 시간 동안 자신을 사랑해주고 자신도 사랑하는 여자친구를 마음 아프게 했다. 심지어 여자친구를 빼앗길 뻔 하기도 했다.

이 글을 읽고 있는 대한민국의 학교 졸업생들은 자신이 생각하는 자신보다 뛰어난 능력을 보유한 사람들이라고 믿어볼 필요가 있다. 물론, 부족한 부분도 있을 것이다. 유럽이나 북미 지역에서 조금 더 선진화된 교육을 받은 졸업생들이 하는 질문 능력과 협업 능력, 발표 능력 등을 보면 부족한 부분이 있는 것도 사실이다. 그런데 그러한 능력은 인간이 사회생활을 하면서 갖춰야할 일부일 뿐이다. 사람에게는 갖추어야 할 기본 소양이라는 것이 있다. 글을 읽어내고, 산술을 풀어내며, 지식을 담아낼 필요도 있다. 이런 교육을 꾸준히 받은 사람들은 그 단계에 이르렀을 때 어려운 공부를 척척 해내는 모습을 볼 수 있다.

나는 중학교 시절부터 편두통을 앓고 살았다. 그 이유는 어울리지 않게 공부를 너무 열심히 했고 또 스트레스를 많이 받았기 때문인데, 그러면서 얻은 것이 있다. 처음에는 폭넓고 깊게 공부하고 점차 요약을 해가기 시작해서 시험 전날은 A4용지 한 장에 모든 정보를 키워드 중심으로 담아넣는 방식이었다. 그래서 나는 항상 시험날 아침에는 키워드만 적혀 있는 종이 한 장을 들고 여유를 부리고 그것을 보고 있었다. 그것이 습관이 된 나는 나만의 내신 등급 유지법이 있었던 것이다.

그 이후, 좀 더 나이가 들어 직장을 다니면서 대학원에 진학하여 일과 학업을 병행해야 하는 일이 있었다. 나는 퇴근하고 지하철에서 시험공부를 하곤 했다. 직장에서는 공부를 할 수 없었기에 지하철만이 내가 공부할 수 있는 유일한 시간이었다. 그때 나는 역시 습관처럼 종이 한 장을 들고 공부를 하고 있었다. 그렇게 공부를 하고 매번 시험을 치를 때마다 틀리는 것은 한두 개 밖에 없었다. 물론, 뒤늦게 공부를 하며 이런저런 질문과 토론, 발제를 하면서 배운 것들도 참 많은 시간들이었지만, 이런 지루하고도 귀찮은 암기식의 공부를 너무나도 쉽게 습관처럼 해버리는 나의 모습을 보며 생각보다 나의 능력이 뛰어나다는 것을 깨닫게 되었다.

그 덕분에 나는 대학 4년 동안에도 한 번 받아본 적이 없는 장학금을 대학원 시절에 두 번이나 받아냈다. 그것도 직장생활을 하면서 말이다. 누구에게나 치열하게 살아왔던 시간들이 언젠가는 자신의 삶의 중요한 도구로 사용된다는 사실을 잊지 말아야 한다.

유대감과 연대 의식의 출발

　규정이 엄격한 남자고등학교에서 생활을 했던 나는 학교 뱃지를 미착용하거나 실내화 가방을 안 들고 오는 정도를 제외하고는 크게 문제를 일으키지 않고 학교생활을 했다. 그런데 학교에서는 사소한 학교 규정을 어기는 일이 많아진다면서 정학이나 퇴학 규정을 조금 더 강하게 적용하는 시기가 있었다. 나는 평소에 그런 정학이나 퇴학 정도는 생각해보지 않고 학교생활을 했기 때문에 크게 긴장을 하지 않고 생활을 했다.

　어느 날 친구들과 농구를 하고 운동장 수돗가에서 등목을 한 뒤 상의를 탈의하고 교실로 들어가고 있었고 품위에 어긋난다며 상의를 반드시 입고 교실로 들어가라는 학생 주임 선생님의 훈육지도를 받았다. 그때 수건이 없었던 나는 그말을 듣고도 옷을 입지 않고 교실로 뛰어들어가고 있었다. 마침 2층에서 내가 옷을 입었는지를 보고 계셨던 학생주임 선생님은 나를 부르시더니 교무실 앞에서 무릎을 꿇고 있으라는 지도를 하셨다. 그 자리는 평소에 정학이나 퇴학 수준의 징계를 받기 전 대기를 하던 장소로 그 앞에서 무릎을 꿇고 있다는 것은 참으로 수치스러운 일이었다. 나는 그 장소에서 내가 그러고 있는 것이 수치스럽기도 했고 자존심도 상해서 눈물을 쏟아냈다. 후배들과 우리 반 친구들도 나에게 와서 무슨 일이 있었냐고 물었다. 무엇보다 내가 닭똥같은 눈물을 뚝뚝 흘리면서 서럽게 울고 있으니 아마도 무슨 큰일이 났느냐며 물어온 것이다. 그때 나를 항상 지지해주고 사랑해주었던 몇 친구들이 교무

실 앞으로 몰려와 이 친구가 무엇을 잘못했는지 모르지만 정학이
나 퇴학을 당할 만한 일은 하지 않았을 것이라며 행여나 작은 잘못
을 했다 하더라도 너무나 무거운 징계가 부여되면 우리가 힘을 모
아 이의제기를 할 것이라고 했다. 그리고는 나에게 울지말라고 했
다. 그 이야기를 듣고 나니 나는 더 눈물이 나서 더 펑펑 울었던 기
억이 있다. 밖이 소란스럽자 학생주임 선생님께서 나에게 일어나
라고 하시더니, 몇 마디 훈육을 하시고 교실로 보내셨다.

그일은 그렇게 일단락이 되었다. 친구들은 뭘 그정도 가지고 눈
물까지 흘렸느냐며 묻기도 했고 다른 친구들은 나라도 눈물이 났
을 거라며 위로하기도 했다. 나는 이 시간을 통해 얻은 것이 있다.
바로 우리 반 친구들로 부터 얻은 공동체적 위로였다. 내가 무슨
일을 당해도, 나에게 억울한 일이 발생했을 때에도 이 친구들이 힘
을 합쳐 나를 도와줄 것이라는 믿음 말이다. 그 뒤로 특별히 그런
일은 발생하지 않았지만 나는 공동체를 더 신뢰하기 시작했고 학
급의 일에 더 신경을 쓰게 되었다. 주변 친구들과 인간관계는 신경
써서 가지는 편이었지만 워낙 혼자 있는 것을 좋아하고 혼자 사는
것이 편했던 나는 동일 집단에서 얻는 유대감을 크게 느끼지 않고
생활해왔었다. 그런데 이 날 친구들이 나를 대하는 모습을 보며 이
집단에 대한 신뢰가 생기고 마음의 안정감을 얻게 된 것이다. 평소
에는 등급 하나에 석차 하나에 민감한 녀석들이었기에 노트 하나
빌려주는 것도 망설이더니 정작 친구가 위기에 놓이자 그런 멋진
말들을 하는 것 아니겠는가?

이런 유대감은 별 것 아닌 것 같아도 사람의 성장에 큰 영향을 준다. 청소년들이 친구들과의 관계에 목숨을 거는 데는 다 이유가 있다. 사람의 자아는 타인과의 관계를 통해 형성되기 마련인데 이 청소년 시기가 동일집단의 관계 속에서 자아가 형성되고 자신에 대한 신뢰와 사회에 대한 신뢰, 그리고 나아가 공동체에서 오는 안정감으로 인해 성장의 욕구가 생긴다고 한다.

> 우리가 가치 있다고 느낄 때, 우리가 소중하다고 인정받을 때, 우리는 만족합니다.
> 우리가 맺는 관계에서 상호 자존감이 인정받고 존중될 때, 우리는 서로 마음이 통합니다.
> 상호 간의 자존감은 양 당사자가 서로에게 손을 내미는 데 필요한 안심 또한 제공하고 지속적인 성장과 발전을 가능하게 해 줍니다.[1]

　인간은 안정감을 느낄 때 자존감이 올라가고 성장과 발전에 대한 욕구를 가지게 된다. 우리는 알게 모르게 이러한 강력한 유대감 속에서 성장했다. 우리는 유독 유대감이 강한 나라에서 청소년기를 보냈다. 서로 많은 갈등과 경쟁 관계에 놓여 있기도 했지만 아무런 조건 없이 서로를 감싸주고 사랑해주며 일치감을 느끼는 일도 많았을 것이다. 이 유대감은 앞으로 인생을 살아가면서 자신에게, 우리 사회에 필요한 연대 의식과 공동체 의식을 가지게 할 것이다.

---

1) <존엄> 도나 힉스, 창비

생각보다 얻은 것이 많은 시간이었다. 물론 잃은 것도 있을 것이다. 하지만 이번 장에서는 얻은 것을 생각해보기 바란다. 그 얻은 것이 내가 십대에 대가 지불했던 시간에 대한 보상이었다고 해석하며 그것을 소중하게 여기기 바란다. 그리고 그것이 자신의 인생에서 요긴하게 사용될 것임을 믿어보길 바란다.

2

수능이 끝났다는 것,
어떤 의미일까요?

#수능 #대입 #수험생 #감사 #책임질 줄 아는 사람
#보이지 않는 19세 #진짜 경쟁

　매년 수능감독을 하러 간다. 어느 날은 수능 감독을 하러 갔다가 5교시 제2외국어 감독까지 하게 되었다. 학생들이 시험을 마치고 모두 자리에 앉아서 휴대폰가방을 기다리는 동안, 뭔가 뻘쭘해서 한 마디 했다. "여러분, 고생했습니다. 어떤 성적을 받든지 여러분의 노력과 수고에 스스로 칭찬해줬으면 좋겠고, 어느 대학을 가든지 인생은 성적이나 대학 순이 아니라는 것을 꼭 기억했으면 좋겠습니다." 그랬더니 한 학생이 대답했다. "그런데 솔직히 성적 순 맞잖아요."

　그 이야기를 듣고 참 미안함이 많이 남았다. 어쩌면 교사로서 학생들을 잘 못 가르치기도 한 것 같고, 성적만 바라본 기계처럼 만든 것 같기도 하는 착잡함이 남았다. 그러나 그렇게 말한 학생이든 아니든 아마 수능이 끝나고 시험장을 빠져나가는 학생들의 발걸음은 후련함과 허무함이 담겼을 것이다. 사실 학생 때 수능 시험이, 그리고 대학 입시가 인생을 결정할 거라는 얘기를 많이 들었을 것이다. 그러나 사실은 그렇지 않다. 그건 학생들이 이 험난한 대학 입시를 잘 견뎌내고 끝까지 걸었으면 하는 어른들의 주문 같은 것이다.

인생은 하루 아침에 결정되는 것이 아니다

인생은 수능이나 대학의 이름으로 결정되지 않는다. 수능만 지나면 해방감이 올 것 같았는데 정작 시험이 끝나고 느꼈던 허무함은 인생은 그렇게 한 순간에 드라마틱하게 바뀌지 않는다는 증거이기도 하다. 인생은 드라마나 웹툰처럼 결말이 있는 것이 아니다. 오늘 좀 더 나은 결과를 얻었다고 할지라도 그것이 무조건 내일의 성공과 행복을 담보하는 것은 아니다.

수능이 끝났어도, 스무 살이 되어도, 직장인이 되어도 마찬가지다. 중요한 것은 수능시험의 점수가 아니라, 초중고 12년 동안 어떤 생각을 하며 어떤 사람으로 자랐느냐는 것이다. 그리고 그 12년보다 더 중요한 것은 앞으로 어떤 것을 보고, 듣고, 읽으며 어떤 사람으로 성장하느냐는 것이다. 사실은 그것이 수능이나 대학보다 더 중요하다.

이 시험이 자신의 인생을 가르거나 승자와 패자를 만든다고 생각하지 않았으면 한다. 그러나 한편으로는 대학입시를 마친 학생들이 보고 기억했으면 하는 몇 가지 사실을 이야기하고자 한다.

사실, 이런 대역병의 시대에 고3으로 지냈다는 것이 어떤 의미일지 나는 상상하기 어렵다. 그래서인지 혹자는 '저주받은 코로나 수험생'이라든지 하는 말들도 많이 하는 것 같다. 그러나 솔직히 말하면 매년 수험생들은 자신이 가장 힘들다고 말해왔다. 수능이 잠시 등급제로 바뀌었던 2008년에 입학한 대학생들은 자신들을 '죽음의 트라이앵글' 세대라고 부른다. 입학을 위해 내신, 수능, 논술 및 면접 모두 신경써야 했다고 말이다. 우리 사회는 대학입시를 위해 모든 것을 희생한다. 결코 학생들만 희생하는 것은 아니다. 학생들이 느끼는 것 이상으로 우리 사회는 수험생들을 위해 애를 쓴다. 초1부터 고2까지 온라인 수업을 하는 와중에도 고3만큼은 차이 없는 교육을 받아야 한다며 어떻게든 등교 수업을 해낸다. 심지어 코로나 백신을 맞을 때도 수험생들은 모두 백신을 맞게 했다. 그 결과 백신 우선순위에서 밀린 2~30대들이 위장 수험생이 되어 수능을 신청하기도 했다. 그래도 '수능은 봐야 한다'라며 정부도 대책을 세우고 시민들도 협조하고자 애를 썼다.

　코로나 시기에도 그렇지만 그 이전에도 마찬가지였다. 매년 11월 추운 날씨에 경찰관들은 새벽부터 핫팩을 붙이고 수능 시험장 앞에서 2시간 넘게 교통지도를 했다. 시험장 근처는 소음이 발생하지 않도록 통제되고 비행기마저 제한했다. 그리고 그 곳에 수험생을 안전하게 데려다주기 위해 부모님들이 각자의 차를 타고 교문 앞까지 데려다준다. 교문 앞에서는 선생님들이 너희를 응원하기 위해 나와있다. 지하철과 시내버스는 증편되어 너희가 시험장에 늦지 않도록 도왔다. 직장인들은 출근 시간을 늦춰가며 수험생들의 시험장으로의 출정 길을 비워두었다. 그리고 수험생들의 부모님은 1년 내내 자식을 걱정하며 수험생들만큼, 혹은 그 이상으로 애를 쓰셨다.

이 모든 노력들이 합쳐져서 수능을 마칠 수 있었다. 프랑스나 영국같은 나라들이 코로나로 인해 대학입학 시험을 취소하는 와중에도 우리나라는 수능을 보기 위해 애를 썼다. 나도 그게 옳은 것이었는지는 모르겠다. 그러나 어쩔 수 없이 시험을 봐야 했다면, 우리 사회는 그걸 위한 최고의 노력을 하고자 했다.

주변의 보이지 않는 노력을 기억했으면

그러니 기억했으면 한다. 고3까지 12년을 보내면서 이룬 모든 것은 혼자만의 노력은 아니었다. 우리가 볼 수 없었던 곳에서 많은 사람이 지원했다. 보지 못했다고 있지 않았던 것은 아니다. 항상 책상에 앉아 고개 숙여 교과서를 보고 문제집을 풀었던 이들도, 이제는 고개를 들어 무엇이 자신을 도왔는지 둘러볼 수 있어야 한다. 그리고 그 작은 것들에 감사할 수 있었으면 좋겠다.

그리고 또 기억해야 할 일이 있다. 수험생을 위해, 알게 모르게 많은 사람이 힘을 썼듯 이제 스무살이 되는 학생들 역시 시민의 일원으로서 우리 사회를 위해 힘써야 한다는 것을. 수능이 끝났다는 것은 학생 신분에서 성인이 되었다는 것이다. 다시 말하면 이제 한 명의 시민으로서 책임감을 가져야 한다는 것이다. 해방감에 음주를 하며 곳곳을 돌아다니기보다는, 자신에 대한 도움을 되돌려줄 줄 아는 사람이 되어야 한다.

그리고 한 가지 더, 기억해야 할 것이 있다. 너희는 수능이 고3에게 당연한 듯 여겨왔겠지만 수능은 대한민국 19세 청소년의 60%만 응시한다. 절반에 가까운 19세들은 수능을 보지 않았다. 온 세상이 '수능, 수능' 외치며 모든 사람이 이것만 보는 것처럼 주목할 때, 그와 상관없이 세상을 살고 있는 또 다른 10대 또래들이 있다. 보이지 않는 곳에서 자신들의 길을 닦고 있는 또 다른 열 아홉살 친구들이 있다는 것을 기억해야 한다. 나와 다른 길의 사람이 있었다는 것을 인식하는 것 자체가 중요하다.

남과의 경쟁이 아니라 나와의 경쟁

마지막으로 반드시 기억해야 한다. 모두 알겠지만 수능 시험은 모든 이의 행복을 빌어줄 수 없는 구조이다. "수능 대박나세요!"라는 응원도 사실은 나의 대박은 남의 불행이기에 옳지 못한 응원이다. 수능은 모든 이가 만점을 맞으면 모두가 사실상 5등급이 되는 제도이다. 누군가가 낮은 성적을 받아야 나의 성적이 비로소 높아질 수 있다. 이런 제도 속에서 우리는 남을 이기는 데만 집중해 왔을지도 모른다. 그것을 경쟁이라고 이름 붙여서 공정한 경쟁이라고 불러왔는지도 모른다.

특히 이 경쟁과 공정은 오늘날 사회의 커다란 이슈가 되었다. 대학입시에서도 정시와 수시 중 무엇이 더 공정하냐를 가지고 매번 교육계에서 논쟁이 벌어진다. 비단 교육계 뿐 아니라 입시를 경험했던 모든 사람이 무엇이 더 공정했는지를 가지고 갑론을박이 벌어진다. 나는 여기서 어떤 제도가 더 공정하고 옳다는 얘기를 하고 싶지 않다. 다만, 무조건 남을 이겨야하는 경쟁만으로는 아무 것도 얻을 수 없다는 것을 말하고 싶다. 지금껏 남을 이기는데 중점을 두고 살아왔다면 지금부터는 이러한 태도를 바꾸는데 전력을 다해야 한다.

인생은 이렇게 제로섬 게임이거나 한 줄 세우기로만 결정 나는 것이 아니다. 진짜 경쟁은 자기 자신과 해야 한다. 어제보다 내일이 나은 삶이 될 수 있도록, 더 많은 것을 읽고 더 많은 것을 경험했으면 한다. 누군가를 이기는 것을 목표로 하지 말고, 자기 자신에게 열중하고 그 결과로 누군가를 이겨야 한다.

이 말이 꼰대 같다고 할 수 있겠지만 진짜 하고 싶었던 말들을 지금 이 순간까지 품어왔다고 생각했으면 한다. 교사는 현실을 정확히 가르치고 이상을 품을 수 있도록 가르쳐야 한다고 생각한다. 그러나 나는 나의 이상이 너희의 인생을 망칠까 두려웠다. 그래서 수능과 대입이라는 현실을 과장해서 겁을 주고, 함께 할 수 있다는 이상을 축소해서 불가능한 것처럼 말해왔다. 부끄럽고 미안하다.

수고 많았다. 대입의 결과가 끝이 아니라 새로운 시작이길 바란다.

03

수능을 망치면
인생도 망하나요?

#수능 망하면 인생도 망하나요 #암흑기 #속도보다는 방향
#첫 단추 #2,4,6,8,10,12 다음은?

올해도 어김없이 수능이 치러졌다. 수능을 망쳐 절망감에 빠져 있는가? 수능이 인생의 전부라고 생각했는데 인생을 모두 날려버린 기분이 든다면 이제는 그러한 편협한 시각에서 벗어나 세상을 넓게 바라볼 필요가 있다. 또한, 수능성적이 잘 나와 행복해하고 있는 학생들은 더욱 겸손하고 좋은 결과를 얻게 된 것에 감사해야 한다. 그리고 마찬가지로 그것이 인생의 전부가 아니며 지금의 위기를 기회로 극복하고 있는 친구들이 있다면 나에게도 그런 경험이 반드시 찾아올 것이라는 점을 새겨야 한다.

19살의 암흑기

고등학교 3년 동안 학교 앞에 걸려 있던 문구이다. 나는 이때만 해도 당연하게 수능성적이 인생을 결정한다고 믿었고, 하루에 10시간씩 공부하면서 고등학교 생활을 보냈다. 모두가 내게 3년만 고생하면 30년이 행복할 거라고 말했다. 마침내 수능 당일, 내 인생 중 최악의 하루를 경험했다. 수능 한 달 전부터 이미 지쳐있었던 나는 모든 체력과 자존감이 바닥나 있었고, 그렇게 반포기 상태로 시험장에 도살장 끌려가듯 들어갔다. 내 자리는 오른쪽 맨 뒷자리였고, 문틈 사이로 들어오는 찬바람과 옆에 서 계시는 부감독 선생님이 나를 더욱 떨리게 했다. 수족냉증이 심했던 나는 손을 덜덜 떨면서 언어 영역 시험지를 받았다. 이때의 기억은 아직도 생생하다. 비문학 지문을 눈으로 읽고 있지만 머릿속으로는 '한 문제 틀릴 때마다 등급은 내려간다. 이 시험 못보면 그동안 공부했던 나의 노력도 모두 물거품일 거야.'라는 생각이 계속 맴돌았다. 그리고 초등학교 때 처음으로 공부해보겠다고 문제집을 든 그 순간부터 고등학교 때까지의 나의 모습이 파노라마처럼 스쳐 지나갔다. 그 속엔 항상 뒤에서 뒷바라지해 주시던 부모님도 있었다. 그때부터 알 수 없는 감정에 휩쓸려 멘탈이 흔들리기 시작하더니 그 뒤로는 어떻게 시간이 흘러갔는지 기억이 잘 안 난다. 결국 내게 '수능 대박'은 없었다. 아니, 망했다. 19살에 '인생을 결정 짓는' 시험을 무리 없이 잘 보기엔 내가 너무 어리고 약했다.

　수능 이후 나는 책 속에서만 보았던 '하늘이 무너진다'라는 말을 완벽하게 체감했다. 말 그대로 정말 앞이 캄캄했다. 9월 모의고사 때까지만 해도 딸이 혹시 수능을 너무 잘 볼까 봐 걱정하신 어머니는 수능 가채점 결과를 보시더니 그 자리에서 주저 앉으셨다. 죽을 것 같던 수능이 지나고 학교에 갔는데 친구들은 다들 멀쩡했다. 평소대로 점수가 나오거나 정말 '대박'을 친 친구도 있었다. 난 정말 내 인생이 끝난 줄 알았다.

수능점수=인생점수?

그렇게 수능을 망치고 정시 전형은 답이 없을 것 같다는 생각이 들어 수시 2차 전형으로 온갖 학교와 학과에 지원했다. 이때만 해도 수능 이후에 수시 지원을 할 수 있었다. 오로지 수학교육과만 바라보던 내가 통계학과, 간호학과 등등 전혀 생각해보지 못한 학과에 지원하고 면접도 열심히 보러 다녔다. 그리고 네이버 지식인에 '통계학과 졸업 후 진로'라고 검색해본 기억이 난다. 학교가 아닌 통계청에서 일하고 있는 나를 떠올리기도 했다. 다행히도 내 내신점수가 높게 환산되면서 면접 비중이 60%나 되는 수학교육과를 찾아 지원하게 되었고, 1명 뽑는 학생부 종합 전형에 극적으로 합격하게 되었다.

그리고 나는 합격한 날로부터 내 실패 원인이 무엇인지 철저히 분석하기 시작했다. 4년 후에 있을 임용 시험에서는 두 번 다시 실패하고 싶지 않았기 때문이다. 대학교 4년 동안 나는 고등학교 때와는 다른 방식으로 열심히 살았다. 공부 방법도 바꾸고 지치지 않게 나를 돌보는 법도 찾았다. 최대한 부정적인 생각은 하지 않았고, 인간관계에 대한 스트레스에서도 벗어나 초연한 상태를 유지했다. 임용 시험 당일, 떨렸지만 기분이 좋았다. 부담은 수능 때보다 적었고, 4년 동안 열심히 한 것을 점검한다는 마음가짐으로 임했다. 이때 나에게 스스로 했던 말은 '이 시험은 네가 반드시 다 맞아야 하는 게 아니야. 지금까지 잘해왔고, 그걸 그냥 보여주기만 하면 돼.' 이다. 시험이 끝나고 시험장에서 걸어 나오는 나의 발걸음은 가벼웠다. 결과가 어떻든지 200%를 쏟아 내었다고 생각했고 조금의 후회도 없었다.

돌이켜 보면 나는 19살의 암흑기가 내 인생에 많은 변화를 주었다고 생각한다. 누군가는 내가 수능을 잘 보았더라면 오만함에 빠져 대학교 입학 후에 열심히 살지 않았을 것이라고 한다. 덕분에 겸손한 마음으로 대학교 4년 동안 고등학교 생활을 되돌아보며 문제점을 찾아 해결할 수 있었다. 수능을 잘 본 사람들은 더 나은 삶을 살고 있을까? 보상심리에 대한 부작용으로 삐뚤어지는 삶을 사는 친구, 명문대에 합격했지만, 적성에 맞지 않아 방황하는 친구 등 반드시 인생이 승승장구하며 잘 풀리는 것만은 아니다. 극단적인 예로 드라마 '스카이캐슬'에서 영재는 서울대 의대를 합격했지만, 그 과정에서 괴물이 되었다. 결국, 부모님에 대한 증오로 대학등록도 포기한 채 집을 떠났고 이러한 영재의 행동은 어머니를 자살하도록 만들었다.

지금까지의 논리로 보면 수능을 잘 본 사람은 인생에서 실패한다는 것인가? 라고 오해할 수 있다. 공부는 인생에서 중요하다. 정확히 말하자면 인생에 중요한 것이 돈, 사랑, 직업, 신념 등이 있다면 그중 하나가 공부가 될 수 있다. 학벌의 의미가 많이 퇴색되었고, 블라인드 채용이 이루어지고 있지만 왜 사람들은 아직도 명문대에 나왔다고 하면 1차적으로 높게 평가하고 기업에서 선호할까? 미적분을 잘해서? 비문학 지문을 빨리 풀어서? 물론 수능의 평가 요소에는 문제해결능력, 계산능력 등이 있지만 3년 넘게 딱딱한 책상에서 누구나 싫어하는 그 어려운 수험 생활을 이겨낸 인내심이라는 것도 포함되어 있다. 인간은 본능적으로 휴식을 좋아하게 되어 있다. 나도 학교 다닐 때 수학하는 것을 좋아했지만, 시간이 날 때 하고 싶은 것은 누워서 유튜브를 시청하는 것과 좋아하는 사람들과 맛있는 것을 먹는 것이다.

그러니 공부를 열심히 했다면, 수능을 잘 보았다면 자신을 자랑스럽게 여겨도 된다. 어쩌면 가고 싶은 길에 조금, 아주 조금 더 빠르게 다가갈 수 있는 기회를 얻는 것이기 때문이다. '난 사업가가 되고 싶기 때문에 공부 못해도 상관없어!', '취업에 필요한 기술을 배우는 게 낫지.'라고 생각할 수 있다. 이 말도 맞는 말이 될 수 있다. 한편으로는 수능이 문제해결능력과 계산능력, 인내심 등을 평가한다고는 했지만 사회에서 필요한 창의성, 갈등을 조정하는 지혜, 성품 등은 평가할 수 없다는 함정도 있다. 중요한 것은 학창 시절 때의 공부가 인생의 모든 것을 결정 짓는 것이 아니라는 것이다. 즉, 인생의 어느 한 줄기 부분이 잘 자라고 있다는 것을 보여줄 뿐, 아무도 인생 전체를 절대적으로 판단할 수 없다. 우리에게는 앞으로 수많은 경험과 복잡한 현실이 기다리고 있다.

인생의 방향을 설정하라

> 다음에 올 숫자를 추측해보자. 2, 4, 6, 8, 10, 12, □

정답은 734이다. 그 이유는 a_1=2, a_2=4, a_3=6, a_4=8, a_5=10, a_6=12라고 하면 흔히 7번째 항에는 14가 올 것 같지만, 일반항을 $a_n=n^6-21n^5+175n^4-735n^3+1624n^2-1762n+720$이라고 설정했을 때, $a_7=7^6-21×7^5+175×7^4-735×7^3+1624×7^2-1762×7+720=734$가 된다. 이렇게 내가 생각한 규칙과 경험들이 앞으로의 결과를 100% 확신하기에는 반례와 오류가 있을 수 있다. 저 숫자들의 나열들이 여러 실타래로 얽힌 우리의 인생과는 비교할 수 없을 정도로 단순하지만 비유하자면 그렇다.

지금부터 우리는 우리가 어떻게 살아가고 인생의 문제를 해결해 나아가야 하는지 직접 배우고 경험해야 한다. 오마이 뉴스 대표 오연호는 세바시 인생 질문 인터뷰에서 한 기자의 사례를 말해준 적이 있다. 그 기자는 학교 다닐 때, 꼴등 근처의 성적을 받았다고 한다. 그렇다면 어떻게 그는 기자가 되었을까? 그가 믿은 것은 '인생은 내내 성장기이다. 내 안에 또 다른 내가 있다.'라는 자신의 신념이다. 그러면서 오연호 대표는 고등학교 3학년 수능성적이 나의 전부라고 생각하면 안 된다고 말했다. 이것은 나의 일부일 뿐이며 어느 한 시점에서 어느 한 방법으로 채점된 방식의 나일 뿐이라고 했다. 인생은 고3으로 끝난 것이 아니며 20대로 끝나는 것도 아니고 인생은 내내 성장한다. 그 과정에서 내 안에 있는 다른 나를 어떻게 발견해 볼까 고민해야 한다는 것이다.

'스카이캐슬'에서 명문대 의대 출신 강 교수는 혜나가 자신의 딸인 줄도 모르고 욕심에 눈이 멀어 병원장 손자 수술을 택했다. 나중에 이 사실을 알게 되자 죄책감에 시달린 강 교수는 어머니를 찾아가 소리치며 말했다. '내일 모레 나이 쉰이 되도록 어떻게 살아야 하는지도 모르는 놈을 만들어놨잖아요. 어머니가!'. 겉으로 보기에는 좋은 학벌에 똑똑한 자녀까지 둔 의사가 꽤 괜찮아 보일 수 있지만, 그 사람은 자신의 인생이 아닌 어머니가 맞춰 놓은 삶을 살아가고 있어 정작 중요한 가치를 놓치고 있었다. 생각보다 인생은 참 길다. 수능점수보다 더 중요한 것은 '나는 어떤 가치와 신념을 가지고 살아갈 것인가?'를 결정하는 일이다. 그동안 성적 올리는 법에 대해서만 배워왔고 가르침을 받아왔기에 이러한 고민은 누군가 알려주지도 않았고 모르는 것이 당연하다. '스스로 선택하는 힘'을 기르는 것이 중요하다. 그것은 앞으로 직업을 선택할 때나 인생에서 중요한 결정을 할 때 나의 가치관과 신념이 매우 중요한 역할을 한다.

지금부터 그 첫 단추를 꿰는 것이다.

04.

수능이 끝났는데 지금 당장
해야하는 일이 있다면요?

#수능 이후 #이것만 해도 반은 간다 #현실적 조언
#당신은 어떤 씨앗을 심겠습니까?

수능 본지 벌써 10년이 지난 지금. '수능 끝나고 무엇을 했을까?'를 떠올려보면 남들이 하는 비슷한 것들을 했다. 자기계발 도서 읽기, 운동하기, 가족들과 시간보내기 등. 이미 위시리스트를 만들어 수능이 끝나자마자 계획적으로 실천하는 멋진 예비 대학생들도 있을 것이다. 시대가 많이 흘렀기에 현재 대학 생활을 하는 대학생들은 어떤 것들을 해왔는지 궁금했다. 역시나 요즘 20대들은 좀 더 현명하고 현실적인 일들을 실천해오고 있었다. 인터넷 발달로 인해 많은 정보들을 알 수 있을 뿐더러 수능이후가 진짜 시작이라는 마인드를 갖고 있었다. 나의 경험과 현재 재직 중인 학교 졸업생의 경험을 바탕으로 수능 이후 하면 좋을 일들을 정리해보았다.

국가장학금 신청하기

이 책을 읽고 있는 시점이 언제인지는 모르겠지만 12월이라면 국가장학금을 꼭 신청해야 한다. 국가장학금 제도는 현재 8구간 이하의 학생들을 대상으로 지급하며, 한국장학재단에서 신청할 수 있다. 의외로 학생들이 '우리 집은 소득이 적지 않으니 안 되겠지?'라고 넘기는 경우가 많은데 생각보다 소득분위 산정에 있어서 해당 구간에 속하는 경우가 많다. 9구간, 10구간에 해당하는 학생들이 실망할 수도 있지만, 이외에도 성적 장학금, 기타 대외장학금의 기회도 있을 수 있으니 모든 대학생들이 미리 신청해 두는 것을 추천한다.

　요즘은 토스 금융앱이 한국장학재단과 업무협약을 맺어 좀 더 편리하게 확인할 수 있다고 한다. 토스에서 장학금 신청, 장학금 신청 기간 알림 메시지 받기 뿐만 아니라 얼마나 받을 수 있는지 예측도 가능하며 학자금 대출 관리까지 가능하다.

운전면허 따기

　나중에 언젠가 운전을 하게 될 사람이라면 운전면허는 지금 따는 것이 가장 좋다. '차 살 생각도 없는데 미리 따면 장롱 면허만 되고 나중에 연수 비용만 더 나온다는데요?'라고 생각할 수도 있지만, 개인적으로 면허증이 있는 것과 없는 것은 차이가 크다. 면허가 있으면 대학생 때라도 급하게 운전할 일이 있을 때 사용할 수 있고, 군대에 간다면 운전병으로 지원할 수도 있다. 그리고 운전면허 따는 기간이 적어도 1달 이상은 필요한데 대학교 방학에는 생각보다 바쁘고 막상 따려고 하면 지금 생각처럼 똑같이 미루게 된다. 내가 딱 이러한 생각으로 운전면허를 미루고 미루다가 결국 27 살 때쯤 면허를 땄다. 이땐 직장을 다니고 있어서 새벽 연습을 나가고 시간 맞춰서 시험 보는 것이 여간 힘든 것이 아니었다. 그리고 당장 차가 필요하고 살 수 있는 능력이 되는데도 면허가 없어서 차를 못사게 되는 경우도 많다. 차라리 돈을 조금 더 내서 연수를 받거나 지인들에게 부탁해서 운전 연습을 하는 등의 방법으로 차를 살 수 있는 환경에 있는 것이 훨씬 좋다.

대학 생활 준비하기

먼저 대학 졸업 요건을 미리 확인해 보는 것을 추천한다. 대학교 4학년이 되었을 때, '제가 졸업을 못 한다고요?'라는 말이 나오지 않으려면 잘 준비해야 한다. 모든 대학에는 졸업 요건이 있고, 이는 대학교 홈페이지에서 확인해볼 수 있다. 졸업을 하기 위해서는 최소한의 학점을 이수해야 하는데 이때 듣고 싶은 강의만 들어서는 안 되고 전공, 교직, 교양 등 분야별로 채워야 하는 학점이 정해져 있다. 수강 신청을 할 때 이를 꼭 염두에 두고 하길 바란다. 또한, 외국어 시험이 필요한 학과가 있을 수 있다. 이런 경우 방학 때 미리 토익 공부를 해두기를 추천한다. 물론 토익 성적의 유효 기간이 2년이지만 토익 공부를 처음 하는 것이라면 고등학교 때 영어와는 전혀 다른 세상의 영어이니 지금부터 조금씩 해두면 전혀 손해 볼 게 없다.

무려 350만 대학생들이 사용하는 '에브리타임'이라는 앱이 있다. 주변 대학생들에게 물어본 결과 추천하는 경우와 비추천하는 경우가 있었다. 에브리타임 앱은 강의 목록에서 수업을 선택하여 시간표 만들기, 선배들의 솔직한 강의 평가 확인, 게시판을 통해 대학 생활 관련 모르는 것 질문, 수업 시간 N분 전 알림 가능, 전공 책이나 자취방 구하기 등의 기능이 있다. 하지만 우려의 말들도 있었다. 익명으로 누구나, 언제든 사용할 수 있는 앱이기 때문에 자칫하면 나쁜 영향을 받을 수도 있다는 것이다. 불특정 다수에 대한 혐오와 차별되는 글들을 자주 보다 보면 정신 건강에 해로울 수 있기 때문에 정말 필요한 정보나 기능을 지혜롭고 현명하게 활용하기 바란다.

수강 신청은 대부분 2월에 이루어지며, 2. 대학, 새로운 세상을 만나다에서 [자세히 다루도록] 하고 실제 대학 선배들이 조언해준 몇 가지만 적고 넘기도록 하겠다.

♥강의명만 보고 신청하지 말 것.
♥강의 평가를 잘 보고 신청할 것.
　(연애하는 강의인 줄 알고 연애학개론을 신청했는데
　 심리와 호르몬 강의였던 경우가 있다)
♥강의 시간은 최대한 11시~4시 사이에 끝낼 수 있도록 할 것.
♥공강을 만들 때는 국가 공휴일을 잘 참고할 것.
♥1학년 때, 필수 교양 학점을 많이 이수해 둘 것.
♥시간표는 항상 플랜3까지 만들어 두고 수강 신청 할 것.

미래에 도움이 되는 생산적인 일 찾기

　지금까지는 현실적으로 미래의 대학생이 되기 위해 해야 할 일들에 대해 말했다면 이것은 꼭 고3이 아니더라도 인생에 도움이 될 만한 조언이다. 그리고 이 챕터에서 가장 중요한 이야기이다. 나는 수험생활이 끝나고 이제 맘껏 자유를 즐기면서 하고 싶었던 일들을 하는 와중에 '무언가 생산적이고 나에게 도움 되는 일 없을까?' 라는 고민을 하게 되었다. 당시에 이러한 고민에 대한 해답을 줄 사람이 없었고 딱히 조언을 귀담아들으려고 하지도 않았던 것 같다. 나름 생산적인 일을 찾기 위해 하지 않던 독서도 하고, 대학 공부에 필요한 역량도 쌓고, 운동도 했다. 무언가 해야 할지 모를 때는 이렇게 누가 봐도 인정하는 생산적인 일들을 하면 된다. 하지만 여기서 끝이 아니다. 나는 그 본질에 관해 이야기하고 싶다. 내가 강조하고 싶은 것은 바로 '단기간에 이룰 수 없는 일'들을 하라는 것이다.

　책을 읽고 기록을 했다. 학교 숙제로써가 아닌, 학교생활기록부를 위해서가 아닌 정말 내가 온전히 읽고 느낀 것들을 적기 시작했다. 그리고 잘 쓰려고 하기보다는 기록에 집중했다. 이러한 것들이 쌓여 지금 내가 글을 쓸 수 있는 역량을 만들어냈다. 대학 공부에 필요한 공부를 했다. 대학교 때 배우는 과목을 찾아보다가 '해석학'이라는 과목에 끌려 인터넷에 떠도는 무료 강의와 책들을 사서 훑어보았는데 대학교 때 해석학이라는 과목에 가장 자신이 있게 되었다. 고등학교 때 망가진 체력 관리를 위해 운동을 했다. 건

강한 식습관과 자주 움직이는 습관 덕분에 체중조절이 쉬워졌다. 사실 내가 이 중요한 본질을 일찍 알았더라면 다른 일들도 찾아서 했을 것이다. 지금에 와서야 절실하게 느낀 것은 꾸준함과 습관이 형성되면 많은 것들을 바꿀 수 있다는 것이다.

카이스트 산업 디자인 학과 교수이자, 대기업 디자인 센터 사장으로 한국 산업 디자인의 중심에 서 있는 배상민 교수는 뉴욕 파슨스 스쿨 최연소 동양인 교수로 이름을 알렸다. 직업상 끊임없이 창의적이고 독특한 아이디어를 생각해 내야만 하는 그는 어떻게 최고가 되었을까? 그는 한 인터뷰에서 명사수 일화를 소개했다. 어느 마을에 백발백중 명사수가 있었는데 그 명사수가 무엇을 하는지 보았더니 아무것도 없는 빈 곳에 총을 쏴서 여러 구멍을 만들었다. 그리고 갑자기 펜을 들고 그 구멍으로 가더니 그 구멍 주변에 과녁을 그려 10점을 만들었다는 것이다.

이것이 의미하는 바가 무엇일까? 명사수가 총을 쏘아 만든 구멍은 배상민 교수가 평소에 수많은 생각과 아이디어를 생각해놓는 습관을 말한다. 그리고 펜으로 과녁을 그려 10점을 만들어내는 것은 클라이언트가 배상민 교수에게 갑자기 무언가를 요구할 때 그에 맞는 아이디어가 튀어나올 수 있다는 것을 말한다.

구체적인 방법으로 그는 '씨앗을 심어 놓아라'라고 말했다. 배상민 교수는 15년간 디자인에 관한 아이디어 저널을 무려 23권이나 썼다고 한다. 그가 처음부터 위대하고 훌륭했던 것은 아니다. 친구와 사업하면서 크게 어려웠던 적도 있고 900원으로 한 달을 살아야 했던 적도 있었지만, 꾸준히 심은 씨앗이 그를 성공하게 만들었다. 그 저널을 오늘 하루 10시간 쓴다고 내일 당장 성공하는 것이 아니다. 즉, 단기간에 이룰 수 없는 일들이다.

　3개월이라는 시간 동안 앞으로 자신이 관심 있게 생각하는 일 중 하루아침에 이루어낼 수 없는 것들에 대해 생각해보면 어떨까? 그리고 꾸준히 할 수 있는 습관과 시스템을 내 몸에 장착해두는 연습을 지금부터 시작해야 한다. 그 씨앗이 당장은 아니더라도 인생의 큰 자산이 될 것이다.

05

아르바이트를 고르는 방법,
돈? 경험? NO!

#아르바이트 #경제적 독립? 말은 멋있지 #시급이 곧 내 몸 값
#몸 값을 올려라 #아르바이트를 고르는 방법 #이영지 머니머니

스무살이 되면 대부분 독립을 꿈꾼다. 여기에는 경제적 독립
도 포함되어 있다. 내가 번 돈을 내가 자유롭게 쓴다는 것, 이거야
말로 진정한 독립이다. 경제적 독립을 한 사람은 자유롭다. 요즘
'F.I.R.E족'이 유행이다. 돈을 잔뜩 벌고 성공적인 투자를 해서 경
제적 자유를 누리는 삶이다. 투자를 하려면 돈이 있어야 한다. 대
학생이 벌 돈이 어딨을까? 아르바이트에 당연히 눈이 쏠리게 마련
이다.

대학 1학년 2학기 때, 친구가 휴학을 했다. "부모님이 말리지 않
았냐"고 물으니, "뭐 어차피 생활비 내가 벌어서 쓰는데"라는 답이
돌아왔다. 그 말이 그렇게 멋있어 보였다. 그 날부터 아르바이트를
시작했다.

제일 구하기 쉬운 아르바이트는 편의점이었다. 학교 후문 바로
앞에 위치한 편의점에서 주말 아르바이트를 모집한다는 공고가

나자마자 지원했다. 토요일과 일요일 12시부터 18시까지 6시간을 일했다. 2006년은 최저시급 3100원이었고 6시간씩 한달에 8번을 일하면 15만원 남짓의 돈이 들어왔다. 내 손으로 번 첫 월급이었다.

친구들을 불러 술을 한 번 사고 나니 절반이 사라졌다. 48시간 노동의 대가가 2시간만에 절반이 사라진 것이다. 아르바이트를 늘려야겠다고 생각했다. 좀 더 급여가 센 아르바이트를 찾다보니 학원강사가 있었다. 몇 군데 면접을 보러 다니다가 좋은 조건에 계약을 했다. 주3일에 90만원을 받았다. 주말 편의점은 계속했다.

평일과 주말에 일을 하다보니 체력이 쉽게 고갈됐다. 게다가 일을 한다는 보상심리로 놀아야겠다는 생각이 드니, 늦게 일 끝나고 와서 밤새워 놀기를 반복했다. 수업은 뒷전이었다. 이대로는 안 되겠다 싶었다. 결국 2학년 1학기에 휴학을 신청했다. 휴학을 신청하니 시간이 좀 더 남았다. 아르바이트를 늘렸다. 일주일에 일하는 시간이 43시간이었다. 일반적인 직장인들의 근로시간이 8시간씩 5일 40시간이니, 그 이상 일을 한 셈이다. 다만 학원을 제외하면 최저시급의 일이었다.

아르바이트 무조건 하면 좋을까?

휴학할 때 처음 계획은 아르바이트를 하고 남은 시간에 재미있는 것을 해보려 했는데 막상 쉽지 않았다. 시간도 시간이고 체력도 많이 소진됐다. 점심시간에 하는 학교식당 아르바이트 같은 경우에는 식기세척기에서 나온 접시들을 진열하는데 여름에 가뜩이나 더운데 무거운 방수 앞치마를 두르고 열이 푹푹 나오는 세척기 뒤에 서있으면 땀이 무섭게 쏟아졌다. 어느 날은 검은색 티셔츠를 입고 갔는데 끝나고 나니 곳곳이 흰색으로 변했다. 땀에서 나온 소금이었다. 흰옷들은 땀을 하도 먹어서 투명해졌다. 그리고 나서 뭔가 새로 도전한다는 것은 어려운 일이었다.

이외에도 다양한 아르바이트를 했다. 1일 단기 아르바이트로 학교졸업식 도우미, 방청객 아르바이트 등을 했고 호프집, 구장관리, 공공알바, 근로장학생 등의 자리를 찾아다녔다. 어디가서 이렇게 얘기를 하면 "우와 진짜 열심히 살았네요"라는 소리를 듣곤 한다. 그러나 내 생각은 조금 다르다. 만일 내가 그 시간으로 다시 돌아간다면, 결코 경제적 독립이라는 말 따위에 귀 기울이지 않을 것이다. 그 시간을 나에게 투자하며 살 것이다.

개인적으로 생각하는 아르바이트의 최대 단점은 첫째, 시간과 돈을 교환한다는 것이다. 지금이야 최저시급이 1만원가까이 되지만 당시에 최저시급은 형편없었다. 한 시간 일하면 4000원 근방으로 받는다는 것은 다시 말해 내 한 시간 몸값이 4000원이라는 뜻이다. 결국 4000원을 벌기 위해 1시간을 쓴다는 것은 그만큼 다른 일을 할 1시간을 잃는다는 말과 같다. 18시부터 22시까지 학원 일을 하며 돈을 벌지만, 동시에 그 시간에 할 수 있는 친구들과의 만남이라든지, 학과행사라든지, 혹은 토익학원이라든지 다른 기회를 잃는다. 일종의 기회비용인 셈이다.

'그래도 돈을 벌면 되는 것 아니냐? 만남이나 행사같은 것은 언제든 있는 것이고, 학원도 돈이 있어야 다니는 것 아니냐'고 물을 수 있다. '오히려 돈 버는 사람이 아무것도 하지 않는 사람에 비해 제대로 시간을 쓰고 있는 것 아니냐'고 하는 사람도 있다. 그 말도 맞다. 그러나 아무 것도 하지 않는 사람과 비교하면 아르바이트를 하든, 공부를 하든, 놀든 뭐든 다 좋은 일이다. 나는 지금 기회비용을 얘기하고 있는 것이다.

두 번째 단점은 바로 대다수의 아르바이트는 몸값을 올릴 수 없다는 것이다. 예를 들어 호프집에서 일을 열심히 한다고 해서 내 시급이 올라가는 경우는 거의 없다. 편의점에서 오래 일한다고 해서 경력을 인정받는 것도 아니다. 아르바이트는 기본적으로 최저임금을 통해 최대이익을 얻으려는 목적을 가지고 있다. 숙련자라고 해서 더 좋은 대우를 받거나 하지 않는다는 뜻이다.

몸값을 올리기 위해 우리는 공부를 하거나, 자격증을 딴다. 예를 들어 원동기면허 자격증이 있는 사람은 기본 시급보다 좀 더 받는 배달 아르바이트를 할 수 있다. 스키를 배워놓으면 겨울에 스키 강사활동을 할 수 있다. 나는 몇 십 시간, 몇 백 시간 일해서 번 돈을, 다른 사람은 며칠 잠깐 일하고 쉽게 번다면 그게 더 효율적인 일 아닌가? 모든 일이 그렇듯이 좀 더 좋은 아르바이트일수록 경쟁이 치열하고 자격을 필요로 한다.

이런 상황에서 경력도 공부도 자격도 되지 않는 기본적인 아르바이트를 많이 하는 것이 무조건 열심히 사는 징표라고 말하기는 어렵다. 당장의 돈을 위해서 미래를 바꾸는 일이 될 경우가 많다. 아르바이트는 어디까지나 파트타임 일이다. 단, 자신이 가려는 분야의 아르바이트라면 얘기는 좀 다르다. 제빵 일을 하고 싶은데 빵집 아르바이트를 하거나 하는 것은 자신의 경력과 관계되는 일일 수 있다.

추천하는 아르바이트

그래도 아르바이트를 해야 한다면 어떤 아르바이트를 해야하는 가? 다시 말하지만 나는 부모님께 용돈을 받아 쓸 수 있다면 가급적이면 아르바이트를 하지 않는 것을 권한다. 내 주변에도 아르바이트 한 번 하지 않은 사람들이 많다. 아르바이트가 어른의 조건도 아니다. 게다가 요즘은 아르바이트 자리도 무인으로 많이 대체되는 편이라 구하기가 쉽지 않다. 그러나 할 수 있다면 다음의 조건들이 갖춰진 것을 우선적으로 찾길 바란다.

첫째, 잘 되는 곳에서 일하는 것을 추천한다. 잘 되는 곳은 뭔가 다르다. 가게 사장의 마인드, 손님을 대하는 태도, 가게 위치 뭐가 됐든 이유가 있다. 잘 되는 곳에서 일하면서 그 이유를 찾길 바란다. 그리고 그 기술을 내 것으로 만들어야 한다. 사실 가게 사장의 적극적인 마인드가 있는 곳에서 일하면 아르바이트생은 좀 피곤하겠지만, 적어도 배워가는 것이 있다.

내가 아르바이트를 했던 어느 호프집은, 하루에 손님이 2~3테이블 심할 땐 1테이블도 안 오기도 했다. 사장님은 내게 월급이 아니라 일당을 지급했는데, 손님이 없을 땐 그 돈을 받기 민망할 정도였다. 그래도 사장님은 "많다고 더 주는 거 아니니까, 적다고 안 줄 순 없지."라면서 꼬박꼬박 내 일당을 챙겨주었다. 그러나 사장님은 이 상황을 개선하려는 의지가 전혀 보이지 않았다. 곧 있으면 축제가 있는데 그 때 되면 사람이 많아질거라거나, 원래 이맘땐 사람이 없다거나 하는 식이었다.

결국 얼마 안 가, 나는 그만둘 것을 권유 받았고 마침 미안하던 차에 잘됐다 싶어서 그만뒀다. 한 달이 지나 가게에 방문했을 때는 문을 닫은 상태였다. 누군가는 이런 가게가 좋은 아르바이트 장소라고 생각할 수 있다. 시간 내내 사람도 안 오고 받을 돈은 다 받을 수 있으니 말이다. 그러나 내 생각은 다르다. 어차피 시간 들여서 일할 거라면 조금이라도 배울 곳이 있는 곳에서 일하는 것이 낫다. 그러려면 가급적이면 바빠보이는 곳에서 일을 하는 것을 권한다. 잘 되는 데는 다 이유가 있다.

둘째, 첫 아르바이트라면 사람이 적은 곳, 그 다음 아르바이트라면 사람이 많은 곳에서 일하는 것이 좋다. 일반적으로 아르바이트를 많이 쓰는 경우에는 분업을 한다. 패스트푸드점으로 치면 저경력자들은 설거지나 음식을 준비하고 고경력자들은 카운터에서 주문이나 계산을 돕는다. 분업은 현대 산업의 핵심이다. 일을 할 때 각 분야에서 최선을 다하면 전체가 최상의 결과로 이루어진다.

단, 분업의 경우에는 전체 그림이 보이지 않는다. 예를 들어 편의점의 경우에는 혼자 일을 하면 접주급으로 일을 배우게 된다. 포스기 계산, 물건 진열, 문 닫고 여는 법 등 일하는 시간 동안 어떤 이들도 나를 도와줄 수 없고 여러 대처법을 배워야 한다. 그래서 첫 아르바이트라면 혼자서 모든 일을 통괄하는 법을 익히기를 권한다. 어느 정도 일 돌아가는 것을 알게 되었다면 혼자 일하기 보다는 함께 일하는 것이 좋다.

아르바이트는 사람을 만날 수 있는 또 다른 창구다. 혼자 편의점에서 일하는 것과 같은 타임에 3~4명이 일하는 패스트푸드점 중 하나를 추천해달라고 하면 후자를 추천한다. 물론 혼자 하는 것이 좀 더 편하고 쉬워보일 수는 있다. 그러나 프리랜서가 되려는 것이 아니라면 함께 일하는 법을 배워야 한다. 함께 일하면서 다른 사람들의 일하는 스타일을 파악하고, 대화를 통해 사람을 배우길 바란다.

같이 일하면 예상치 못한 일들이 생겨나기도 하고, 복잡한 관계가 형성되기도 한다. 그리고 이 과정을 통해 배우고 성장하기도 한다. 아르바이트를 통해서 사회생활을 배울 생각이라면 가급적이면 사람이 많은 곳에서 일을 하기를 권하는 이유다.

셋째, 기왕이면 돈을 많이 주는 것을 택하는 것을 추천한다. 다시 말하지만 시급이란 사실상 나의 몸값이다. 자신의 가치를 굳이 낮게 평가하는 곳에서 일할 필요는 없다. 일을 해서 제대로 대가를

받는 곳을 구하는 것이 좋다. '아 난 경력도 없고, 능력도 없는데'
라고 생각하지 말고 일단 두드려 보는 것을 추천한다. 아르바이트
생에게 필요한 것은 책임감이다. 면접에서 책임감과 열정만 잘 보
여주면 된다. 대체로 잘 되는 곳, 그리고 사람이 많은 본사의 경우
에는 제대로 일하기를 요구하는 대신 몸값도 후하게 준다.

　최근 한 아르바이트 구인구직 플랫폼 광고에서 "알바? 좋지! 젊
을 때 고생은 사서도 한다잖아"라고 말하는 사람 앞에서 힙합가수
이영지가 머니머니를 외치며 "알바는 다 벌려고 하는 것이다"라고
말한다. 맞는 얘기다. 아르바이트는 돈을 벌기 위해 하는 것이다.
단순히 고생하는 경험을 얻으려고, 남들 하니까 한 번쯤 해보려고
하지 않았으면 좋겠다.

　다시 한 번 말하지만 가급적 부모님에게 용돈을 받아서 살 수 있
다면 그렇게 하는 것을 추천한다. 결코 부모님에게 미안해 하지 않
아도 된다. 부모님도 자식에게 투자를 하는 것이다. 그 투자금을
성공적으로 불리는 것이 자식의 몫이지, 시간당 1만원 남짓의 돈을
버는 것이 부모님의 어깨를 가볍게 해주지는 않는다. 그러나 기왕
아르바이트를 하는 것이라면, 나에게 아르바이트가 왜 필요한지,
이 돈을 모아서 무엇을 하고 싶은지 계획을 세우고 그에 맞게 일을
하길 바란다. 길게 일해서 그게 직업처럼 되지 않아야 한다. 스무
살의 몸값보다 스물 한 살의 몸값이 좀 더 높아져야하고, 대학생일
때보다 대학을 졸업하고의 몸값이 높아야 한다. 자신의 몸값을 올
리는데 집중해야할 시간을 허투루 낭비하지 않았으면 좋겠다.

06

대학 가기 전 하고싶은 게 없는데요,
어떡하죠?

#놀아도 남는 시간 #마틴 루터 킹 #나를 위한 시간
#1일 1외출 #지름신이여 내게 오라

고등학교를 졸업만 하면, 이 지긋지긋한 네모난 건물을 탈출하기만 하면 나에게 자유가 주어질 것이고 행복이라는 선물이 기다리고 있을 것이라고 기대했는데 고등학교를 졸업하자마자 나는 코너에 몰리기 시작했다. 원하는 만큼 자고, 원하는 만큼 먹고, 원하는 만큼 즐기며 남은 시간을 보내고 있었다.

'내가 고등학교 생활을 어떻게 했나?'를 생각해보면, 아침 7시까지 등교해서 아침 자율학습을 하고 하루 종일 수업을 듣고 보충 수업까지 마치면 학원을 가거나 야자를 했다. 11시까지 일정을 마치면 우리는 독서실에 들어가 과제나 부족한 내용의 학습을 해야만 했다. 그리고 녹초가 되어 새벽에 집에 도착했다. 그렇게 우리는 주말도 없이, 저녁도 없이 갇혀 있었고 공부를 했다. 그렇게 나는 졸업을 했고 그토록 바라던 시간이 주어졌다. 어마어마한 시간이 나에게 찾아왔고 어마어마한 자유와 여유가 주어질 것이라고 기대했다. 그러나 현실은 그렇지 못했다. 자유와 여유 같은 낭만적인 단어보다 조금 더 현실적인 단어가 나에게 딱 어울렸다. 그것은 내가 팔리지 않는 '잉여 생산물'처럼 여겨졌다.

남아도는 시간 속에서 이를 어찌해야 할지 몰라 몸의 욕구를 충족하기 위해 시간들을 보냈고 졸업한지 한 달도 못 되어 사회로부터 소외를 당하고 있는 것 같다는 생각을 하게 되었다. 그러면서 점차 내가 대학을 가면 적응은 할 수 있을까? 새로운 친구들이나 선배들을 만나면 매력 있는 사람으로 여겨져 관계를 맺을 수 있기나 할까, 혹은 어디에선가 일은 할 수 있을까를 고민하다보니 하염없이 곤두박질치는 자존감이 나를 조여오기 시작했다. 내가 이 사회에서 남아도는 인간이 된 것만 같은 잉여감이 그동안 내가 고생해온 일에 대한 결과인가를 생각해보니 더욱 한심스러울 수밖에 없었다.

왜 우리는 이렇게 되었나?

우리는 태어날 때부터 대한민국 학생이었다. 그리고 몇 점의 점수를 받았는지, 얼마나 성취를 이루었는지에 따라 우리는 등급을 부여받았다. 우리에게 주어진 학습의 과목과 과제들은 내가 원하는 공부는 아니었다. 탐구와 연구와 같은 학문의 본질적인 접근도 할 수는 없었고, 우리는 그냥 주어지는 지식을 받아들이고 암기하고 생각하고, 풀어내면서 우리의 십대를 채운 것이다.

이렇게 성장한 우리는 어떤 사람이 되어야 했을까? 자랑스러운 민주시민이며 자주적인 인간으로서 여러 사람에게 유익을 끼칠만한 인간이 되었을까? 그렇다면 이렇게나 많은 시간이 주어졌음에도 자주적으로 내가 해야할 일과 성장해야 할 것들을 하나라도 혼자 찾아서 할 수 없는 이유는 무엇일까? 그리고 왜 그동안 우리는 이 시간을 어떻게 보내야 하는지에 대해 단 한 번이라도 교육 받지 못했을까? 아무도 그것을 가르쳐주지 않았을까? 이 잉여감에서 빨리 풀려날 수 있는 방법을 배웠다면 이 시간을 이렇게 보내기만 하지는 않았을 텐데 말이다. 그냥 배우고 노력하면 다 잘 될 것이라고 믿었던 내가 바보였다. 그리고 나는 이렇게 바보가 되었다.

이렇게 생각하니 정신이 번쩍 들었다. 내게 주어진 이 시간들이 결국, 오롯이 나의 것이며 내가 책임질 수밖에 없음을, 이 문제에 대한 해결책 또한 내가 찾고 나의 인생을 내가 만들어갈 수밖에 없는 것임을 깨달았다. 그래서 나는 독서라는 것을 시작해보았다. 종교, 소설, 자기계발 등 인문학 서적들을 하나 둘 찾아보다 보니 지금이 나에게 있어서 '청소년기의 정체성'을 찾아가야 하는 시기라는 것을 알았다.

그것이 보통 10대 중후반이 되면 오게 되는데 그 시간에 우리는 단순 암기와 정해진 시간 안에 갇혀 있다보니 그런 생각을 해볼만한 시간이 없었던 것이다. 그래서 이제라도 이런 저런 것을 하며 내가 더 나은 삶을 살아가기 위한 도전과 인생공부를 해볼 수밖에 없었다. 그리고 이곳저곳을 가보기도 했다. 여행을 가보기도 했고, 유적지를 탐방해보기도 했다. 여러 사람을 만나서 오랜 시간을 질문하고 답하며 나를 가늠해보기도 했다. 그리고 사랑을 해보기도 했다. 뜨겁게 사랑하고 이별했으며 그리고 성장했다. 공동체를 만나 그곳의 사람들과 함께 눈물을 짓기도 했고 희열에 차 함께 환호성을 지르기도 했다. 이렇게 나는 어른이 되어갔고 그 여정은 지금까지도 계속되고 있다. 아직도 행복과 열정, 여유, 사고보다는 바쁨과 지침으로 10대를 보내는 청소년들, 그리고 그 시간 끝에 주어진 어마어마한 시간들 속에서 자유를 누리고 하루하루를 보내는 이들에게 들려주고픈 말이 있다.

자유인이 된다는 것

자유는 그냥 얻어지는 것이 아니다. 자유는 능동적인 삶의 태도로 쟁취해내는 것이다. 고등학교를 졸업하고 나에게는 엄청난 시간이 주어졌지만 그 자유를 누리지 못했다. 아직도 내 몸과 마음은 그네 모난 교실 안에서 선다형의 문제를 풀고 있는 존재로 느꼈다.

마틴 루터 킹 목사는 흑인들이 당해온 인종차별에 대해 저항했다. 100년 전에 이미 흑인 노예가 해방되었지만 흑인들은 여전히 인종 차별을 받으며 살았다. 제도가 변하고 세상의 인식이 변해가는데 왜 그들은 아직도 완전한 자유를 누리며 살지 못했던 것일까? 흑인들이나 백인들이나 그들 모두는 신념을 가지고 싸워야 하는 시간들이 필요했던 것이다. 그들은 오랜 시간을 흑인은 당연히 그러한 존재(백인보다 열등한 존재)로 여기고 살아왔기에 여전히 그렇게 생각하는 백인 혹은 흑인들도 생겨왔다. 자유는 그냥 수동적인 시간들을 보내온 사람들에게 선물로 주어지지 않는다. 흑인 노예 해방 이후 100년의 시간이 있었음에도 여전히 사람들의 인식에 변함이 없었던 것처럼 말이다. 마틴 루터 킹 목사는

"With this faith we will be able to hew out of the mountain of despair a stone of hope.
이러한 신념을 가지고 우리는 절망의 산을 깎아서 희망의 반석을 만들 것입니다.
With this faith we will be able to transform the jangling discords of our nation into a beautiful symphony of brotherhood."
이러한 신념을 가지고 시끄러운 이 나라의 불협화음을 형제애의 아름다운 교향곡으로 변화시킬 수 있을 것입니다.

마틴 루터 킹 목사 연설문 중

라고 말했다. 오늘을 살아가는 우리들에게도 이렇게 도전하고 있다.. '신념을 가지고 절망의 산을 깎아 희망의 반석'을 만들라고 말이다.

그러한 노력만이 '불협화음을 교향곡'으로 만들 수 있다고 말한다. 나는 그 시간에 자유의 기회가 주어졌으나 자유를 누릴만한 준비가 안 되어 있었다. 하지만 그러한 시간 독서와 만남, 여행, 도전을 통해 신념을 가지게 되었고 그동안 그렇게 살아왔던 인생에 대

한 수동적인 태도와 싸워나갈 힘을 가지게 되었다. 그이후 지금까지 그 치열한 싸움을 하고 있다.

　인생을 주도적으로 싸워갈 만한, 그래서 자유를 쟁취해낼 만한 신념을 가지길 바란다. 그리고 그 신념을 바탕으로 자신의 삶 속에서 싸워내길 바란다. 그 이후 얻어낸 자유와 함께 삶의 여유를 누리길 바란다.

자유인이 되기 위한 세 가지 제안

이런 관점에서 자유를 기대하는 이들에게 몇 가지를 제안하고자 한다.

우선, 그런 사람이 되었음을 아는 것이 중요하고 그것을 스스로에게 인식시키는 것이 필요하다. 그래서 아침에 일어나 무엇을 해야할까? 무엇을 할 수 있을까?에 대한 고민이 될 때, 스스로에게 선언하라. 너는 자유인임을. 어디든 갈 수 있고, 무엇이든 할 수 있는 사람임을.

하다가 중간에 포기할 것이 두려워 시작도 못하고 항상 고민만 하고 있는 이들이 많다. 악기를 배우고싶거든 저렴한 악기를 구매하는 것부터 시작할 수 있다. 그리고 학원을 찾든지 좋은 유튜브 채널을 하나 선택하여 하루에 2시간씩만 투자를 해볼 수 있다. 어느덧 너의 친구가 되어 있을 것이다. 영어나 외국어를 배워보고 싶거든 좋은 어플 하나를 설치하든지 쉐도잉 영상을 통해 배운 문장 하나를 하루 종일 읊조리며 다녀볼 수도 있다. 한 달을 투자하면 30개의 문장을 습관처럼 사용할 수 있는 사람이 되어 있을 것이다.

밖으로 나가 가급적 자신을 위한 일을 해볼 수 있다.. 산을 올라가보든, 자전거를 타보든, 카페에 가서 맛있는 차를 마시며 책을 읽어보든, 무엇이든 좋다. 1일 1외출을 시도해보기 바란다. 그러면 점차 용기가 생기고 가보고싶은 곳, 해보고 싶은 일들이 생겨날 것이다.

그렇게 노력을 하다가도 나도 모르는 사이에 그만 자유를 포기해버리고 싶은 마음이 생길지도 모른다. 그런데 명심할 것이 있다. 포기해봐야, 포기할 수 없는 시간이라는 것. 어찌됐든 성인이 되어가는 시간은 누구에게나 똑같이 주어지고, 피할 수 없다는 것을.

07

시간표와 교복, 규칙이 없는 세계,
나는 왜 자유를 누리지 못하는거죠?

#시간표 #24시간이 모자라 #스티븐 코비
#패션 센스는 타고나는 것? #규칙 #학교가 그리워

우리나라의 고등학생들은 졸업을 하고나면 무한히 주어지는 자유에 당황을 하곤 한다. 스무살이 되면 없는 것들이 있다. 시간표, 교복, 생활규정….미성년자로서의 학생이라는 신분은 혼자 결정하는 데 한계가 있다. 등교시간과 하교시간이 정해져 있고, 교복이 있는 학교의 경우 복장에 대한 규칙이 있으며, 학교생활에 있어서도 나름의 깐깐한 규정이 있어 그 규정에 따라 자신의 생활을 공적 생활에 맞춘다. 그렇게 살면서 답답함을 느낀다. 그러면서도 자신도 모르게 그 생활이 익숙해지기도 한다. 그리고는 졸업을 하고 자신에게 주어진 자유 앞에서 당황해 한다. 그리고는 그냥 주어졌던 것들이 얼마나 편한 것들이었는지 알게 된다. 그리고는 나에게 주어진 선택과 계획에 있어 두려움을 가지게 되고 또 어떻게 계획을 해야 하는 것인지 막막해 하는 것이 대부분의 졸업생들의 모습이다. 고등학교 재학생들에게는 있으나 졸업생들에게는 없는 세 가지를 자신만의 방법으로 채워보기를 제안한다.

자신만의 시간표를 만들기

졸업과 동시에 시간표가 사라진다. 정해진 일정이 사라지니 내가 사는 것이 곧 시간표이며 나아가 시간의 개념이 사라지는 경우도 있다. 밤에 게임이나 드라마 등을 즐기고 낮에 자고, 밥도 내가 배고플 때만 먹는다. 그러다보니 '내 삶을 살고 있다'라고 말하기가 좀 민망해진다. 이제는 슬슬 일어나서 정신을 차리고 삶이라는 것을 능동적으로 살아볼 필요가 있다. 이제는 누군가가 시간표를 계획해주지 않기 때문에 나만의 시간표를 만들어볼 필요가 있다.

시간표라고 하니 초등학생 때처럼 동그라미를 그린 후 그 안에 시간을 촘촘하게, 너무 무리해서 시간을 계획할 필요는 없다. 그래도 성인인데 예우를 해주어야 하지 않을까? 각자의 성격에 따라 시간표를 달리 만들 필요가 있다. 조금 더 꼼꼼한 성격의 소유자의 경우는, 가급적 알차게 하루를 계획할 필요가 있고 여유로운 성격의 소유자라면 조금은 여유 있고도 큼직하게 시간을 계획할 필요가 있다.

그런데 어떤 성격의 소유자임과는 상관 없이 시간 계획에 필요한 요소들이 있다. 가급적 균형 있는 생활을 위해 시간을 배분하라는 것이다. '성공하는 사람들의 7가지 습관'을 보면 해야할 일을 4가지 유형으로 나눈다. 중요한 일과 중요하지 않은 일, 급한 일과 급하지 않은 일로 나눌 수 있다고 한다.[2]

---

2) 성공하는 사람들의 7가지 습관(스티븐 코비), 김영사

	긴급함	긴급하지 않음
중요함	A 과제, 육아 등	B 독서, 영어 공부 등
중요지않음	C 갑자기 잡힌 친목 모임 등	D 게임, 웹서핑 등

　표를 그려서 자신이 어느 곳에 시간을 많이 쏟고 있는지 점검해 볼 수 있다고 한다. 그리고 가급적 중요하지만 급하지 않은 일에 많은 시간을 써야 인생을 성공적으로 살아갈 수 있다. 독서, 명상, 외국어 공부, 운동 등이 그 예다. 이런 일들은 급하지 않기 때문에 당장 신경을 쓰지 않지만 결국 이것들을 꾸준히 한 사람들이 시간이 지나면 할 수 있는 일들이 많아지게 되어 있다. 그리고 가급적 줄여야 할 것들이 있다. 중요하지도 않고 급하지도 않은 일들이다. 대부분이 게임이나 드라마, 인터넷서핑, SNS 탐방과 같은 목적 없이 시간을 보내기 위해 하는 일들이다. 물론 간혹, 자신에게 유의미하게 사용할 수 있는 일도 할 수 있다. 그런데 대부분 누워서 휴대폰을 들고 하는 일들이 시간을 그냥 보내면서 하는 일들이 많다.

　이 책에서 말하는 것을 그대로 따를 필요는 없지만 자신이 아무런 삶의 계획을 하지 않고 시간을 보내기 시작하면 아무래도 중요하지도 않고 급하지도 않은 일에 시간을 쏟게 되어 있다. 참 아까운 시간이 아닐 수 없다. 이런 남아도는 시간은 아무 때나 오는 것이 아니기 때문이다. 특히 갈 곳이 정해져 있는 사람들이라면 마음이 편하기 때문에 이 시간을 그냥 써버리는 경우가 많다. 그런데이 때, 바쁠 때는 할 수 없지만 언젠가는 꼭 해보고 싶었던 일을 해본다면 그야말로 아깝지 않게 시간을 사용할 수 있을 것이다.

시간계획은 일 단위, 혹은 주 단위로 세워보는 것이 좋다. 먼저는월 단위로 큼직한 계획을 세우고 그것을 이루어가기 위해 하루 단위나 주 단위로 자신 만의 시간을 계획해 보기 바란다. 그리고 계획한 것을 하나 하나 이룰 때마다 그 계획에 빨간 줄을 긋고 자신에게 선물을 선사해볼 수도 있다. 그 선물로 정해놓은 시간 동안'하고싶은 것'을 할 수 있게 해주는 것이다. 그렇다면 자신만의 시간을 적절하게 사용하면서도 유의미한 성장을 이룰 수 있는 나만의 시간표가 완성될 것이다.

자신만의 '룩'을 완성하기

교복이라는 유니폼을 항상 세탁해서 입는 동안 조금 더 예쁜 옷, 조금 더 좋은 옷을 입고 싶었을 것이다. 그래서 교복을 변형하기도하고 자기만의 개성을 살리기 위해 줄여 입거나 늘여 입거나, 그안에 체육복을 껴입는 등의 행위를 통해 개성을 표현하기도 했다. 그런데 그러한 교복이 없어져버린 지금 매일 외출시 마다 어떤 옷을 입어야 할지 고민이다. 아무것도 하지 않는 시절에는 결국 이런저런 옷을 꺼내 입다가 결국 트레이닝복으로 통일 되긴 하지만, 그래도 외출 시 친구들을 만나거나 옷을 차려입어야 할 때, 무슨 옷을 입어야 할지에 관해 고민이 된다. 전에 입었던 옷을 또 입고나가면 친구들이 같은 옷만 입는다고 생각할 것 같고 너무 독특하게 입거나 너무 평범하게 입어서 나의 패션센스가 탄로가 날 것이 두렵다. 외모가 좀 부족해도 옷입는 센스 있는 이성에게 매력을 느끼는 사람도 있다고 하는데 그것도 고민이다.

　어울리는 패션센스를 길러보기를 바란다. 어떤 옷을 사야할지 모른다면 아울렛이나 백화점의 캐주얼 매장 혹은 정장 매장으로 가서 탐색을 해보기를 바란다. 당장 옷을 사지 말고 직원이 권해주는 옷이나 마네킹에 입혀 놓은 옷, 진열해놓은 옷들을 보면서 대략 요즘 유행하는 옷 정도는 파악해 보기를 바란다. 그리고 실제로 자신의 피부색이나 키 등을 고려하여 적절한 옷을 골라보고 자신에게 가장 어울리는 옷을 구매해볼 수 있다. 고등학교를 졸업하고 실수(?)하는 일 중 하나가 자신의 스타일이 전혀 아님에도 무조건 튀는 옷이 좋은 옷인 줄 알고 연예인들이 입는 옷을 구매해 입는 일이다. 연예인들은 방송 촬영을 위해 카메라 앞이나 무대의상을 입고 나온 것이지 평소에는 그렇게 다니지 않는 경우가 많다. 자신의 개성을 표현하는 것은 좋지만 무턱대고 연예인이 입는 옷을 비싼 돈을 주고 입고 다니면 자신도 부담스럽고 보는 이도 부담스러울 수 있다. 물론, 튀는 옷을 자신이 좋아할 수 있고 주변의 시선에 신경쓰지 않는 사람이라면 무엇을 입든 상관이 없다. 하지만 옷을 어떻게 입을 줄 몰라 TV로 패션을 배운 사람이라면 이런 부분을 주의해야 한다. 튀는 옷보다 자신에게 어울리는 옷이 좋은 옷이라는 사실을…연예인이 입은 옷을 내가 입었을 경우, 같은 옷 다른 느낌이 나는 이유가 분명히 있다는 사실을…

사실 유행에 이렇게도 민감한 국가는 세계에서도 우리나라가 상위권에 있을 것이다. 외국에서는 철 지난 옷을 입고 다니거나 자신만의 패션을 고수하는 경우가 많다. 그럼에도 누가 지적을 하지 않거니와 굳이 남을 신경써가며 자신의 패션을 수정하지 않는다. 물론, 평범한 사람들의 경우 말이다. 그렇다고 유행에 민감한 우리나라에 살면서 철지난 옷만 입으며 살수는 없을 것이다. 그렇기에 나만의 방법으로 나의 패션, 나의 '룩'을 완성시켜 보기 바란다.

그러려면 몇 가지를 고려하여 대학 진학 전 옷을 몇 벌 마련하면 좋다. 몇 가지 유형을 만들어내고 서로 매칭해서 입기 좋은 옷을 몇 개 조합하여 구매를 하면 옷을 많이 구매하지 않아도 된다. 지갑 사정이 그리 좋지 않은 대학생들이 옷을 너무 자주 살 수도 없기에 조금 더 효율적으로 소비를 할 필요가 있다. 편하면서 외출도 가능한 옷, 앉아서 공부하기 편하면서도 예쁜 옷, 겨울의 경우 많이 따뜻하면서도 맵시 있는 옷 정도를 적절하게 구매해보길 바란다. 기존에 자신이 가지고 있는 옷과 매칭해서 입을 수 있는 옷들을 찾는 것이 좋다. 여름의 경우 수영장이 생각날 만한 노출이 심한 옷이나 겨울의 경우 에베레스트가 생각날 만한 너무 두꺼운 옷은 실내에서 서로가 불편할 수 있으니 적절한 선에서 입어주는 것 또한 센스! 옷은 장소와 때에 맞게 입는 것 또한 사회생활의 기본이 될 수 있다.

교복은 더 이상 없다. 그러니 자신만의 패션을 완성하길 바란다. 자신에게 편하고, 적절하게 맵시 있으며 상황과 장소에 걸맞는 옷을 입는 일을 연구해볼 것을 권한다.

자신만의 행동기준을 만들기

더이상 학생 규정이 없다. 물론, 대학에 가면 대학의 교칙이 있고, 회사에 가면 사원들에 해당하는 사내규정이 있기 마련이다. 그렇지만 그러한 규칙들이 중고등학생들만큼의 강제력은 없으며 그리 신경 쓰며 살지 않아도 될 만큼 헐겁다. 물론, 신학대학교나 사관학교, 군대, 보수적인 직장문화가 있는 회사는 다르겠지만 말이다. 성인이 된 사회에서는 대부분 규칙이 아주 까다롭거나 강제성이 있지는 않다. 다만, 맥락과 상황에 따라 어떤 행동 규범[3]을 가지고 있느냐에 따라 자신의 이미지와 신뢰도가 형성된다. 의무는 없지만 책임은 따른다는 말이다. 그렇다면 규정이 없거나 최소한의 법과 교칙만이 있는 사회에서 어떤 행동규범을 가지고 사느냐가 중요하다는 말이다. 그 부분이 적절한 상황에 따라 적절한 기준과 그에 따른 행동이 필요하다. 그런데 그러한 적절한 행동규범이라는 것이 매번 상황에 따라 바뀌기도 하고 어떤 집단을 만나느냐에 따라 다르기 때문에 공식을 배워 그 공식대로 행동하기가 쉽지 않다. 어찌 보면 순간 순간마다 생기는 인간관계 센스라고 여겨질 수도 있기에 어려운 일이다. 학교에서 정해준 생활규정이 있고 그 규

---

3) 인간이 행동하거나 판단할 때에 마땅히 따르고 지켜야 할 가치 판단의 기준

정만 지키면 누가 크게 뭐라고 지적하지 않았던 그 고등학교 생활이 그리울 정도다. 그런데 다시 생각해보면 학교에서 생활규정을 잘 지키는데도 언행에 있어서 무언가 어울리지 않는 이들이 꼭 있었다. 그런 사람들의 대부분은 평소에 인간관계가 원활하지 못하거나 타고난 기질 자체가 관계보다 다른 능력이 발달되어 있는 경우가 많다. 누구나 그러한 관계에 대한 감각을 타고 날 수는 없기 때문에 지금이라도 그러한 행동규범에 대한 원리를 훈련할 필요가 있다.

자신에게 그러한 센스가 부족하다고 판단이 되면 편한한 동기들 모임부터, 선후배들이 모이는 모임, 종강모임, 결혼식 등 공식적인 모임에 많이 참여해보기 바란다. 그러한 모임에 참여하는 것이 귀찮기도 하고 많은 시간을 빼앗기는 것 같지만 그런 모임에 참여하면서 그들이 어떻게 행동하는지, 어떤 문화를 가지고 있는지 이런 모임에서는 어떻게 행동하는 것이 적절한지를 파악하는 것이 좋다. 그렇다고 나에게 다가오는 모든 모임에 참여하라는 것은 아니다. 모든 모임에 참여하다보면 점차 피상적인 관계에 머무르게 되고 많은 시간을 빼앗기기도 하니 말이다. 스스로 판단해서 나에게 필요한 모임, 나에게 부족한 부분이 어떤 것들이 있는지 판단해서 모임을 찾아가보기를 권한다.

여러 모임 속에서 여러 관계를 맺어 각 그룹마다의 다양한 문화를 배울 필요가 있지만 유념해야 할 것이 있다. 그것은 그러면서도 자신만의 정체성을 지켜야 한다는 것이다. 자칫 다른 사람들이 하는 행동과 말에 물들어가며 진짜 자신을 잃어갈 수도 있기 때문이다. 나만의 언어 방식이 있고 나만의 고유한 정서가 있으며, 나만의 고유의 문화가 있는 법이다. 그러한 것들을 모조리 버리면서 관계를 맺고 사회 생활을 하다보면 그 안에서 공허함을 느낀다. 그런 관계는 오래가지 못한다.

　이 사회 속으로 들어가 다른 사회의 문화를 배워가는 것과 자신의 고유성을 지켜내는 일이 다소 역설적인 이야기 같지만 이 균형을 맞추어가는 일이 어찌 보면 사람이 사는 일인지도 모른다. 국문학자 조동일 박사가 문학을 정의할 때 사용하는 핵심 단어가 있다. 그것은 자아와 세계의 문제[4]이다. 자아와 세계가 서로 갈등하는 이야기를 담은 것을 서사문학으로 본다. 우리가 사는 세상이 자아와 세계 간에 갈등으로 이루어져 있다고 보는 것이다. 문학 이야기를 뜬금 없이 꺼내든 것처럼 느껴질지 모르겠지만 나라고 하는 자아와 사회라고 하는 세계가 갈등을 일으키며 세상 안에서 나의 역할이 자리잡기 때문에 이 이론은 고려를 해볼만 하다. 나에게 있어서 세계, 즉 타인의 요구만 있고 내가 없다면 그것은 타인의 노예에 불과하다. 그런데 타인이 없고 나만 있다면 그 사람은 그냥 혼자, 자신만의 욕구만을 이루며 살아가는 1차원적 인간에 불과하다. 그런 사람은 나만 있고 타인이 없기 때문에 사회에 적응하며 살기 어렵다.

---

4) 국문학통사, 조동일(문학의 갈래)

언제든 겪게 될 타인과, 세계와의 갈등을 맞이하기에 앞서 자신
이 어떤 사람인지, 무엇이 부족하고 무엇이 필요한 사람인지를 생
각해보고 자신의 삶을 만들어가야 한다. 그것이 스무살 이후에 주
어진 삶의 학습일 것이다.

8

선생님이 없어요,
누구에게 배워야하죠?

#멘토 #롤모델 #독서 #스티브잡스와 소크라테스
#비스마르크라면 어떻게 했을까 #너의 질문은?

    고등학교 2학년 때의 일이다. 교실 뒤에 장학금 신청 공지가 붙었다. 형편이 어려운 학생들에게 장학금을 준다는 공지를 보고 두어 시간 고민하다가 담임선생님을 찾아갔다. 선생님은 몹시 기쁜 표정으로 "너 보라고 붙여둔 거다"하며 반가워하셨다. "대놓고 얘기하면 자존심 상할까봐 일부러 부르지 않았다."는 말씀도 덧붙였다. 지금이야 다 무상교육, 무상급식이지만 그때는 고등학교도 돈 내고 다녔다. 선생님의 도움을 받아 신청한 그 장학금 덕에 학교를 무상으로 다닐 수 있었다. 지금도 나는 선생님께 매우 감사한 마음을 가지고 산다.

    학창시절 담임선생님은 단순히 아침조회와 종례만의 역할을 하는 것은 아니다. 학교에서 나오는 모든 공지사항을 교실에 게시하거나 안내하는 역할을 하고, 프로그램 신청명단을 파악하고 제출한다. 없으면 두 번 세 번 물어보며 참여를 유도하고 그래도 없으면 때론 강제로 지정하기도 한다. 힘들 때는 상담을 할 수도 있고, 혹은 선생님이 먼저 상담을 하기도 한다. 지각을 하면 불러서 면담을 하고 심지어는 조퇴를 할지 말지도 선생님의 허락을 받아야 하기도 하다. 아마 극히 소수겠지만 일부는 학교 밖에서 사고를 치다가 경찰서에 갔을 때, 경찰관이 부모님 연락이 안 되면 담임선생님에게 연락하는 것도 경험해봤을 것이다. 결국 선생님은 자신의 또 다른 보호자인 셈이다. 자신이 인식했든 인식하지 못 했든 선생님은 쉽게 접할 수 있는 보호자로서 늘 같은 곳에 있었다.

이 글을 쓰고 있는 지금도 학생 한 명이 전화를 해서 졸업식 전에 빠지면 어떻게 되냐고 질문을 한다. 이렇듯 쉽게 물어보고 답을 구할 수 있는 것이 선생님이다. 그러나 고3이 끝나고 대학에 가면 이제 선생님은 사라진다. 선생님이 사라지면서 이제 든든한 어른을 잃게 된 것이다. 수업에 빠지면 어떻게 되냐는 전화를 교수님은 잘 받아주지 않는다. 딱히 물어볼 곳도 없다.

그래서 대학생이 맞이하는 첫 번째 어른은 '선배'이다. 선배를 통해 대학생활을 배우며, 이런 저런 정보를 얻고 궁금증을 해소한다. 그러나 선배와 선생님은 다르다. 스무살 때야 선배들이 다 대단해 보이고 멋있어보이지만, 자신이 선배가 되어 보면 금세 깨닫는다. 이들도 자신과 다를 바 없는 아직 잘 모르는 대학생인 것을. 내가 선배가 되어 후배들을 이끌다보면 자신이 별 것 아는 게 없다는 것을 깨닫게 된다.

멘토를 찾아라

불안감과 막막함을 해소하기 위해 20대들이 흔히 하는 것이 '멘토'찾기이다. 자신에게 적절한 조언을 해줄 사람을 구하거나, 혹은 정신적인 지주가 될만한 사람을 찾는 것이다. 멘토를 찾기 위해 가장 자주 이용되는 것이 '책'이다. 자서전이나 에세이를 보면서 자신이 가진 목표를 이미 이룬 사람들을 찾는다. 물론 요즘은 꼭 책이 아니더라도 유튜브를 비롯한 SNS를 통해서 쉽게 찾기도 한다. 특히 책 한 권으로 끝나는 것과 달리 유튜버들은 계속해서 영상을 생산해내기 때문에 지속적인 자극을 원하는 사람들에게는 좋은 멘토가 되는 경우가 많다.

역사 속 위인들을 멘토로 삼기도 한다. 독일의 통일을 이끌어낸 오토 폰 비스마르크 총리는 탁월한 외교력과 리더십을 보이며, 군소국가였던 프로이센을 중심으로 독일 통일을 이뤄냈다. 그가 이끄는 당시 최강국 중 하나였던 프랑스와 유럽 패권을 놓고 다투며 끝내 유럽의 주도권을 장악하기도 했다. 그래서 독일 사람들은 지금도 나라의 위기가 닥쳤을 때 '비스마르크라면 어떻게 했을까?'라는 질문을 던지고는 한다. 위인들은 그 시대를 살았던 최고의 사람들 중 하나다. 그들의 생각, 삶의 태도, 행동들을 배우고자 노력하는 것만으로도 상당한 성장을 이룰 수 있다. 나도 소설가 김훈의 에세이와 소설들을 읽으며 많은 사고관의 변화가 있었는데, 이후에도 스스로 '김훈이라면 이럴 때 무엇이라고 말할까?'라는 생각을 하기도 했다. 이렇듯 작가들에게도 좋은 영향을 받을 수 있다.

무라카미 하루키의 에세이들이 잘 팔리는 이유 중 하나도 그의 사고관을 배울 수 있기 때문이다.

그러나 엄밀히 말하면, 역사 속 위인이나 소통할 수 없는 작가는 멘토라기보다는 롤모델에 가깝다. 실제 멘토의 특징은 내게 직접적인 조언을 해줄 수 있어야 한다. 멘토는 내게 좋은 자료를 소개하거나, 적절한 방법을 알려주거나 잘못된 생각을 고쳐주는 등의 역할을 한다. 나도 나름 김훈 작가의 강연을 쫓아다니며 질문을 던지고는 했으나, 이것을 멘토-멘티의 관계라고 하기는 어렵다.

<1만 시간의 재발견>의 저자 안데르센 에릭슨은 '최고의 스승을 찾으라'고 말한다. 그것이 비즈니스 영역이든, 개인의 영역이든, 학업의 영역이든 마찬가지다. 멘토를 통해 우리는 학창시절에 선생님을 통해 그랬듯이 우리의 삶 전반에 대한 적절한 조언을 얻을 수 있다. 그러나 멘토라는 것이 쉽게 구해지지 않는다. 미국의 페이스북 최고 운영책임자인 셰릴 샌드버그는 그의 저서 <린인>에서 "아무에게나 '멘토가 되어달라'고 요청하지 마세요"라고 썼다. 그는 무조건 멘토를 구하려는 사람들은 자신의 고민이나 문제점이 무엇인지 제대로 찾기도 전에, 멘토부터 찾아나선다고 지적한다. 제대로 된 조언을 얻기 위해서는 질문이 구체적이어야 하며, 이를 통해 보다 생산적인 대화를 이끌어낼 수 있다고 말한다.

질문을 보면 수준을 안다

　교사가 되고 임용 시험을 치르는 후배들을 볼 때마다 했던 이야기가 있다. "질문을 보면 합격할지 알 수 있다." 후배들은 반신반의했지만 다음 해에 실제로 내가 합격할 거라고 한 후배가 합격하고 불합격할거라고 한 후배가 떨어지자 '용하다'는 소문이 났다. 그런데 이건 용하거나 하는 것이 아니다. 질문에는 그 사람의 고민이 담겨있다. 그래서 질문을 통해 그 사람이 현재 도달한 수준이나 단계를 알 수 있다. 지금쯤 어느 단계에 있어야 하는데 아직 그 수준이 아니라면, '이대로는 합격이 어려울 것 같다'고 말할 수 있는 것이다.

　따라서 좋은 질문은 그 자체로 자신의 수준을 드러내기도 하고, 또 좋은 질문은 좋은 답변을 이끌어내기도 한다. 셰릴 샌드버그가 요구한 것은 무조건적으로 멘토를 찾기보다는 우선 자신의 고민을 잘 표현할 수 있는 좋은 질문을 만들라는 것이다. 안데르센 에릭슨은 장애물을 넘어서는 가장 좋은 방법으로 다른 각도에서 접근하는 것을 꼽았다. 그러나 장애물에 처음 접하는 사람들은 이 장애물을 다른 각도로 접근할 수 있다는 것조차 인식하지 못하는 경우들이 대부분이다. 그렇기 때문에 이미 이 장애물에 익숙한 교사나 코치가 필요하다. 멘토는 자신이 경험할 것들을 미리 경험한 사람들이다.

　그런데 멘토를 만나는 것은 쉽지 않다. 특히 요즘은 멘토는 커녕, 어른을 만나기도 쉽지 않다. 우리 사회에 내린 꼰대 기피령 때문이다. 꼰대는 구태의연한 사고방식을 다른 사람에게 강요하는 직장 상사나 나이 많은 사람을 가리키는 말이다. 물론 꼭 나이가 많아야만 하는 것은 아니다. 요즘은 젊은 꼰대라는 말도 생겨나고 있다.

그럼 멘토와 꼰대의 차이는 뭘까? 인터넷에 돌아다니는 말로 꼰대는 '묻지 않아도 말하는 사람', 멘토는 '물으면 말하는 사람'이라고 한다. 우스갯소리지만 정곡을 찌르는 말이다. 우리 주변에는 내가 요청하지 않더라도 자신의 관점에서 도움을 주고 싶어 안달이 난 사람들이 많다. 즐기려는 술자리에서도 꼭 갑자기 자신의 과거 얘기를 꺼내면서 성공담 아닌 성공담들을 늘어놓는 사람을 흔히 볼 수 있다. 반면 멘토를 찾기 힘든 이유는, 먼저 말하지 않기 때문이다. 먼저 말하지 않으니 어떤 사람인지 알기가 쉽지 않다. 그러니 좋은 멘토는 좋은 멘티가 이끌어내는 법이다.

멘토를 찾기 위해 우선 주변을 둘러보는 것이 좋다. 나와 가까운 곳에, 나와 비슷한 환경에 놓인 사람들이 해주는 조언이야말로 나에게 가장 좋은 해답일 수 있다. 교수가 될 수도 있고 선배가 될 수도 있고 아르바이트를 하는 곳의 사장님이나 선임이 될 수도 있다. 굳이 "멘토가 되어달라"라고 요청할 필요는 없다. 이야기를 나눌 수 있는 기회를 청하고 자신이 가지고 있는 고민을 물으며 그 답을 들으면 좋다. 만일 그 답이 의미가 있었다면 반드시 감사 표시를 하고, 이후에 다시 또 그런 기회를 얻을 수 있는지 물어보길 바란다. 다짜고짜 멘토가 되어달라고 하면 오히려 부담스럽다. 자연스럽게 관계를 이어나가고 스며들면 되는 것이다.

멘토를 찾기 어렵다면, 앞서 언급한 롤모델을 찾는 것도 방법이다. 어쩌면 매일 만나서 대화를 나눌 수 있는 사람보다는 그렇지 못한 사람이 더 좋을 때도 있다. "죽은 작가의 책이 살아있는 작가의 책보다 더 낫다"는 얘기가 있다. 살아있는 작가는 계속 변해서 실망을 안겨다주기도 하지만 죽은 작가는 더 이상 새로운 이야기를 하지 못하기 때문이다. 우스갯소리지만, 실제로 책이나 역사 속 인물을 롤모델로 삼는 것의 장점은 그들의 불변성이다.

소크라테스와 한나절을 보낼 수 있다면?

애플의 창업자인 스티브 잡스는 살아 생전 '소크라테스하고 한나절을 보낼 수 있다면 애플이 가진 모든 기술을 주겠다.'고 말했다. 그만큼 그가 소크라테스에게 영향을 받았다는 것을 의미한다. 마찬가지로 지금 창업하려는 사람들도 '스티브 잡스와 한 나절을 보낼 수 있다면 무엇이든 주겠다.'고 말하고 싶지 않을까? 다행스럽게도 우리는 이들이 했던 말과 업적을 모은 책을 통해 시간이 흘러도 그들의 조언을 접할 수 있다. 롤모델을 찾기 위해 책을 읽을때, 가급적 그 사람이 직접 쓴 책을 먼저 읽는 것이 좋다. 실제로 어떤 고민을 했는지 읽기 위해서다. 다른 사람이 요약·정리한 것은 실제 그 사람의 모습이었다고 확신하기 어렵다. 예를 들어 스티브 잡스를 인터넷 서점에서 검색하면 국내도서가 191건이 나온다. 그런데 이 중에 스티브 잡스가 직접 쓴 책은 없다. 그가 생전에 한 말을 딴 명언집이 있긴 하다. 하지만 월터 아이작슨이 쓴 <스티브 잡

스>는 그의 공식 전기로 인정받았다. 이런 책을 우선적으로 접하라는 것이다. 물론 먼저 읽으라는 것이지 반드시 그 책만 읽으라는 것은 아니다.

지금까지 멘토나 롤모델로서 타인을 얘기했지만 꼭 있어야 하는 것은 아니다. 학창시절에 선생님이 없어도 혼자 할 일을 잘 했던 사람도 많다. 마찬가지로 성인이 되어서도 꼭 멘토를 찾아야할 필요는 없다. 특히 자신이 가려는 길이 남들과 다르다고 생각한다면 더더욱 그렇다. 오히려 최근에는 멘토라는 지위를 상업적으로 이용하는 사람들도 많아서 금전관계로 엮이기도 한다. 멘토를 둠으로써 생기는 장점도 있겠지만, 오히려 지나치게 타인에 의존하게 되는 상황이 생길 수도 있다.

앞서 말한 책이나 역사 속 롤모델도 결국은 책을 통해서 혼자 지식을 습득한다는 점에서 멘토가 없는 경우이라고도 말할 수 있다. 여러 독서를 통해서 나름의 생각을 넓혀간다면 꼭 또 다른 선생님이 필요한 것은 아니다. 게다가 꼭 어떤 단일멘토를 정해서 지속적인 조언을 얻기보다 그때그때 주변 사람들에게 필요한 조언을 얻을 수 있다. 예를 들어 대학 학과에 관한 것은 선배에게 묻고, 외부활동과 관련된 것은 네이버 카페에서 정보를 얻고, 주식 투자와 관련되어서는 유튜브에서 배우는 식이다.

요즘같이 정보를 어느 곳에서나 얻을 수 있는 시대에, 가장 중요한 것은 의지할 만한 사람이 있느냐보다는 자신이 정보를 찾고 그것을 받아들이려는 자세인지도 모른다. 이제 20대들은 선생님 없이 혼자 서야 한다. 어떤 방식으로 살아갈 것인지는 스스로 정해야 한다. 단, 기억할 것은 이제 어느 누구도 행동 하나하나를 지적하거나 조언하거나 나무라는 사람은 없다는 것이다. 그것은 두려움일 수도 기회일수도 있다. 어떻게 만들어갈지는 독자들의 몫이다.

09

대학이 마음에 안 들어요,
어떻게 할까요?

#휴대폰과 대학 #대학도 서비스센터가 있다
#성적=예산? #에브리타임 #손석희

전국에 있는 대학교 수는 202개, 전문대학까지 합치면 336개다. (e-나라지표 통계) 공부를 잘하든 못하든 어릴 때부터 상위권 대학 이름은 귀에 못이 박히게 들었는데, 점점 입시가 가까워질수록 그 대학에 내가 갈 수 없다는 것을 깨닫는다. 그리고 뒤늦게 내 성적에 맞는 대학을 찾는다. 이름도 못 들어본 대학도 있는데 거기를 가야한다니 만족스럽지 않다. 성적이 높든지 낮든지 대학에 관해 공부하는 경우는 별로 없다. 그냥 내 내신이 이 정도니까, 수능 점수가 이 정도니까 여기에는 이 대학이 최상이라더라, 혹은 이 대학이 안정이라더라 해서 원서를 제출했는데 합격하는 경우가 많다. 우리나라처럼 대학 서열이 확고하면 대체로 성적에 맞춰 자신의 위치를 정하고 그에 맞게 진학한다.

나도 그랬다. 어렴풋이 정치외교학과를 가고 싶다는 생각만 있을 뿐이었고 수능을 보고 나서야 점수에 맞춰 학교를 정했다. 정치

외교학과에서 무엇을 배우는지, 내가 가는 학교가 어떤 특색이 있는지도 잘 모른 채 그냥 점수에 맞춰 진학했다. 그래도 운이 좋아서 점수보다는 조금 더 높은 학교에 합격했다. 막상 가보니 어려움이 많았다. 내가 생각한 대학교 수업이 아니었고, 내가 생각한 정치외교학이 아니었다. 남들은 다 학교에 맞춰 열심히 살고 있는 것 같은데 나만 엉망인 것 같았다. 그래서 학교 밖으로 돌아다니다가 결국 졸업을 하지 못하고, 3학년 1학기를 마친 뒤 반수의 길을 택했다.

생각해보면 물건도 이렇게는 안 산다. 대학생이 되면서 가장 많이 사는 물건 중 하나인 휴대폰을 예로 들어보겠다. 휴대폰을 살때, 휴대폰의 성능, 디자인, 브랜드, 무게, 호환성 등 휴대폰에 대한 정보와 내가 가지고 있는 예산, 내 취향 등 나에 대한 정보를 함께 종합해서 결정한다. 아니면 주변 사람들이 쓰는 것을 보면서 물어보고 직접 만져보기도 한다. 심지어 휴대폰을 결정했더라도 어디서 사야 좀 더 싼지 알아본다.

그런데 대학은 그냥 내 성적, 그리고 성적에 맞는 대학 끝이다. 휴대폰 구매로 비교하면, 예산(성적)만으로 끝이 나는 셈이다. 마치 휴대폰에 관해서 하나도 알아보지 않은 채 매장에 가서 "저 80만 원밖에 없는데요. 가격에 맞는걸로 휴대폰 주세요"라고 말하는 것과 다를 바 없다.

휴대폰 사듯이 대학도 꼼꼼히 살피자

그러니 지금 내가 입학한 대학이 잘 한 선택인지 뒤돌아보는 것은 어쩌면 당연하다. 4년 동안 2천만원 넘게 내면서 다닐 대학인데… 다만, 정확히 할 필요는 있다. 지금 뒤돌아보는 이유가 같은 80만원으로 좀 더 꼼꼼히 물건을 사려고 한 다른 친구가 나보다 좋은 휴대폰을 샀기 때문인지, 80만원보다 더 돈을 가지고 가서 좋은 휴대폰을 사고 싶기 때문인지, 그것도 아니면 이 휴대폰이 나랑 안 맞기 때문인지.

입시에서는 다양한 결과들이 있다. 가고 싶은 대학을 성적이 안 돼서 가지 못한 학생도 있고, 가고 싶은 대학보다 더 좋은 결과를 얻은 학생도 있다. 딱 목표치 만큼 합격한 학생도 있다. 그런데 사람의 심리라는 게, 항상 남의 떡이 더 커보이는 셈이다. 분명히 내 목표에 맞게, 혹은 내가 받은 성적에 맞게 대학에 왔는데, 운이 좋아 더 좋은 대학에 간 친구가 왠지 질투나고 자신이 초라해보이는 것은 자연스러운 마음이다.

고3담임으로서 12월 상담을 하다보면 "저 반수할 거에요"라는 얘기를 자주 들을 수 있는데, 이런 마음 때문이다. 나도 결국 반수를 했었기 때문에 이런 얘기가 허투루 들리지 않는다. 그러나 반수라는 것도 결국 시간과 돈을 들여 위약금을 무는 셈이다. 2년 약정이 걸린 휴대폰처럼 대학도 4년 약정이 걸린 셈이다. 차라리 지금 산 휴대폰을 잘 써보려고 하는 것은 어떨까? 이미 결정한 대학, 교환이나 환불이 어렵다면 지금부터 해야 할 것은 대학에 관해 공부하는 것이다.

일단 먼저 기억할 것이 있다. 휴대폰 회사도 휴대폰을 팔고 나면 끝이 아니다. 소비자가 다시 그 브랜드를 구입할 수 있도록 최선을 다해 업데이트를 하고 사후 서비스를 제공한다. 그렇게 해서 브랜드에 대한 긍정적 이미지가 퍼지면 판매량이 증가하고 더 좋은 휴대폰을 만드는 선순환의 고리가 작동한다. 대학도 마찬가지다. 대학은 학생을 입학시키고 끝이 아니다. 신입생을 더 좋은 인재로 성장시켜야 대학에 대한 이미지가 상승하고 새로운 신입생을 받는데 좋은 결과를 얻을 수 있다. 즉 대학 입장에서도 최선을 다해 학생이 새롭게 업데이트할 수 있도록 돕고 서비스를 제공해야 한다는 것이다. 결코 입학했다고 끝이 아니다.

대학에서 제공하는 서비스가 무엇일까? 그걸 알기 위해서는 대학교 홈페이지를 들어가 봐야 한다. 다시 한 번 언급하면, 대학은 반드시 학생을 좋은 인재로 성장시켜야 한다. 그러니 대학생에게 필요한 정보를 결코 꽁꽁 숨겨놓지 않는다. 오히려 학교 입장에서는 자신들의 프로그램을 어떻게 하면 학생들이 잘 볼 수 있을지를 고민한다. 그래서 홈페이지, 학교신문, 방송 등을 통해 계속해서 정보를 제공하려고 한다. 다만 학생들이 발견하지 못할 뿐이다. 홈페이지에 들어가면 학교에서 주관하는 특색 프로그램, 학교를 통해 구입하면 싸게 살수 있는 할인 혜택, 학생 경력 관리, 창업지원, 장학금 등 여러 서비스를 찾을 수 있다. 모르는 정보가 있다면 전화나 인터넷, 방문을 통해 물어보면 된다. 휴대폰이 고장나면 서비스센터를 이용하는 것처럼 대학에서 제공하는 서비스를 잘 모르겠다면 직접 물어보면 된다.

정보를 통해 내가 지금 당장 할 수 있는 것, 시간만 지나면 할 수 있는 것, 준비를 해야 할 수 있는 것으로 나눈다. 그리고 준비를 해야 하는 것들을 준비하면 된다. 예를 들어 할인 혜택은 지금 당장 받을 수 있는 일이다. 반면에 복수전공이나 이중전공, 융합전공 신청은 1학년 1학기에는 할 수 없고 시간이 지나야 신청할 수 있다. 현장실습이나 교환학생의 경우 1학년 1학기에 갈 수 없을 뿐더러, 성적이나 외국어 인증 등 필요한 조건이 있다. 그럼 그 조건을 맞추기 위해 준비를 해야한다. 물론 복수전공이나 융합전공도 학점 조건이 필요하다면 그것에 맞춰 준비해야 한다. 휴대폰이 고장나도 A/S에 맞는 조건이 있어 아무 휴대폰이나 다 무상수리를 해주지 않듯이, 대학에서의 혜택도 조건에 맞아야 한다.

대학에도 공식서비스센터와 이용자 커뮤니티가 있다

학교 홈페이지는 휴대폰으로 따지면 공식 서비스센터다. 문제가 생기면 업데이트를 하고 패치를 하듯이 학교 홈페이지도 사후 서비스를 위해 여러 정보를 제공한다. 개인적인 조언은 휴대폰이나 컴퓨터로 인터넷을 접속할 때 첫 페이지를 학교 홈페이지로 설정해 놓기를 추천한다. 매일 보다보면 새로운 정보들이 눈에 더 잘 들어온다.

흔히 많이들 이용하는 방법으로, 대학 커뮤니티가 있다. 대학생들이 자주 이용하는 커뮤니티인 '에브리타임'(줄여서 에타라고 많이 한다)이라는 것이 있다. 여기에서 선배들이나 동기들이 대학생활에서 얻은 꿀팁을 전수받을 수 있다. '에타'는 비유하자면 휴대폰 이용자 커뮤니티다. 휴대폰 커뮤니티도 이용해 보면 휴대폰에 대한 정보만 올라오는 것이 아니라, 잡다한 정보들도 많이 올라온다. 커뮤니티 관리자들이 잘 관리하지 않으면 광고성 정보, 유해 정보들도 올라온다. 편가르기도 많고 다른 휴대폰과 비교하면서 스스로를 깎아내리거나 우쭐대는 정보도 가끔 볼 수 있다.

이렇듯, 커뮤니티 사이트는 여러 위험성도 함께 가지고 있다는 것을 명심해야 한다. 매일 올라오는 사건, 사고나 가십거리들을 피해서 유익한 정보만을 얻기란 쉽지 않다. 오히려 잘못된 커뮤니티 이용은 허탈감과 상실감을 가져다 주기도 한다. 그래서 에타를 이용할 때 반드시 그 목적을 정확히 설정해야 한다. 재미가 아니라 정보를 얻기 위해 접속해야 한다는 사실을 반드시 새겨야 한다.

또 다른 방법은 학교가 아니라 학과를 이용하는 것이다. 각 과마다 학과사무실이 있다. 학과 홈페이지도 있는데 개인적 경험으로는 학과 홈페이지가 자주 업데이트 되는 경우는 많지 않다. 학과사무실 앞에는 공지사항들이 붙어있다. 학교 홈페이지가 전체 학생들을 대상으로 하는 거라면 학과 사무실은 학과 학생들만을 대상으로 하는 것이라 좀 더 맞춤형 정보인 경우가 많다. 학과 조교와 친해지거나 근로 장학생과 친해지면 좀 더 빨리 정보를 얻을 수도 있다. 학과를 이용하는 방법이 사무실만 있는 것은 아니다. 교수와의 면담도 학과를 이용하는 방법 중 하나다. 교수들이 어떤 분명한 대답을 내려주지는 않을 것이다. 그러나 내가 하고 있는 고민을 솔직하게 내비치면, 이후에 도움이 될만한 정보를 교수들이 제공할 수 있다.

이렇게 말하는 나도 대학 다닐 때 왠지 교수들이 어려워서 대학 다닐 때 잘 이용하지 못했다. 그런데 반수를 하느라 자퇴를 할 때도 그렇고, 새로 입학한 대학에서 졸업을 할 때도 그렇고 교수님들이 나를 기억하고 아쉬워하는 모습에 내가 좀 더 다가가지 못한 것을 후회했다. 교수님들도 학생들과 가까워지고 싶고 좀 더 나누고 싶어하는 사람이라는 것을 기억하면 좋다.

반수를 결심했다면

만일 이런 노력에도 불구하고, 자신과 학과가 맞지 않는다거나 혹은 학교가 제공해주는 서비스가 나에게 도움이 되지 않을 것 같다고 판단 된다면? 그 땐 어쩔 수 없다. 복수전공, 전과, 편입, 반수 여러 가지 방법으로 학과나 학교를 떠나야 한다.

결국 반수를 결심했다면 일단 가고자 하는 목표 대학, 학과를 정해야 한다. 재수생과 반수생의 가장 큰 차이는 대학에 대한 경험이 있다는 것이다. 어떤 식으로 대학을 판단해야 하는지, 대학에 대한 정보를 어떻게 얻는지에 대한 지식이 있다. 위에 써 있는 방법을 다시 한 번 미리 써 봐도 좋고, 학교 홈페이지에 올라온 강의 계획서 등을 살피는 것도 방법이다. 혹은 강의평가를 미리 살펴보며 학과 교수에 대한 이미지를 잡을 수도 있다.

이번엔 '예산만 가지고' 사는 것이 아니라, 내가 미리 휴대폰에 대한 정보를 접하고 사는 것이다. 분명히 커다란 위약금이긴 하다. 1학기의 등록금, 3~4개월이라는 시간, 돈과 시간 모두 지불했기 때문에 초조한 것은 당연하다. 물론 등록금만 내고 아예 학교를 다니지 않는 경우들도 있긴 한데, 그렇게 되면 등록금을 그냥 지불만 하고 얻은게 하나도 없는 셈이다. 그러니 이번엔 좀 더 잘 알아보고 구매하길 바란다.

반수는 단기간에 집중해서 끝내야 한다. 늦게 시작하는만큼 확실하게 준비하지 않으면 쉽게 망가진다. 특히 대학생활 중에 술 마시고 놀거나 늦게 일어나서 하루를 시작하는 패턴들이 습관화되어 있다면 성공확률은 낮아진다. 반수를 한다고 해서, 무조건 지금 학과 사람들과 거리를 두거나 멀어지라는 얘기는 아니다. 세상은 좁고 언제 어디서 다시 만날지 모른다. 게다가 미안한 얘기지만, 반수가 무조건 성공한다는 보장은 없다.

"최선을 다해서 선택을 하세요.
그리고 여러분이 선택한 것이 옳았다는 것을 증명해 보이셔야
합니다. 무슨 일이 있더라도 최선을 다해 정당한 방법으로
증명해 보이십시오." (손석희)

JTBC사장이었던 손석희 앵커의 말이다. 국민대를 졸업한 손석
희는 명문대생들이 즐비한 아나운서계에서 최고가 되었다. 그런
손석희의 말이기 때문에 더욱 와닿기도 하다. 원래 질문으로 돌아
가본다.

'대학이 마음에 안 들어요 어떻게 하죠?'

지금 자신이 어떤 학교에 진학했고 거기에 머물든 혹은 그만 두
고 새로 진학을 계획하든 중요한 것은 자신의 선택이 옳았다는 것
을 증명하기 위한 최선이다. 나를 만드는 것은 나 자신이다.

02

대학,
새로운 세상을 만나다

01

대학 공부는
어떻게 하나요?

#학점관리 꿀팁 #대학교 시험 이렇게 준비한다
#1학년 때 놀아도 되나요? #3점대 학점을 4.4로 올리는 방법

대학에서 4월, 벚꽃의 꽃말은 '중간고사'라는 말이 있다. 대학에 입학한 후 낯선 환경에 적응하기 정신없던 와중에 시작된 첫 중간고사. 설렘과 두려움으로 가득 차 어디서부터 어떻게 준비해야 할지 몰랐던 때가 기억난다. 그런데 무언가 항상 열심히 하고 잘해야 했던 고등학교 때와 달리 대학교에 와서 귀에 따갑도록 들었던 말이 있다.

"1학년 때는 무조건 놀아야 해!"
"1학년이 무슨 공부야, 지금 안 놀면 평생 후회한다~"

명심할 것. 이 말은 맘껏 놀면서 학점 3.5는 되어야 한다는 말이다.

학점관리에 대한 생각

1학년 때는 좀 놀아도 되지 않나요? 새내기 때는 놀아도 된다는 선배들의 말 절대 믿지 말아야 한다. 1학년 때 학점관리를 해야 하냐는 물음에 나의 대답은 당연히 YES! 그 이유는 첫째, 학점 가성비가 좋다. 즉, INPUT 대비 OUTPUT이 좋다. 다들 1학년 때는 자유를 만끽하고 대체로 공부 안 해도 된다는 선배들의 유혹에 넘어가기 쉽지만 2학년 때는 이랬던 동기들도 점점 학점 관리에 신경을 쓰기 시작한다. 그러니 1학년 때는 놀면서 조금만 일찍 집에 들어가 공부해도 A+받기 쉬울 것이다. 둘째, 기초 과목들이 많다. 개인적인 생각으로 대학에서 과목을 편성할 때 1학년 때 듣는 과목들은 학문의 기초가 되거나 가볍게 들을 수 있는 것들로 구성해 놓았다고 생각한다. 셋째, 다양한 기회를 잡을 수 있다. 예를 들면, 전과나 편입, 교환학생, 복수전공 신청 등이 거의 1학년 학점으로 판단된다. 그러니 조금만 신경 써도 받을 수 있는 1학년 학점을 놓쳐서 인생의 기회를 잃어버리는 안타까운 일은 없도록 해야겠다.

학점이라는 것은 무엇을 의미할까? 대학에서 학점은 학업 성취도와 성실도 그리고 장학금 혜택과 연결되어 있다. 또한, 졸업 후 대학원, 연구소, 기업 등에서 학점을 요구하는 경우가 간혹 있다. 학점이 결코 그 사람의 모든 것을 판단하는 절대적인 기준이 된다고 볼 수는 없다. 하지만 그 분야의 전문가이신 교수님들께서 여러 방식으로 몇 년 동안 평가한 기록들이기 때문에 신뢰성이 있다.

나는 사범대에 재학 중이었기 때문에 학과 특성상 학점이 임용 시험에 직접적인 영향을 준 것은 아니지만, 교수님들이 대부분 임용 시험 출제자 경험을 갖고 계시기 때문에 임용 시험과 비슷한 경향으로 시험을 출제하셨고, 이에 따라 내 학업 성취도를 평가해보는 기회였다. 나태해지는 나의 대학 생활에 강한 동기를 유발하였다랄까. 그리고 나에게 성적 우수 장학금 만큼 아주 좋은 아르바이트는 없었다. 또한, 대학원 진학 시에 성적증명서를 제출해야 했는데 그때 작은 부분이나마 득을 보았다. 이러한 이유로 학점이 우리에게 주는 의미는 절대 작지 않고 중요한 부분이 아닐 수 없다.

학점 계산은 매우 쉽다. 대학교는 과목마다 2, 3, 4학점 등으로 구분되어 있고, 성적은 F부터 A+까지 있다. 또한, 이수만 하면 되는 PASS 제도 과목도 있다. 성적표가 뜨기 전에 내 학점이 궁금하다면 직접 계산을 해봐도 되고, 네이버에 학점 계산기를 사용하여 나의 총 학점 평점도 쉽게 구할 수 있다.

대학에서는 시험이 어떤 식으로 출제가 될까?

대학에서의 시험 방식은 여러 종류가 있지만 기본이 되는 3가지를 소개해보려 한다. 먼저 암기 시험. 주관식이든 객관식이든 생으로 교재 내용을 암기하면 되는 시험이 있다. 이런 시험의 경우 중고등학교 때 했던 공부법으로 해결하기에는 문제가 되는 부분이 있는 그것은 바로 방대한 양이다. 고등학교 때 특히 역사 과목이 암기할 내용이 매우 많았는데 대학교 때는 이와 비교할 수 없을 정도로 양이 많다. 이것은 반드시 '족보', '이해 후 암기'가 필요하다.

두 번째, 오픈북 시험. 오픈북 시험이란 시험 중에 자유롭게 교재를 펼쳐놓고 문제를 해결하는 시험이다. 이런 시험의 경우 정해진 답이 아닌 창의적인 아이디어를 요구하는 문제들이 주로 나오며 교수님의 의도 또한 내용을 얼마나 잘 암기했느냐가 아닌 '가지고 있는 자료를 얼마나 창의적으로 잘 활용할 수 있는가?'이다.

세 번째, 시험 대체 과제. 시험 대신 리포트나 발표 형식으로 평가하는 방식이다. 리포트의 경우 정해진 분량과 기한을 꼭 지켜야 하며 표절 검사를 하시는 교수님도 계시기 때문에 주의해야 한다. 발표 형식의 경우 내가 교사가 되는 것에 가장 큰 영향을 주었던 시험이었는데 가장 중요한 것은 '얼마나 핵심을 잘 전달하느냐'이다.

학점관리의 시작은 수강 신청!

학점관리는 시간표 짜기에서 시작된다. 말로만 듣던 수.강.신.청. 이 부분은 대학교마다 환경과 시스템이 다르니 OT에 가거나 학기 초에 선배들이 자세하게 알려주는 것을 좀 더 참고하면 좋다. 대학교 과목은 대체로 전공필수(전필), 전공선택(전선), 일반선택, 교양 등으로 구분된다. 전필의 경우 학과에서 꼭 필요하다고 판단되는 과목들이기 때문에 무조건 잘 챙겨두는 것이 좋다. 그 과목이 재미없거나 어렵거나 원하는 교수님이 아니더라도 최선을 다해야 한다. 교양의 경우 대부분 학기 초에 선배들이 학점 받기 쉽거나(?) 과제가 없는 과목들을 팁으로 알려주는 경우가 많다. 돌이켜보면 이러한 과목들을 동기들과 같이 신청해도 좋지만 내가 평소에 관심 있었던 분야라던가 수업 계획서를 미리 보고 결정하는 것도 추천한다. '15주의 음악 여행'이라는 교양수업이 있었는데 이 수업은 선배들이 추천해준 과목이기도 하지만 실제로 음악 과목을 대학에서 들어보고 싶었던 나로서는 매우 만족스러웠다.

현재 대학교 2학년에 재학하고 있는 학생의 수강 신청 예시를 소개하고자 한다.

	월	화	수	목	금
9:00~	불교와인간 501-203 (학림관 J212 강의실)		BasicEAS 102-443 (학술문화관 K443 강의실)	자아와명상 102-309	소셜 앙트레프너십과 리더십
10:00~		교육심리 501-347 (학림관 J308 강의실)		자연지리학 501-447 (학림관 J409강의실)	
11:00~			일본어(초급) 102-439 (학술문화관 K439 강의실)		
12:00~	일본어(초급) 102-439 (학술문화관 K439 강의실)			우 주 공 강	
13:00~			자연지리학 501-447 (학림관 J409강의실)		
14:00~					
15:00~	지혜와 자비명작 세미나 408-321 (정보문화관 Q301 강의실)		우 주 공 강	지혜와자비명작 세미나 408-321 (정보문화관 Q301 강의실)	
16:00~					
17:00~					
18:00~			교육학개론 501-347 (학림관 J308 강의실)		
19:00~					

이 시간표에는 몇 가지 문제점이 있다.

첫째, 1교시에 수업이 많다. 대학교에 가서도 고등학교 때처럼 오전 6시에 일어나서 밤 11시까지 공부할 수 있다고 생각하지만, 생각보다 쉽지 않다. 그리고 각자 사정에 따라 통학 거리가 대중교통으로 1시간 넘게 걸리는 경우도 있을 수 있다.

둘째, 수요일과 목요일을 보면 '우주공강'이라고 표시한 부분이 있다. 다음은 우주공간에서 나의 이상과 현실의 모습이다.

> **이상의 나** | 밥도 먹고 도서관에서 공부하면 딱 좋겠다!
> **현실의 나** | 밥 먹고 과방 가서 자다가 다음 수업 놓침. 이왕 이렇게 된거 수업 빼고 그냥 집에 가게 된다.

셋째, 목요일 오후 6시 수업은 어떨까? 고등학교 때 야자도 했으니 6시 수업은 당연히 들을 수 있겠다고 생각할 수 있으나 현실적으로는 피곤해서 수업에 집중을 못 하는 경우가 있다. 또한, 대부분의 과 행사나 동기 모임이 저녁 시간에 있어 겹치는 경우가 많을 것이다. 가끔 휴일에 못 한 보강 수업을 저녁에 하시는 교수님도 있으니 야간 수업은 되도록 피하는 게 좋다.

넷째, 연속 강의(연강)인 경우에는 강의실 동선을 잘 보고 신청할 것. 예를 들면, 수요일 BasicEAS수업 이후 일본어(초급) 수업을 들으러 가기 위한 시간이 10분, 교수님이 조금 일찍 끝내주면 30분 정도인데 강의실은 끝과 끝이다. 만약 시험을 대면으로 보는 경우에도 힘든 점을 고려하여 시간표를 짜야 한다.

실제로 수강 신청을 하기 전 여러 경우의 시간표를 미리 짜두는 것이 좋다. 서버가 터지는 등 갑작스러운 상황이 벌어질 수도 있기 때문에 본인에게 맞는 시간표를 만들어서 대비하는 것이 좋다. 시간과 과목은 같지만 다른 교수님을 선택하는 방법과 과목이 다르다면 최대한 시간으로 맞춰보는 방법이 있다.

또한, 주 3일, 4일 수업을 만들기 위해 무리하는 경우가 있는데 이 때 주의해야 하는 것은 시험 기간과 과제도 연달아 있을 수 있다는 것이다. 중고등학교 때, 지필 시험에서 벼락치기가 가능했다. 얼굴만 하니 이틀이면 머릿속에 담을 수 있었다. 대학교 공부. 호수와도 같다. 한 번에 밀려오는 과제들과 시험 범위를 감당하려고 하면 눈 감고 포기하는 수밖에 없을 것이다. 전공 책을 보면 알겠지만 정말 두껍다. 후회하지 말고 미리미리 계획해 두면 좋다. 학자들이 수백 년간 연구하고 이뤄낸 거룩한 학문을 어떻게 하루아침에 손에 넣을 수 있겠는가.

대학교는 정해진 반이 없고 강의실도 과목마다 다르므로 자리를 자유롭게 선택할 수 있다. 대부분 학생은 앞자리가 아닌, 맨 뒷자리를 선호한다. 나는 전공 수업은 무조건 앞자리에 앉았다. 물론 자리에 따라 학점이 결정되는 것은 아니다. 뒷자리에서 수업을 들어도 A+를 받는 동기들도 있었다. 그러나 개인적으로 내가 높은 학점을 받았던 과목들을 보면 항상 앞자리에 앉았던 것은 확실하다. 앞자리를 선택해서 앉았다는 것은 일단 그 강의에 대한 열의와 의욕이 있다는 것이고, 딴짓을 절대 할 수 없다. 고등학교 때 열심히 공부했던 학생들이라면 공감하겠지만 맨 뒷자리 앉았을 때와 앞자리에 앉았을 때의 집중도와 생동감은 엄청난 차이를 보인다. 또한, 교수님도 사람이다. 매시간 똑같은 앞자리에 앉아서 초롱초롱한 눈빛으로 수업도 잘 듣고 용기가 있다면 질문도 해보며 적극적으로 나서면 어떨까? 혹시 모를 부분에서 분명 플러스 요소가 있지 않을까 싶다.

녹음 및 필기

고등학교 때는 선생님들께서 친절하게 학습지를 프린트해주시고 칠판에 필기도 해주셨지만, 대학교는 다르다. 실제로 필기를 거의 하지 않으시거나 수강생이 못 알아보는 경우도 있다. 이외에도 대학 수업 특성상 정형화된 수업 방식이 아닐 뿐더러, 수업 내용이 방대하게 많기 때문에 교수님의 강의 내용을 녹음하거나 필기하는 것을 권장한다. 나는 전공 수업 교수님은 따로 녹음은 하지 않아도 될 정도로 천천히 수업을 해주셨기에, 수업 내용을 온전히 이해하려고 하였으며 현장에서 느껴지는 교수님의 설명과 필기에 집중했다. 그러나 교양 수업이나 교육학의 경우 무조건 녹음을 하였고 복습에 활용하였다. 교양 수업 중에 교재도 없고, 수업 자료도 몇 장 되지 않는 경우가 있었는데 이 경우에만 녹음해서 자세한 필기나 놓쳤던 부분들을 다시 받아 적어 정리하는 식으로 공부를 했다. 내가 필기했던 것은 교수님께서 강조하신 부분, 그리고 모르는 개념이다. 모르는 개념은 수업이 끝난 후 모든 방법을 총동원하여 그 개념들을 공부하고 머릿속에 넣으려고 노력했다. 도서관에 가서 관련된 좀 더 쉬운 교재를 찾아본다거나, 교수님께 직접 찾아가서 질문하였다. 인터넷 강의를 들었을 때는 강사에게 직접 전화해서 물어본 적도 있다.

강의는 빠지지 않고 듣기

이건 내가 4년 동안 꼭 지켰던 부분이다. 고등학생의 관점에서 수업은 당연히 들어야 하는 것 아닌가 할 수 있는데 대리 출석하는 경우도 많다. 학점 관리에서 '출석'은 기본적으로 10% 이상을 차지하고 여러모로 중요한 부분이다. 또한, 수업을 빠지지 않고 들었을 때, 교수님 강의 내용을 녹음하거나 필기를 할 수 있고, 이런 부분이 나중에 시험 기간에 부담을 줄여주는 역할을 했다. 대학교 시험은 정형화된 형식이 아닌 주로 교수님이 수업 중에 언급했던 내용이 서술형으로 출제되기 때문에 학점 관리에서 출석은 매우 중요하다.

학점 3.7에서 4.4까지 올리는 법. 메타인지

위의 방법들은 학점관리의 정석 잘 따라 해도 잘 안되는 경우가 있다. 사실 나는 이 글에서 더 중요하게 강조하고 싶은 것이 있다. 이것은 내 인생에 가장 많은 영향을 준 것이고, 살아가는 데 큰 도움이 되었다. 일단 나는 수능에서 쓰라린 고통을 맛보고 제대로 정신을 차리기(?) 시작했고, 심지어 놀 자격이 없는 사람이라고 생각했다. 위에 말한 방법 그대로 실천했다.

그러나 아이러니하게도 1학년 1학기 성적은 3.97. 그다지 만족스럽지 못했고, 가성비 최악이었다. 자연스럽게 2학기 학점은 3.7 점대로 떨어졌고, 나는 이 전까지만 해도 사람의 뇌는 비슷하거나 차이가 있다면 노력과 시간의 차이라고 생각했다. 내가 본 선천적인 천재들은 극히 일부였고, 대부분 열심히 하거나 노력하면 좋은 결과를 얻었던 경험들이 많았기 때문이다. 그런데 시험 전날 술 먹고 1시간 공부해서 A+받는 쟤는 '천재', 반대로 '난 바보'라는 것이 명확하게 증명되면서 무한 자괴감에 빠졌다. '해도 안 되는' 알고리즘은 정말 무서운 것이다.

'아, 이래서 공부를 안 하게 되는 거구나. 노력해봤자, 매일 내가 바보임을 입증하는 것밖에 안 되니까. 차라리 노력 안 하고 못하는 게 낫지.'

그러다가 1시간 공부했던 친구들도 어쩌면 집에서 나처럼 공부하지 않았겠느냐는 나름의 합리화를 하던 중 또 하나의 신기한 경험을 하게 된다. 도서관에서 선형대수학 과목 중 '대각화'라는 개념을 공부하고 있었다. 약 2시간 정도 학습을 마치고 집에 돌아가면서 같이 공부했던 친구들과 선형대수학에 대한 내용에 대해 서로 이야기하는데, 나는 전혀 핵심을 파악하지 못하고 있다는 느낌을 받았다. 결국 그중 한 명에게 2시간 동안 '헛공부'를 했다는 말을 들었다.

뭔가 이상했지만, 곧 중간고사 시험날이 다가왔고 결과는 상상

이상으로 충격적이었다. 나는 58점, 친구는 75점. 거의 나는 과에서 중하위 점수에 해당하였고, 그 친구는 최상위 점수라 교수님께 칭찬도 받았다. 다행인지 불행인지 빨갛게 채점된 시험지를 내 손에 쥐여주셨고, 그것을 들고 공부했던 도서관 자리에 털썩 앉았다. 그리고 고민에 빠졌다. '무엇이 문제일까? 친구 말처럼 나는 헛공부를 했을까?' 내가 공부했던 시간을 되돌아보기 시작했다. 생각해보니 나는 단순히 책에 적힌 글자, 아니 '글씨'에 몰입했다. 이건 공부가 아니다. 그렇다면 그 친구는?

바로 '메타인지'가 일어나고 있었다.

"메타인지(meta認知, 영어: metacognition) 또는 상위인지는 자신의 인지 과정에 대해 관찰·발견·통제·판단하는 정신 작용으로 '인식에 대한 인식', '생각에 대한 생각', '다른 사람의 의식에 대해 의식', 그리고 고차원의 생각하는 기술(higher-order thinking skills)이다. 단어의 어원은 메타에서 왔다. 메타인지는 다양한 형태를 취할 수 있다. 배움 혹은 문제해결을 위한 특별한 전략들을 언제 그리고 어떻게 사용하느냐에 관한 지식을 포함한다. 일반적으로 메타인지에는 두 가지의 구성 요소가 있다: 1) 인식에 대한 지식과 2) 인식에 대한 규제이다. 쉽게 말해 자신이 무엇을 알고 무엇을 모르는지 아는 것을 뜻한다." (출처: 위키백과)

한마디로 메타인지는 위에서 내려다보는 능력이다. 나는 무조건 학습 내용에 온전히 몰입하고 집중하는 것이 중요하다고 생각했는데 역설적이게도 가끔은 그 몰입에서 빠져나와 나 자신을 객관화해야 한다. 리사손은 '메타인지 학습법'이라는 책에서 다음과 같이 말하고 있다.

"스스로 평가하는 모니터링, 모니터링을 기반으로 학습 방향을 설정하는 과정이 바로 컨트롤. 성공적인 학습을 위해서는 '모니터링'과 '컨트롤'이라는 두 가지 과정이 제대로 작동해야 한다." 또한, 자신이 무엇을 '어려워하는지' 알아야 함과 동시에 '모를 수도 있다는' 사실을 인정해야 한다고 한다.

나는 선형대수학 시험이 끝났음에도 도서관에서 선형대수학 책을 펴고 천천히 다시 공부를 시작해보았다. 그동안 선형대수학의 '대각화'라는 개념을 제대로 알고 있다고 생각했는데 그것은 나의 착각이었다. 물론 개념을 외워서 말할 수는 있다. 그러나 개념을 말할 수 있는 것과 그 개념을 알고 있는 것은 엄연히 다른 것이다.

그다음 나는 무엇을 해야 할까? 묘사하자면 나는 책을 눈에 가까이하지 않고 책 받침대에 책을 펼쳐놓고 팔짱을 낀 채로 목차와 정리를 쳐다보았다. 1시간 동안이나 말이다. 여기서 나는 보이지 않던, 보려고 하지도 않았던 맥락들이 보이기 시작했다. 대각화 개념이 왜 나오게 됐는지, 선형대수학에서 말하고자 하는 핵심이 무엇인지, 심지어 전공 책을 쓴 저자의 의도가 무엇인지 파악할 수 있었다. '나무'가 아닌 '숲'이 보였고, 딱딱한 수학책이 하나의 소설책처럼 느껴졌다. 그다음부터는 개념들이 쉽게 다가왔고, 흐름이 읽혔다. 달달 외워야 했던 수학 정의와 정리들이 굳이 노력하지 않아도 머릿속에 내 지식으로 자리 잡았다.

지금까지 내가 실패하면서 겪었던 모든 과정도 메타인지라고 할 수 있다. 지금부터 메타인지를 통해 성공하는 학습법을 연습해보면 어떨까?

02

발표의 늪에 빠졌어요
어찌하면 좋을까요?

#발표 불안 #한 번 실수는 병가지상사 #발표는 준비가 9할
#정신승리? 상상의 힘

대학 수업 중 가장 많은 비중은 발표가 아닐까 한다. 실제로 내 비싼 등록금을 내고, 교수님의 수업을 듣고 싶었는데, 왜 동기들의 수업을 듣고 있는지 아이러니했다. 때론 조별 과제 속에서도 발표 만은 하지 않기 위해 차라리 다른 역할을 더 하려고 하기도 한다. 나는 많은 사람 앞에서 강의나 발표를 한다. 많을 때는 몇백 명이 앉을 수 있는 강당에서 수업도 진행하니 나름대로 발표에 대해선 베테랑인 셈이다. 그러고 보니 대학 생활을 제외하곤 다른 사람 앞 에서 이야기하는 것으로 시작하는 나는 '과연 처음부터 발표를 잘 했을까' 란 생각을 해본다.

나는 왜 이리 남들 앞에서 떠는 걸까?

누구나가 긴장되는 건 마찬가지다. 심지어 교사 생활, 심리 관련 강의, 학습법 관련 강의, 현재 일까지 한다면, 발표만 십 년이 넘어간다. 발표하는 인원도 두 자리 숫자보단 세 자리 숫자일 때가 더 많다. 그렇지만, 나 역시도 떨릴 때가 많다. 누군가가 어떻게 발표를 떨지 않고, 능숙하게 하냐고 질문을 한다. 그러면 나는 "저 오늘 많이 떨었어요." 라고 대답한다.

  떨리고 발표에 대해 불안한 게 꼭 나쁜 걸까? 오히려 나는 반대라고 생각한다. 불안하니 더 발표를 준비하게 된다. 생각지도 못한 상황도 혼자서 예측하며 '이럴 땐 어떻게 할까?'란 고민을 하며 최고의 발표를 상상하는 것이다. 막연한 불안감과 함께 구체적인 상황을 생각하는 건 엄연히 다르다. 나의 감정, 신체적 반응을 느껴보는 것이다. 내가 어떨 때 떨리는지 안다면 부족한 부분을 보완할 수 있기 때문이다. 잘 모를 때 떨리는지, 혹은 청중이 많을 때 떨리는지 등을 구체적으로 작성해 보길 바란다. "그냥 발표는 다 떨려요."라는 이유는 없다. 그리고 대학생의 발표에 대해 조언을 하다 보면, 아무리 잘한다고 해도 완벽한 사람은 없다. 그건 나 역시도 마찬가지다. 그러나 발표력이 있는 학생을 살펴보면 청중과 소통하기, 시간을 철저하게 준수하기 등의 남다른 부분이 존재한다.

  '한 번 실수는 병가지상사'라는 말이 있다. 당나라의 황제가 패전하고 돌아온 장수에게 이기고 지는 것은 병가에서 늘 있는 일이라고 격려해준 기록에서 유래된 것이다. 발표에서 언제나 최고의 발표를 한다면 최고지만, 현실적으로 그렇진 않다. 완벽주의 성향을 지녔던 나는 한 발표에서 G로 적어야 할 것을, K로 적는 실수를 했다. 그곳에는 후배들도 있었기에 얼굴이 뜨거워지면서 질의응답이 빠르게 마무리되기만을 기다렸던 기억이 있다. 그 후로 발표에 대한 자신감이 사라졌고, 시간이 흐른 후 후배와 발표 할 때의 실수 이야기를 꺼내니 전혀 기억이 없단 사실을 알게 되었다. 그 때부터 마음 편하게 발표를 할 수 있었던 에피소드가 나에게 있다.

상상은 생각 이상의 힘을 갖는다. 하루 10분씩 마음속으로 근육을 강하게 수축하는 상상을 했더니 4개월 후 근육이 15% 강화되었단 연구가 있다. 상상 훈련이 미치는 영향을 매우 크다. 또한, 심리학에서는 리프로그래밍(reprogramming)이라는 표현을 쓰기도 한다. 발표를 두려워하는 마음을 원하는 상황으로 전환하는 것을 의미한다. 단, 의식적으로 노력하는 것보다는 잠재의식을 변화시키는 것이 중요하다고 하는데, 발표가 두렵다는 생각을 발표가 재밌고 즐겁다고 전환하는 것이 첫 번째인 것이다.

교생 실습을 하러 갔을 때, 지도 선생님께서 이런 이야기를 해주셨다. "선생님, 계획안 짜는 게 쉽지 않죠? 힘들겠지만, 어떤 상황이 펼쳐질지 모르기 때문에 수업의 큰 틀을 짠다고 생각하고 연습하면 후에 도움이 많이 될 거예요."라고. 발표를 하다 보면 예상치 못한 상황은 언제나 펼쳐진다. 그렇기에 모든 상상을 펼쳐보길 권한다. 그렇게 했을 때 '예상했었지' 라며 부담이 덜 할 것이다.

발표를 잘하는 방법이 있을까?

발표 전

준비가 9할이다. 발표 직전에도 자료 수정에 집중할 필요는 없다고 생각한다. 종종 발표 전까지 피피티 화면을 수정하는 경우를 보기도 하는데, 나는 발표를 듣고 싶은 것이지 화면을 보고 싶은 마음은 없다는 게 평가자의 마음이다.

앞서 잠재의식의 이야기를 했는데, 몸과 마음을 최대한 이완하는 것이 좋다. 긴장하지 말자는 것이다. 그리고 예전에 마술사를 초청한 행사를 진행한 적이 있었다. 사회자였기에 긴밀하게 진행자들과 소통을 해야 했는데, 경력이 많은 마술사였음에도 불구하고 자신의 몸과 마음을 명상과 암시를 통해서 최고의 컨디션으로 조절하는 모습을 봤다. 벽을 보며 혼잣말을 하는 모습을 보며, 왜 저러지 란 생각을 했지만, 심리학을 공부한 뒤로는 모든 것이 이해되었다.

발표는 낭독 시간이 아님을 기억하며 읽길 바란다. 대본(큐카드)을 준비할 순 있지만, 읽기 위한 용도는 아니다. 외워서 발표하는 것이 정석이다. 대본은 참고하기 위한 수단일 뿐 필수는 아님을 기억하되, 정 불안할 땐 주요 단어라도 작성해두면 좋을 듯하다.

발표 중

발표를 시작했을 때 도입부는 특히 신경을 쓰는 편이 좋다. 첫인상이 중요하듯 첫 대사가 어떤지에 따라서 그 발표의 성공 여부가 달렸다. 나는 도입부는 대개 청중과의 눈높이를 맞추거나 발표하는 동안 무엇을 이야기하기 위해 고민했는지에 대해 이야기를 한다. 긴 시간을 내 이야기를 집중하여 듣는다는 것은 사실 몹시 어렵다.

첫째도 둘째도 전달력이다. 내가 무엇을 이야기하고 싶은지만 분명하게 밝혀도 성공이다. 절대 웅얼거리지 말고, 또박또박 이야기해야 한다. 평소 나는 크게 이야기해달라는 소리를 많이 듣는다. 심지어 함께 사는 아내 역시도 내 이야기를 잘 못

듣는다. 그러나 발표를 할 때는 마이크 없이도 목소리 전달력이 좋다는 이야기를 듣는다. 복식 호흡 등을 활용하긴 하지만, 그게 다는 아니다. 중요한 단어는 강조하는 것만으로도 전달력을 높일 수 있다.

마이크 사용 시 소리 크기를 고려해야 한다. 노래방에 온 것이 아니기 때문에 입과 마이크 간의 적절한 거리를 고려해야 한다. 시작 전에 음량 조절을 하는 것이 필수다. 나의 경우, "뒷자리에 앉은 분 잘 들리시나요? 앞자리에 앉은 분은 귀가 아프진 않나요?"라는 질문을 하며 마이크의 소리, 거리감을 조절하기도 한다.

눈을 마주치며 이야기를 해야 한다. PPT를 만든 경우, 화면만 보고 발표를 하는 경우가 많다. 좋지 않은 발표 자세다. 청중을 바라보는 것이 원칙인데, 누구를 바라봐야 할지 모를 땐 자신의 이야기에 반응해 주는 사람 혹은 강의실의 몇몇 허공을 선택하여 순차적으로 바라보는 방법이 있다. 중요한 건 실제로 눈을 마주치지 않더라도 청중과 함께한다는 인식이다.

가장 좋은 정신 승리법은 아무도 내 발표는 듣지 않는다고 생각하는 것이다. 준비가 너무 미흡하다고 생각할 때 간혹 쓰는데, 나는 누군가의 발표를 얼마나 열중해서 듣는지를 고려해보면, 답이 나올 것이다. 자신의 마음을 편하게 하는데 딱 맞는다고 생각한다. 그렇다고 매번 이런 마음으로 발표를 하면 절대로 안 된다.

발표 후

자신의 발표를 녹음하여 다시 들어보는 것을 추천한다. 발표 전에도 사용할 수 있는 방법이지만, 연습과 실제는 또 다르다. 혹은 믿을만한 친구의 조언을 받는 것도 도움이 된다. 때론 마음의 상처를 입을 순 있지만, 자신의 성장을 위해선 감수해야 할 부분이다. 간혹 아내가 참석한 곳에서 발표할 때가 있다. 누구보다 냉철하게 평가를 해주기에 나만의 좋지 않은 발표 습관을 바라볼 수가 있었다. 대학 생활의 발표가 전부가 아님을 생각하고, 연습임을 숙지한다면 두려워할 필요는 없다.

• 주의 및 관심 끌며 발표 주제 드러내기
• 발표할 내용 개략적으로 소개하기

 • 중심 생각을 3~4개의 세부 요점으로 제시하기
• 세부 요점을 다시 보조요점으로 제시하며 논리적인 근거 제시하기

 • 요약과 종합으로 중요한 요점을 간단하게 정리하기
• 제언을 통한 발전 가능성 제시하기기

"항구에 정박해 있는 배는 안전하다. 그러나 배는 항구에 묶어두려고 만든 것이 아니다." 라는 말이 있다. 발표를 피하기만 해서 얻을 수 있는 건 무엇일까? 직장 생활을 하면 직무에 따라 다르지만, 발표는 필수 요건이기도 하다. 때론 발표력을 승진의 요건을 삼기도 하니 발표를 마냥 두려워해선 안될 것이다.

오히려 완성된 나로 만들어 가는 과정이라고 생각하고 매번 업그레이드된 자신의 발표력을 뽐낸다고 생각하길 바란다.

03

팀플(조별 과제)이 뭐죠?

#조별과제 #제대로 된 팀플의 4단계
#매너가 사람을 만든다고? #파레토 2080법칙

앞서 발표에 관해 이야기를 하며 잠깐 조별 과제 속 발표자를 정하는 것이 고역이지만, 또 한 가지 어려운 점이 있다. 바로 조별 과제이다. 흔히 '팀플'이라는 표현으로 사용되기도 하고, 전문 용어로 협력 학습이라고 하기도 한다. 협력 학습 아주 좋은 말이지만, 생각보다 스트레스를 받는 대학생들이 많다.

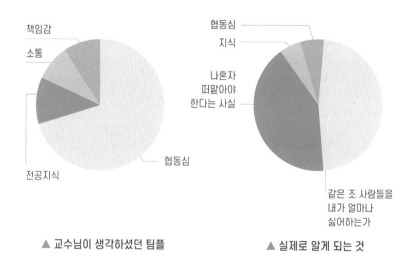

▲ 교수님이 생각하셨던 팀플   ▲ 실제로 알게 되는 것

개별 과제는 혼자의 일정으로 완성하면 되지만, 조별 과제는 모이는 일정을 짜는 것부터가 걱정이다. 특히 전공 과목이 아닌 조별 과제는 일정을 맞추기 더 어렵다. 생각해보면 낯선 사람들과 단기간 내에 무언가를 해야 한다는 부담감이 조별 과제를 어렵게 만든다. 대학에 근무하며 조별 과제로 학습상담을 진행하니 '라떼'나 지금이나 별 차이가 없음을 느낀다. 대학 가서 하면 안 되는 것, 무임승차 빌런 등의 단어까지 만들어 낸 조별 과제는 도대체 무엇인지 살펴보겠다.

첫 강의 때 조별 과제가 나오면 조를 어떻게 정할지에 대한 두려움이 있다. 조별 과제에선 우선 팀원을 잘 만나는 것부터가 중요한데, 이는 천운을 타야 가능하리라 생각한다. 물론, 조원 선택권이 있어도 수업을 듣는 사람 중 아는 사람이 없다면 문제가 되고, 조원 선택권이 없으면 하늘의 뜻에 맡겨야 하기 때문이다.

그렇지만 내가 개입할 수 있는 것은 최대한 선택해야 하지 않겠는가. 조원을 선택할 수 있는 자율권이 주어진다면, 두 가지의 결정을 할 수 있다. 누군가에게 선택되길 기다리느냐 혹은 내가 선택하느냐이다. 차라리 내가 선택해서 실패하는 게 덜 후회하겠다는 마음이 있었다.

한때 조별 과제를 하며 '관상을 공부할 걸'이란 생각을 하기도 했다. 선택권이 주어졌을 때 나는 필기구를 들고 오는 사람, 혼자 있는 사람, 앞자리에 앉은 사람을 먼저 접촉했다. 홀로 수업을 듣는 경우가 많았기에 조원 선택에서 실패하지 않은 괜찮은 방법이라 생각한다. 왜냐하면 필기구를 요즘 잘 안 쓸 수도 있지만, 태블릿이라도 좋다. 무언가 메모할 의지가 있는 사람이라고 의지가 되기 때문이다. 그리고 혼자 있는 사람은 정한 이유는 같이 고립되었기에 어쩔 줄 몰라 고민하고 있을 거란 판단이었다. 무엇보다 조별 과제에서 친구랑 함께하며 곤란하게 만든 조원들이 있어서 가능한 한 혼자 있는 사람을 선택했다. 그리고 앞자리에 앉은 사람은 수업에 대한 의지가 있다고 판단하여 결정한 나만의 조원 선택법이다.

물론, 조원을 선택했지만 조장이 되고 싶은 마음이 있었던 건 아니다. 조원이 따라오지 않을 때의 수습은 조장의 몫이기도 하다. 조원을 선택한 적도, 선택받은 적도 있지만, 조장을 정할 때를 생각하면 러시안룰렛이 떠오른다. 러시안룰렛은 회전식 연발 권총을 하나의 총알만 장전하여, 탄창을 돌린 후 방아쇠를 당기는 목숨을 건 게임이다. 이상하게 애늙은이 같은 나는 항상 조장(팀장) 역할을 하게 되었다. 의미 없는 시간을 보내는 게 싫었던지라 꺼낸 이야기에 "종원 씨가 조장하면 되겠다."로 총구의 방향을 나에게 향하게 만든 것이다. 모임에서 첫 마디를 꺼낸 게 잘못인가 싶기도 하지만, 결국엔 죽음이 아닌 성장의 마디가 되었다.

조별 과제의 4단계

호랑이 굴에 들어가도 정신만 차리면 산다는 말처럼 성장의 마디로 삼기 위해선 조별 과제를 대하는 나름의 단계가 필요하다.

첫 번째는 방향을 설정하는 것이다. 방향을 설정한다는 것은 조별 과제의 주제를 정한다는 의미이기도 하다. 이때 브레인스토밍 혹은 브레인라이팅을 통해서 정하는 것도 하나의 방법인데, 합의가 가장 중요하다. 합의가 없는 상황에서 이루어진 결정에 대해 동참할 수 없다는 조원이라도 발생하면, 곤란함이 많아질 것이다.

두 번째는 역할 분배다. 분배하기 위해선 조별 과제에서 어떤 업무를 해야 하는지 정해야 한다. 주제 탐색, 자료 조사, 발표 내용 구성, 발표 자료 작성, 발표 준비 등의 세부적인 내용이 있을 것이다. 가능하다면, 업무 분장을 공평하게 해야 한다. 추가로 조원의 장점을 살려서 과제를 완수한다면 금상첨화다. 또한, 역할마다 마감일을 반드시 정해야 한다.

세 번째는 과제 완성이다. 완성을 위해 만남은 필수적이다. 온라인으로 할 수도 있지만, 막상 집중도가 떨어질 수 있어서 상황에 맞게끔 하되 가능한 오프라인을 추천한다. 그리고 첫 모임에서 다음 모임 일정 등을 정해야 한다. 특히 카톡을 많이 쓰지만, 파일은 올리는 용도로 쓰기엔 네이버 밴드도 추천한다.

네 번째는 완벽한 마무리다. PPT의 완성도와 매끄러운 발표 그리고 질의응답에서 준비된 모습을 보여준다면, 좋은 평가를 받는 것은 당연한 결과다. 또한, 조원들과의 협업의 완성이기도 할 것이다. 근래는 조원 기여도 등을 통해서 평가하여 도움이 되지 않은 조원에 대한 판단이 가능하긴 하지만, 이왕이면 즐겁게 조별 과제를 마무리한다면 좋을 것이다.

조별 과제에서 기억해야 할 매너

'SNL'이라는 TV프로그램에서 조별 과제 잔혹사란 주제로 유튜브에 영상을 올렸는데, 조회 수 53만의 영상(2022년 2월 현재)이 되었는데, 한 번 웃으면 봐도 좋을 것이다. 영화 킹스맨에서 "Manner makes man."이라는 대사가 나온다. 조별 과제를 할 때도 최소한의 매너가 필요하다. 조별 과제에서만큼은 선·후배가 없어야 한다. 선배라서 더 해야 하고, 후배라서 더 해야 한다는 잣대보다는 평등한 입장으로 과제의 성공을 위해서 함께 노력해야 한다.

그를 위한 매너를 이야기하면, 우선 시간 약속을 지키는 것이다. 나의 시간이 소중한 만큼 다른 조원의 시간도 중요함을 잊지 말아야 한다. 혹시나 급한 일이 생겼다면 사전에 상황을 설명해야 함을 잊지 마라.

그리고 단체 카톡방에서 확인한 내용은 답장을 해야 한다. 흔히 "읽씹(읽고 씹다)"하는 경우가 있는데, 함께 하는 입장에서는 답답함이 커진다. 종종 듣는 이야기가 "아, 제대로 못 봤어."인데, 왜 확인했는지 의문이 들 것이다.

자료 조사에 대한 성의를 보여라. 간혹 네이버나 구글 등을 통해서 관련 자료를 긁어서 제출하는 경우가 있다. 믿음이 가는 자료를 탐색하는 게 자료 조사의 원칙이다. 네이버 지식in에서 활동하고 있는 나는 간혹 전공 관련 과제에 대한 질문은 답변하지 않는다. 쉽게 얻고자 하는 욕심을 버려야 한다.

　잘하든 잘하지 못 하든 최선을 다하라. 개개인의 역량의 차이는 분명하다. 잘 못 하지만 열심히 하는 사람과 열심히 하지 않는 사람에 대한 구성원의 견해는 확연히 다르다.

　고민해보면, 조별 과제는 '교수님들이 편하려고 내주는 것인가?'을 해보기도 할 것이다. 그러나 다르게 생각해보면, 졸업 후 사회에 나가면 혼자서 하는 일이 많겠는가, 함께 하는 일이 많겠는가. 후자의 사례가 훨씬 더 많다. 다른 사람과의 협업 역량을 키우는 것은 대학 시절 익혀야 할 필수적인 역량임을 강조하고 싶다. 그리고 세상은 언제나 평등하진 않다. 파레토의 법칙이 있다. 흔히 80대 20 법칙이라고도 하는데, 전체 결과의 80%가 전체 원인의 20%에서 일어나는 현상을 의미한다. 여기서 좀 더 발전된 법칙으로 2-6-2 법칙이라고 있는데, 생태학자들이 개미를 연구하니 열심히 일하는 개미가 20%, 그냥 왔다 갔다 하는 개미가 60%, 아무것도 하지 않는 개미가 20%였다. 신기하게도 열심히 일하는 개미만 따로 모아도 같은 비율의 현상이 나타났다는 것이다. 사회 속에서 협업을 하다 보면 충분히 일어날 수 있는 사건을 대학에서 연습

한다고 생각하면 좋을 것이다. 끝으로 이왕 조별 과제를 할 거라면 역량 강화를 위한 기회라고 생각하는 것이 좋다. '피할 수 없으면 즐겨라.'는 뻔한 이야기가 진리일 수 있다.

04

필수적으로 알아야 할
학사제도가 있나요?

#복수전공? 부전공? 연계전공? 융합전공? 뭐가 이리 많아
#복잡해도 이 글 하나로 정리한다

    꿈꾸던 대학생이 되어 전공을 선택했는데, 나의 적성과 잘 맞는다고 생각할 수도 있고, 막상 공부해보니 그렇지 않다고 생각할 수도 있다. 대학생들이 1학년 1학기를 마치고 흔히 하는 이야기가 내가 생각하는 전공과는 전혀 다른 내용을 배운다는 것이다. 이런 고민이 들 때 대학에서는 다양한 제도를 마련해둔다.

    먼저 대학을 간 선배를 통해서 들었던 내용 중 하나는 복수전공일 것이다. 고등학교를 졸업 후 선배가 들려주는 대학 이야기라는 프로그램을 참석해보면, 빠지지 않는 게 복수전공이다. 적성에 맞는 학과를 선택하는 방법에 대해 이야기하기 딱 좋은 주제이기 때문이다.

    현재는 대학마다 복수전공은 이미 정착이 되었고, 정부의 재정지원 사업을 통해서도 융복합 교육을 강조하고 추진한다. 예를 들면, 대학인문역량강화사업(CORE)은 인문학의 위상을 강화하기 위해 인문학과 다른 전공을 융복합하는 것을 의미한다. 대학별 복수전공 이수 방법을 살펴보면, 첫째, 해당 대학에 입학했을 때 선택한 전공 외 입학정원이 배정된 전공을 추가로 이수하는 것. 둘째, 복수전공, 연계전공, 연합전공, 융합전공 등의 명칭을 사용하여 전공을 두 개 이상의 전공으로 이수하는 것, 셋째, 학생이 교육과정을 구성하여 대학의 인정을 받는 전공으로 자율설계융합전공, 학생설계전공, 학생디자인전공 등의 명칭을 사용하여 이수하는 것을 의미한다. 대학마다 명칭의 차이는 있지만, 본질은 동일하다.

유연하게 대학생활을 하기 위한 제도이기도 하니 많이 활용하면 좋다. 나는 대학 생활을 하며, 후배들에게 항상 복수 전공을 권유했다. 지금도 대학 졸업 후 전공을 살려서 취업하는 경우가 드물긴 하지만, 가능성을 넓히자는 의미다. 서울대학교의 학생을 대상으로 한 연구(서경호, 20165))에선 복수전공 비율이 제도 초기에는 10%였던 비율이 2010년에는 48% 이상이 복수전공이나 부전공을 선택했고, 또 다른 연구(한국직업능력개발원)에선 대학생의 복수전공 선택 이유로 '취업에 도움이 될 거 같아서'란 응답이 가장 많았다. 복수전공 제도는 지적 영역의 확대 혹은 취업 준비를 위한 선택 등으로 필수적인 제도일 것이다.

하나는 부족해: 복수전공과 부전공

복수전공과 부전공 제도는 개인적으로 추천을 하는 제도이다. 물론, 남들이 하니까 따라서 한다는 생각보다 '무엇을' 이란 생각을 해보면 좋을 것 같다. 나는 대학 재학 중 평생교육에 관한 관심이 생겨 전공 수업을 들었는데, 그 이유는 사범대학을 졸업하면 청소년을 대상으로만 하는데, 왠지 성인을 위한 교육도 공부해보고 싶다는 마음이 들어서였다. 그래서 박사 전공도 교육학(평생교육)을 선택했다. 지금 생각해보면 관심있었던 심리학, 평생교육을 대학 기간 동안 전공으로 할 수도 있었는데, 하지 못한 아쉬움이 남는다.

복수전공(부전공)은 자신의 전공을 살리면서 다른 학과의 전공을 신청해서 졸업할 때 두 가지 혹은 세 가지의 학사학위를 추가로 취득할 수 있는 제도이다. 대학에선 고등교육법 시행령 제19조에서 전공인정을 위한 최소학점을 학칙을 정하여 운영할 수 있는데, 비싼 등록금을 통해서 졸업장을 하나보다는 둘을 가지는 게 낫다고 생각한다.

물론 남들보다 빡빡한 시간표와 공부 시간으로 쉽진 않겠지만 의미 있는 대학생활을 할 수 있다. 참고로 모든 학과가 복수전공이 가능하지 않고, 의학 계열, 사범 계열, 예술 계열 등은 제한 학과이기도 하니 대학의 요강이나 학사제도를 담당하는 부서에 확인해볼 필요가 있다.

유의해야 할 점은 복수전공을 통해서 내가 무엇을 얻고자 하는

지를 정해야 한다. 그리고 철저한 준비와 시간 관리가 필요하다. 어쩌면 주전공과의 시간표 중복, 복수전공자의 수강과목 선택의 제약, 조별 과제의 다과 등으로 어려움을 겪을 수도 있기에 복수전공을 하겠다고 가정한다면, 함께 공부할 동료를 만드는 것이 필요하다. 세 개의 전공을 공부해서 졸업한 후배가 생각나는데, 흔히 '쓰리 전공'이란 표현으로 주전공, 복수전공, 부전공으로 졸업을 했다. 전공 수업 자체가 특정 요일에 겹치는 경우가 많아서 계절학기와 함께 졸업을 한 학기 늦췄기에 목적을 분명히 하고 계획을 적절히 세워야 한다.

4차 산업혁명 시대는 이거지: 연계전공과 융합전공

내가 대학을 다닐 시기는 흔치 않던 제도이다. 연계전공과 융합전공은 복수전공과 유사한 개념으로 생각해도 좋다. 그렇지만 신입생으로 선발하지 않은 경우가 많다. 그리고 연관된 학과의 학생만 지원이 가능한 경우도 있기에 확인이 필요하다. 생각보다 대학생이 연계전공과 융합전공에 대해선 잘 모르기 때문에 눈여겨 볼 필요가 있을 것이다.

연계전공과 융합전공의 차이가 애매한데 쉽게 이야기하면, 독립된 전공과목의 유무라고 생각하면 좋을 것 같다. 연계전공은 전공과목 없이 기존 개설된 과목들을 연계하여 교육과정을 구성하지만, 융합전공은 개설된 과목 외에도 새로운 전공과목을 개설하여 교육과정을 구성하는데, 아래 사진을 참고하면 현재 재직 중인 대학의 융합전공 개설에 대한 예시이다. 다양한 전공이 있지만 몇 가지만 확인해보겠다.

융합전공명	참여학과(전공)	주관대학/학과(전공)	학위종별
공간정보융합전공	항공위성스시템전공 컴퓨터학부	공과대학 토목공학과	공학사
심리정보융합전공	컴퓨터학부	사회과학대학 심리학과	공학사
원예식품융합전공	식품생물공학전공 식품소재공학전공 식품응용공학전공	농업생명과학대학 원예과학과	농학사

유의해야 할 점은 주관학과와 참여학과로 나뉘기 때문에 학위가 어떻게 나오는지도 확인해보기 바란다. 예를 들면, 심리학과 학생이 컴퓨터에 관심이 많아서 심리정보융합전공을 이수했다고 가정할 때, 학위가 공학사로 나오게 되는데, 반대로 컴퓨터학부 학생이 심리정보융합전공을 이수할 시 동일한 학위를 취득하게 되는 것이다.

기존의 교육과정은 싫다 나만의 전공으로 졸업하자
: 자율설계융합전공

자신이 무엇을 하고 싶은지가 분명한 학생들이 기존 전공으론 충족시키지 못할 때 스스로 전공을 만들고 교육과정을 만드는 제도이다. 전통적인 학문 토대에서 벗어난 교육과정을 설계한다는 측면과 융합교육으로 학생 자율성이 보장된다는 점에서 흥미롭지만, 행정적인 측면이나 이수 과정에서의 소외감은 어쩔 수 없다.

대부분 학업계획서를 작성하도록 하며, 어떤 능력과 자질, 지식 등을 습득하려고 하는지를 구체적으로 기술하도록 권장한다. 개인적으로 교육과정을 스스로 편성하고, 시간표를 짜야한다는 점, 스스로 진행하는 게 대학생에게 쉽지만은 않은 제도라고 생각한다. 왜냐하면 지도교수뿐 아니라 교무 관련 담당자와의 연계도 필요하기에 좀 더 시간적인 측면과 노력이 많이 필요하기 때문이다.

유의해야 할 점은 모든 대학에서 진행되는 전공은 아니기에 재학 중인 대학에서 운영하는지가 중요하고, 명칭은 대학마다 다른데 학생설계전공, 자기설계전공, 자유설계전공 등으로 운영된다. 자기주도성과 자율성이 가장 큰 장점이나 소속감이 없다는 것, 행정 처리의 어려움 등이 단점이 될 수도 있을 것이다. 하지만 4차 산업혁명 시대 속에서 자신의 개성을 드러낼 수 있는 제도인 것은 분명하다.

그 외 제도(전과와 편입)

전과는 대학을 재학하며 다른 전공으로 이동을 하고자 하는 경우, 능력과 적성에 맞는 교육을 받을 수 있는 제도이다. 복수전공과 부전공과 차이는 자신의 입학한 전공을 함께 이수한다면, 전과는 학적 자체를 옮기는 것을 의미한다.

적성을 살리지 않고, 성적에 맞춰서 대학 입학을 한 경우, 전과를 고려한 학생이 예전보다 많아지고 있다. 우스갯소리로 사교육 컨설팅에서는 전과 제도를 알려주며 고급 정보라고 이야기를 한다는 이야기를 한 고등학교 선생님으로부터 강의를 하러 갔다가 들은 적이 있다. 이런 부분이 악용되어선 안되겠지만, 입학 후 배우고 싶었던 것과는 다를 경우 고민해볼 수 있는 제도이다. 실제로 사범대학 내에서의 전과는 허용되기에 입학이 쉬운 학과로 진학 후 전과를 하는 경우도 있다. 대학 시절 한 후배는 생물교육과로 입학하여 수학교육과로 졸업하여 임용 시험에 합격하여 교사의 길을 걷고 있다.

편입은 기존 재학 중인 학교에서 다른 학교로 입학하는 제도이다. 편입을 고려한다면, 현재 다니고 있는 대학이 불만족스러울 수도 있을 것이고, 좀 더 유명한 대학교의 학생이 되고 싶은 마음도 있을 것이다. 편입은 크게 일반편입과 학사편입으로 나눌 수 있다. 일반편입은 4년제 대학교에서 2년 이상 수료 혹은 2, 3년제 대학교에서 전문학사를 취득한 후 4년제 대학교의 3학년으로 입학하는 것을 의미하고, 학사편입은 4년제 대학교를 졸업하거나 학점은

행제를 통해 학사학위를 취득한 뒤 4년제 대학교의 3학년으로 입학하는 것을 의미한다. 학사편입의 경우 학사학위 소지자만 기회가 주어지기 때문에 일반편입에 비하면 모집인원이 적고 지원자도 적은 편이다.

편입을 고려한다면, 공인어학성적은 필수적이기 때문에 영어 공부를 하길 추천한다. 대개 TOEIC, TEPS, TOEFL의 점수를 기준으로 변환 기준표를 확인한다. 정리하면, 전적대학 성적과 공인영어 성적은 필수적이고 그 외 면접고사를 하는 곳도 있기에 원하는 대학의 지원 자격을 살펴봐야 한다.

어떻게 해야 할까?

대학마다 차이는 있겠지만, 대개 연 2회 선발을 하게 되고 1학기는 5월~6월, 2학기는 10월~11월에 이루어지는 경우가 많다. 단, 전과의 경우 2학년 이상의 학생이 다른 전공으로 이동을 하기에 연 1회로 1월~2월에 주로 이루어진다. 이 시기를 알아두고 수시로 대학교 홈페이지를 볼 노력을 해야 할 것이고, 이런 다양한 제도를 잘 활용하는 것이 알찬 대학 생활의 첫 번째가 될 것이다.

끝으로 복수전공은 아니더라도 관심 있는 수업을 듣길 바란다. 사범대학을 졸업하며 흥미 있었던 전공 수업을 들었으나 학점을 다 채우지 못해서 대학 졸업 후 학점은행제를 통해서 결국 자격증을 취득했으니 평생학습 시대에 자신에게 도움되는 과목을 듣는 게 좋을 것이다.

모든 것이 너를 위해 펼쳐져 있다.

길은 네 앞에 곧게 뻗어있다.

가끔 보이지 않을 때도 있지만

길은 분명히 그곳에 있다.

길이 어디로 이어지는지 모를지라도

그 길을 따르라.

그것은 준비된 길이며

네 앞에 펼쳐진 한 줄기 유일한 길이다.

-오논다가 부족, <너의 길> 중에서

05

OT와 MT!
꼭 가야하나요?

#먹고 토하는 MT? #선배들도 모르는 OT와 MT
#온라인이 아닌 오프라인 만남

대학생활이 시작 될 무렵! 아마 대부분은 특정 채팅방에 초대가 될 것이다. 그리고 그 안에서 대학 생활에 대한 다양한 정보가 오가고 여러 가지 모임이 잡힐 것이다. 최근에는 코로나로 인해 온라인으로 만나 정보를 주고 받는 일이 많았지만 향후 코로나가 잠잠해지면 이 모임들이 어떤 방향으로 흘러가게 될지는 예측이 어렵다. 워낙 급변하는 사회이기 때문이다. 그럼에도 조심스런 예측으로는 오프라인 만남은 여전히 계속 될 것이며 중요한 정보는 화상미팅을 통해 전달하는 일도 많이 생길 것이라는 예상을 해본다.

이런 온라인 모임이 많이 생겼음에도 여전히 낯선 사람과의 만남은 쉽지 않다. 대학생활을 시작하기에 앞서 낯선 사람들이 잔뜩모여서 친해지려고 노력하고 다양한 학교 생활에 대한 소식을 전해 듣는 이 모임에 참여를 해야 하는 것일까? 물론, 대학교는 이런 모임이 필수는 아니기에, 이런 모임에 참석하지 않는다고 해서 생활지도를 받는다거나 생활기록부에 기록 되지도 않는다. 다만, 그곳에서 많은 관계와 정보가 오간다. 그렇기에 이 모임에 참여를 꼭 해야 하는지에 대한 궁금증이 생기고 시작하는 전날까지도 고민을 한다. 그래서 어떤 사람은 차마 선배들의 요청을 거절하지 못해 간다고 했다가 당일날 약속을 취소하기도 한다. 안 가기로 다짐했다가 당일에 마음이 바뀌어서 슬쩍 가보는 일도 생긴다. 대학교에서 벌어지는 이 OT와 MT와 같은 번외(?)모임을 어떻게 봐야할까?

O.T.(Orientation), 학교에 익숙해지기

OT는 학교마다, 그리고 학교의 학생회의 성격에 따라 다 다르기 때문에 한 마디로 설명하기는 어렵다. 그렇지만 그 취지 자체는 학교를 조금이라도 익숙하게 만들어주는 데에 있다고 볼 수 있다. 이 시간에 학교에 대한 자세한 정보를 주고 안내해주는 시간이 있기도 하고 학과 별로, 동기 별로 친해지는 시간을 가지기도 한다. 그리고 초청가수나 연예인 혹은 레크레이션 강사를 불러 함께 즐거운 시간을 가지기도 한다. 그렇기에 가보면 대략 학교 학생들의 문화가 어떤지, 어떤 사람들이 모여서 생활을 하는지 감이 온다. 인간관계를 소중히 여기고 문화를 알고 그에 따른 학교생활을 하고 싶은 사람이라면 가보면 나름 의미 있는 시간을 가질 수 있다. 그럼에도 명과 암이 있기 마련이다. 아무래도 학생회에서 주최를 하기 때문에 이 학생회의 성격에 따라 분위기가 다르다. 이 때 신입생들에게 너무 많은 술을 먹여서 사고가 일어나기도 했고 비인격적인 대우나 얼차려 등의 사건 사고들이 벌어지기도 했다. 신입생들은 아무것도 모른체 선배가 시키는 것이니 아무 생각 없이 따라하다가 어려운 일이 생기기도 했다. 그래서 사실 요즘에는 신입생 개인의 의지와 생각을 존중해주기도 하고 강제로 무엇을 많이 하게 하는 일이 줄었다고 한다.

그래서 사실 이 OT는 무겁게 생각하기보다 사람을 만나러 간다고 생각하면 쉽다. 그러니 이 모임이 꼭 필요하다고 말하기도 불필요하다고 말하기도 어렵다. 나는 특정 문화를 강요하던 시기에 대학교를 다녔기 때문에 이런 모임에 초청 받는 것을 부담스러워 했고 대부분의 모임에 참여를 하지 않거나 소극적인 태도로 잠시 얼굴만 내밀고 연락처를 주고 받는 일에만 참여를 했다. 그럼에도 학교 생활을 하는 것에 아무런 문제가 없었다. 사실, 이 모임은 절대적으로 선택이 자신에게 있다는 사실을 알아야 한다. 가고 안 가고는 내가 선택하는 것이다. 학교에 대한 정보, 수강신청에 대한 정보는 학교 홈페이지에 가면 문서로 잘 정리되어 공지가 된다. 그것을 보고 하나하나 살펴보고 더 궁금한 것은 교학과 사무실에 연락을 해서 물어보면 된다. 절대적인 것이 없고 모든 것이 자신이 선택을 하고 그것에 따른 책임을 내가 지는 것이다. 집단의 문화가 싫다면 거부하면 되고, 그 문화 안에 들어가서 함께 섞여보고 싶다면 참여하면 된다. 다만, 그러한 과정 속에서 자신만의 생각과 철학, 방향을 분명히 하라는 말을 하고 싶다. 이제는 남들이 하니까,

그 집단에서 그렇게 하니까 아무 생각 없이 따라 해도 되는 나이는 아니기 때문이다.

M.T.(Membership Training) 집단의 정체성 안으로

말도 많고 탈도 많았던 MT이야기를 안 할 수 없다. Membership Training 단어의 약자를 사용하고 있는 MT는 학과만의, 동기만의, 동아리의 동료들과의 친밀함과 단합에 초점이 맞추어져 있다. O.T.는 학교 전체의 행사 속에서 진행되는 모임이지만 MT는 순전히 학생들이 자체적으로 기획하고 자금을 모아 진행하는 행사이다. 이런 MT를 안 가는 곳도 있다. 그렇기에 소규모로 진행되는 모임의 특성상 가지 않을 수가 없는 왠지 모를 구속력이 있는 모임이다. 대게 1박 2일 정도로 진행되는 MT는 학교의 근교로 야유회를 가서 밤새 놀다가 다음날 돌아오는 프로그램으로 구성되는 경우가 많다. 문제는 밤에 노는 일이다. 과거와 더불어 최근까지의 이 모임의 중심에는 술이 있었다. 술을 밤새 마시며 서로 간의 긴장을 풀고 친밀해지는 시간을 가진다. MT가 '먹(M)고 토(T)하는 시간'이라는 별명이 붙은 것도 다 이러한 이유 때문일 것이다. 이 멤버십을 위한 모임이 이렇게 된 것에는 모여서 노는 방법을 모르는 청춘들이 급히 사회 생활을 하며 생긴 어른들의 문화를 아무런 생각 없이 받아들여 만들어낸 문화가 아닐까 싶다. 술을 마셔도 이렇게 죽을 때까지 마시고 모든 사람들이 의무적으로 술을 마셔야 하는 대학생들의 문화가 어디에 또 있을까? 그런데 최근에는 이런 모임도 변화가 일어나고 있다. 적절한 게임과 대화, 식사, 개인의 선택권 존중 등의 문화를 가지고 나름의 건전한 MT문화를 만들어가는 대학교 혹은 학과들이 많다.

그렇기에 MT에 참여할 것인가에 대한 부분도 자신 개인의 선택에 따를 필요가 있다. 이 시간을 활용해 동기들이나 선후배들과 친밀한 시간을 가져보고 싶다면 참여할 수 있는 것이고, 집단의 문화가 싫다면 거부할 수도 있는 것이다. 혹은 참여를 해서 강요하는 행동 중 거부하고 싶은 것이 있다면 당당하게 거부할 수 있는 내면의 힘을 가질 필요도 있다. 그런데 막상 참여해서는 그 집단의 문화를 혼자 거부하는 것이 쉽지는 않다. 역시 이 순간에도 자신만의 철학과 확신이 없으면 말이다.

그럼에도 나는 MT에 대한 좋은 기억이 있다. 나름 선배들이 후배들을 위해 애써 좋은 프로그램을 만들어 많은 배려와 따뜻함이 오가는 시간들도 있었고 동기들과 함께 서로 필요한 말들을 하며 나름의 끈끈함을 만들었던 시간도 있었다. 아는 사람 하나 없는 서울이라는 도시에서 나와 연결되어 있는 사람들을 만들어간다는 것은 괜찮은 일이기도 하다. MT라는 단어가 가지고 있는 본래의 의미를 되찾을 수 있도록 대학생들의 문화가 바뀔 필요가 있다. 왜냐하면 이것은 단체와 집단의 문화를 개인에게 강요하는 힘이 있기 때문에 개인의 선택과 취향에 대한 존중하는 일이 먼저이다. 또, 개인의 삶만이 아닌 함께 하는 사람들이 서로 친밀해지고 공동체의식을 가지는 것 또한 중요하다. 함께 하면서 얻을 수 있는 유익이 참 많은데 그 유익을 취하기 위해서는 누군가는 애를 쓰고 모두가 자신의 시간을 내어 함께 하는 시간을 가져야 하지 않겠는가? '함께 한다는 것'에 대한 정의와 그것을 만들어가는 방법을 고민하고 참여하며 필요한 문화는 혁신할 수도 있는 진정한 자유인이 되기 바란다.

선택과 집중!

대학생활은 이런 저런 모임들이 많다. 특히, 학기 초에는 이런 OT와 MT가 많이 생기고 그 모임에 참여를 할 것인가에 대한 고민들을 계속 하게 된다. 이런 모임에 다 참여하다보면 넓은 관계는 만들어질지 모르겠지만 잃는 것도 많다. 그 특유의 집단의 문화에 젖어들면서 자신의 정체성에 혼란이 오는 상황도 생길 수 있고, 많은 시간을 빼앗겨서 내가 집중하고 싶고 그렇게 살고 싶은 대학생활을 할 수 없는 문제도 생긴다. 또한, 이런 모임에 있어서 내가 필요하다고 생각하는 모임만 참여하다보면 대학 생활만의 또래집단 속에서의 소속감이 안 생겨 혼자 유리하는 대학생활을 하기도 한다. 이 청년의 시간에는 이런 공동체적 집단 안에서 배우고 성장하는 부분이 분명 있기 때문에 이런 모임을 다 무시할 수도 없는 일이다.

이런 다양한 모임이 주변에서 다가오고 있다면 선택과 집중을 해보라고 권하고 싶다. 본인에게 필요한 모임과 그렇지 않은 모임을 구별하고 그에 맞게 집중하고 나름의 계획을 세워 자신만의 생활을 해갈 필요가 있다. 사실 절대적인 것처럼 느껴지는 이런 모임을 대체할 만한 모임도 많이 있다. 학과에서 특정 목적을 가지고 모이는 모임이라든지, 수업 시간에 만난 동료들과 만나 함께 스터디를 한다든지 하는 모임도 많이 있다. 그리고 재밌는 것은 남자들은 군대에 다녀오면, 여자들은 한 번 휴학을 하고 오면 아는 사람들이 많이 사라지고 또 모르는 사람들이 하나 둘 생겨나기 시작한다. 2년 정도 군휴학을 하고 돌아온 경우에는 2~3년 후배들과 함께 수업을 듣고 생활을 한다. 그때가 되면 또 다시 관계를 맺어야 하고 그 문화에 적응을 해야 한다. 그러니 이런 모임에 집착을 하기보다 자신만의 관계와 삶의 정체성을 만들어가는 것이 우선이다. 자신을 잘 돌보면서 문화 속으로 들어가 자신에게 어울리는 문화와 생활을 영위해보길 추천한다. 대학교의 특성상 절대적인 것은 없으니 너무 겁을 먹지 말고 자신만의 생활을 하며 의미 있는 선택을 해보길, 그렇게 만들어보길 권한다.

그리고 시간이 흐르다보면 누군가가 먼저 손을 내밀어주고 관계를 맺어주어야 할 사람들이 많이 있다. 그러한 사람들의 친구가 되어주는 것도 나쁘지 않다. 항상 학생회나 과대표, 어떤 임원단의 움직임에 잘 팔로우해주고 그 집단에 필요한 도움을 주는 것도 필요하지만 내가 먼저, 조금 더 적극적인 태도를 가지고 그 친구들을 위한 공동체를 만들어주는 일도 중요하다. 남의 성공과 남의 관계를 위해 애를 쓰는 사람들이 자신의 성공과 관계를 성공적으로 이

끌어가는 경우가 많기 때문이다. 아무리 발버둥을 쳐도 자신의 문제를 자기가 직접 해결한다는 것이 쉽지 않다. 그 사람도 그럴 것이다. 그리고 자신에게 있어서도 자신의 문제를 분석해서 그것을 스스로 채워가며 성장해가는 것이 쉽지 않다. 항상 타인의 도움을 받아야 하는데 좋은 공동체를 위해 애를 쓰고 누군가를 위해 자신의 시간을 사용하는 연습이야 말로 자신의 문제를 해결할 수 있는 좋은 방법이라는 사실을 잊지 말아야 할 것이다.

06

대학교에서의 인간관계는
어떻게 하나요?

#인간관계는 어려워 #인싸와 아싸 논란 종결
#선배들과 친해지는 법

　인간이 살면서 가장 어려워 하는 부분이 바로 인간관계이다. 중학교 때부터 고등학교 때까지 항상 전교 1등만 하던 내 단짝 친구도 "공부보다 인간관계가 더 어려운 것 같아."라고 고민을 털어놓은 적이 있었다. 인간이 사는 방식에는 여러가지가 있지만, 분명한 것은 사람은 사람과 더불어 산다는 것이다. 절대 혼자서는 아무것도 할 수 없다.

　하지만 너무 가까이 있다보면 상처받고 다치게 된다. 마치 선인장의 가시처럼 가까이하면 아프고, 멀리하기엔 외롭고 쓸쓸한 것이 바로 인간이다. 어릴 때 공부보다 먼저 신경이 쓰인 건 바로 친구관계이다. 처음 알게 되어 친해지고 그러다가 상처 받는 일도 생기고, 반대로 내가 상처 주는 일도 생긴다. 30년 살면서 인간관계에 대한 나름의 해답을 찾은 것 같지만, 절대적인 정답은 존재하지 않는다. 저마다 각자의 정답을 찾아가는 과정이 중요하다. 그 동안 내가 겪고 느끼면서 얻은 인간관계에 대한 생각을 전해주려고 한다.

시행착오 속에서 얻은 해답

나의 인간관계 역사를 돌이켜 보면, 유치원 때는 다 같이 옹기종기 모여서 놀아서 딱히 어려웠던 기억이 없었고, 초등학교 6학년 때부터 인간관계에 대해 눈을 뜬 것 같다. 나는 나름 독립적인 성격이었다. 굳이 무리를 지어 다니고 싶어 하지 않았고, 무리에 끼고 싶지도 않았다. 짝이 생기면 그 친구와 친하게 지냈고 싸움이나 갈등은 피했다. 중학교에 올라와서도 자연스럽게 알게 된 마음 맞는 친구 2명과 즐겁게 보냈다. 그러던 어느날, 초등학교 때 친했던 친구를 복도에서 만나 인사를 건넸는데 같이 있던 무리의 눈치를 보더니 나를 무시한 적이 있었다. 친구 하나를 잃은 것 같았고 그 친구가 사는 세상과 내가 사는 세상은 다르다는 것을 느꼈다. 고등학교에 땐 기숙사 룸메이트와 선후배를 포함하여 6명이 한 방에서 지냈는데, 그 당시 선배와 후배를 대하는 법과 그들 사이의 관계에 대해 고민하던 때가 떠오른다.

대학교 입학이 다가오자, 갑자기 신세계가 열리는 것만 같았고, 그동안 조용하고 어둡게 살았던 나 자신을 바꿔 새로운 사람으로 살고 싶어졌다. 그래서 모든 동기들과 잘 지내고 싶은 욕심이 생겼다. 그들의 원하는 요구를 대부분 들어주었고, 좋아하지 않는 술

자리에도 나갔다. 1학년이 거의 다 끝나갈 때쯤 갑자기 알 수 없는 허함이 밀려왔다. 동기들과 있는 시간이 고등학교 때와는 달리 절대적으로 적었고, 따로 약속하지 않거나 연락하지 않으면 자연스럽게 멀어지는 것을 느꼈다. 문제는 그들에게 있는 것이 아니라 나 자신에게 있었다. 내가 사람들과 있을 때 가면을 쓴 '가짜'라는 생각이 들었다. 관계를 유지하기 위해 사람에게 맞추기 위해 온 에너지를 썼고, 그것은 나 자신을 그대로 보여준 것이 아니라 다른 사람의 기준에 나를 맞추고 있었다. 그리고 그 과정에서 내가 지치고 힘들어하고 있다는 사실을 깨달았다.

고등학교 때까지는 어쩌면 비슷한 환경 속에서 자란 친구들 속에 있었기 때문에 학교 친구들과 내가 크게 다르지 않았다. 그러나 대학교에는 정말 다양한 유형의 사람들이 있고, 각자 살아온 환경이나 마음이 다르다. 그동안 동고동락했던 고등학교 친구와 알고만 지내는 지인, 그 사이 어디쯤 해당하는 대학교 인간관계 속에서 어떻게 해야 할지 혼란스러워했던 것 같다. 이후 나는 인간관계에서 초연해지기로 했다. 타인의 시선이 아닌 '나'에게 집중하기로 했다. 오늘 내가 해야 할 일과 나의 마음에 집중했더니 대학 생활하기가 참 편해졌다. 물론 사람들과 함께할 때도 있었다. 스터디원들과 모여서 공부를 하고, 끝나고 같이 야식도 먹으면서 뒤풀이도 했다. 동기들과 축제 공연도 보러 가고, 원하는 모임이 있으면 즐겁게 참여했다. 중요한 건 더 이상 '가짜의 나'가 아니라는 것이다.

사람들과 잘 지내는 것은 중요하고 좋은 일이다. 그리고 처음 마주하는 새로운 조직에서 좋은 인상과 이미지를 주는 것 또한 중요한 일이다. 타인에게 피해를 주거나 나쁜 행동을 신경 쓰지 말고 마음껏 하라는 말이 아니다. 애써 다수의 눈에 잘 보이기 위해 무리하거나 나 자신을 버려가면서까지 관계에 집착하지 말자는 것이다. 모든 사람을 만족시키는 것은 현실적으로 불가능하다. 나와 잘 맞는 사람을 찾아 관계를 맺어나가면 되고, 나의 꾸며지지 않은 모습을 좋아해는 주는 사람과 가까이 지내면 된다.

인싸? 아싸?

언제부터인가 '인싸', '아싸'라는 말이 유행되었다. 그러면서 마케팅에서는 '인싸템'이라는 것들이 쏟아져 나오고, '인싸가 쓰는 유행어'라는 영상들이 여기저기에서 돌아다니기 시작했다. 흔히 인싸라고 하면 외향적인 성향으로 항상 많은 사람들에게 둘러 쌓여있고, 유행하는 말과 아이템을 들고 다니며 주변에 아는 사람이 많은 사람이라고 생각한다. 반면 아싸라고 하면 내향적인 성향으로 항상 혼자 다니고, 아는 사람이 없는 사람을 생각한다.

이러한 의미가 주는 문제는 자존감이 형성될 시기인 청소년들이나 사회초년생들에게 인싸(우)와 아싸(열)로 사람의 우열을 가르고 은연중 아싸를 열등한 사람으로 낙인을 찍는 것이다. 마치 인싸가 되어야할 것 같은 사회 분위기 속에서 내향적인 사람은 상대적 박탈감과 소외감을 느끼게 될 수 있다는 것이다. 나도 가끔 가볍게 인싸와 아싸라는 단어를 장난처럼 쓰지만, 대학을 입학하는 새내기들은 이러한 단어에 휩쓸려 인싸가 되기 위해 혹은 아싸가 되지 않기 위해 애쓸 필요가 전혀 없다.

　어떤 조직에 속하게 되면 사회생활을 하게 되는 것은 자연스러운 일이다. 앞서 말했듯이 사람들과 잘 지내는 것은 중요하다. 거기서 군이 혼자 떨어져 있거나 '나는 죽림칠현의 현자가 될 거야'라고 말하며 고립되어 있을 필요는 없다. 여기서 죽림칠현(竹林七賢)은 중국 진의 7인의 청담가로서 중국 위나라 말기 부패한 정치권력에 등을 돌리고 죽림에서 무위자연의 삶을 산 지식인들을 말한다. 인간은 혼자서 할 수 있는 것보다 함께할 때 할 수 있는 일들이 많다. 공부든 사업이든. 어찌 보면 인간관계는 하나의 자산이기도 하다. 그러나 꼭 그 집단에서 사람들 속에 둘러싸여 있거나, 리더가 되지 않아도 우리의 대학 생활은 충분히 멋있을 수 있다는 것이다. 마이크로소프트(MS) 창업자 빌 게이츠와 페이스북 CEO 마크 저커버그, 투자의 귀재로 알려진 워런 버핏, 해리포터 소설로 유명한 작가 조앤 K. 롤링까지 모두 완벽한 내향적인 성향을 가진 인물이다. 우리는 그들을 열등하다고 생각하지 않으며 성공한 인생을 살고 있다고 말한다. 인싸가 되기 위해 인터넷에 '인싸가 되는 법', '인싸템', '인싸와 아싸의 차이점' 등 이제 그만 검색해도 된다. 이러한 방법은 결코 나를 빛나게 만드는 것이 아니다.

선배들과 친해지는 법?

대학교에 입학해서 선배들과 어떻게 친해질 수 있는지 고민하는 학생들이 많을 것이다. 나는 대학교 4년 중 1학년 1학기 때 자취를 했었는데 그때 집에서 밥을 먹는 일이 거의 드물었다. 그것은 바로 새내기만의 특권인 '밥약 문화'가 있었기 때문이다. '밥약 문화'를 풀어서 설명하면 밥 먹는 약속을 하는 것인데, 대학교에 입학한 새내기와 선배들이 서로 친해지기 위해 만들어진 문화이다. 이 문화의 장점은 대학 생활에 대해 궁금했던 점들을 물어볼 수 있으며, 선배와 1:1이 아닌 2:2로 밥을 먹는 경우가 많기 때문에 같이 밥약을 나가는 동기와도 가까워질 수 있다. 나의 경우 대학 새내기 OT에서 가장 먼저 알게 된 동기가 있었는데, 1년 내내 이 동기랑만 밥약을 걸어 선배들을 만났기 때문에 상대적으로 다른 동기들과 친해질 수 있는 기회가 적어 아쉬웠다. 밥약은 선배들이 먼저 제안하기보다는 후배가 먼저 연락해서 정중하게 물어보는 것이 좋다. OT나 개강식 때 먼저 밥약에 대한 언질을 주시는 선배가 있다면 연락해달라는 뜻이다. 그런 경우가 아니더라도 내가 친해지고 싶은 선배가 있다면 용기내 먼저 연락해보는 것도 좋다.

연락할 때 주의해야 할 점은 반드시 예의를 갖추어야 한다는 것이다. OT에서 이미 친해진 사이가 아니라면 상대 쪽에서 밥을 사주는 입장이기 때문에 너무 당당하게 요구하는 말투 혹은 시간과 날짜를 내가 미리 정해놓는 등 예의 없는 언행은 하지 않도록 해야 한다. 아무리 선배가 너그러운 성격이고 장난치는 걸 좋아한다고 하더라도 처음 연락을 하는 경우라면 정중하게 메시지를 보내는 것이 좋다. 예를 들면, 다음과 같이 메시지를 보내보면 어떨까? 'OOO 선배님, 안녕하세요^^ 저번에 OT 때 봤던 OO학번 OOO 입니다! 선배님과 친해지고 싶은데 밥약 해주실 수 있나요?'. 이렇게 먼저 메시지를 보내기 위해서는 선배들의 연락처를 되도록 많이 받아야 하는데 주로 OT나 과 행사에서 받을 수 있고, 연락처를 교환한 후 반드시 자신을 알리는 인사 메시지를 하나 보내 놓는 것이 좋다. 혹시 새내기 중에 재수나 삼수로 나이가 많은 경우는 선뜻 먼저 말을 걸기 어려울 수 있다. 나보다 어린 선배에게 밥을 얻어먹어도 괜찮을까? 라는 노파심에 머뭇거릴 수 있는데 그럴 때는 동기들과 같이 약속에 나가거나, 대면으로 인사할 때 친해지고 싶은 눈빛을 보내면서 직접 밥약을 거는 것도 방법이 될 수 있다.

선배들과 친해지는 또 하나의 방법은 학과행사에 열심히 참여하거나 학생회에 들어가는 것이다. 사람과 사람이 친해지려면 일단 많이 마주쳐보아야 한다. 꼭 선배가 아니라 동기나 맘에 드는 사람과 친해지고 싶을 때도 마찬가지이다. 학과 행사로는 보통 개강총회, 대면식, 콜로키움 등이 있다. 먼저 선배들의 얼굴과 이름을 잘 기억해야 한다. 모든 행사에 참여하지 않더라도 선배들을 볼 때마다 인사하면서 나의 존재를 알리다 보면 충분히 친해질 수 있다.

마지막으로 대학 생활에서의 인간관계에서 피해야 하는 유형을 소개하고자 한다. 그 전에 먼저 전제해두고 싶은 말이 있다. 우리가 누군가를 반드시 미워하고 싫어할 이유는 없다는 것. 그리고 남을 피하기 전에 나 자신을 먼저 되돌아보는 것. 나의 개인적인 생각이지만 인간관계에서 해야하는 유형은 바로 매사 남을 비난하거나 험담하는 것을 즐기는 사람이다. 사실 이 말은 누구나 공감하고 동의하는 부분일 것이다. 비판과 비관/비난은 다른 의미이다. 비판은 옳고 그름을 판단하여 잘못된 점을 지적하는 것이다. 예를 들어, 비판은 '저 교수님은 왜 강의계획서에는 없는 수업만 하시지?' 혹은 '그 사람은 너무 게으른 것이 문제야'라고 한 후 '그래서 내가 할 수 있는 것은 뭐가 있을까?', '더 좋은 방향으로 가기 위해선 어떤 해결책이 필요할까?' 등 발전적인 생각을 하는 것이다. 반면 비난은 상대방의 잘못을 들추어 이성적 판단 없이 무조건 깎아내리고 부정적으로 말하고자 하는 것이다. 마더 테레사는 '스스로의 발전을 위해 자신에게 시간을 들이는 사람은 남을 험담할 시간이 없다.'라고 말씀하셨다.

이 세상에 완벽한 사람은 없고, 먼지 털어 안 나오는 사람은 없다. 남을 비난하고 험담하는 사람 곁에 있으면 그 부정적인 기운이 나에게도 흐르며, 유유상종이 되는 것이다. 그리고 그 친구는 언젠가 나에 대한 나쁜 이야기도 다른 누군가에게 할 가능성이 매우 높다. 앞서 말했듯 이러한 인간을 피하기 전에 우리가 이런 인간이 되어서는 안 된다. 영화 '다우트'에서 오라크 신부는 바람에 날린 깃털을 다 모으라 했는데, 여기서 '깃털'은 '험담'이다. 그만큼 주워 담기 힘들며 어디로 날아갔는지 모른다는 것이다. 다른 사람의 이야기를 할 때 항상 조심하는 습관을 길러 멋진 어른이 되길 바란다.

07

동아리를
가입해야할까요?

#대학의 꽃 #에릭슨의 심리사회성 발달이론
#또 다른 가족? #4C #안 되면 말지

대학에 들어서면 두 가지 고민을 하기 마련이다. 하나는 '너무나 많은 공강 시간, 과연 실화냐?'

고등학교 때처럼 담임 선생님이 있는 것도 아니고 인위적으로 만들어준 반이 있는 것도 아니다. 짝도 없고 선생님과의 기초상담도 없다. 많은 시간들을 나 혼자 계획하고 나 혼자 채워 넣어야 한다. 한가함에서 오는 여유도, 허전함도 결국 내 몫이다. 대학은 말 그대로 학문 을 하는 곳이다. 그렇기 대학에서 정해놓은 과목을 듣고 출석과 과제물만 잘 해내면 아무런 인간관계와 유대감 없이도 졸업할 수 있는 곳이다. 그런데 그러기에는 너무나 많은 사적 모임들이 있어 과연 저런 모임들을 다 참여하며 '사회생활'이라는 것을 해봐야 하는 것인지, 아니면 내가 듣고자 하는 수업을 듣고 필요한 것만을 얻어가면 되는 것인지 고민하게 된다. MBTI의 I성향이 강한 사람이라면 아마도 필요한 것만을 얻고 남은 시간에는 집에 가서 취미활동을 하든지, 책을 읽든지, 드라마나 영화를 보며 시간을 보내고싶을 것이다. 하지만 앞에서도 이야기했듯이 그러기엔 대학에서는 너무나 많은 활동과 모임들이 있다. 그 중 하나가 바로 '동아리'이다. 나는 처음에 이 동아리를 생각했을 때, 더 많은 공부를 하지 못하게 하는, 더 많은 취업준비를 하지 못하게 하는 여가 활동이라고만 생각했다. 너무나 빡빡한 일정의 고등생활을 경험했던 나는 고액의 학비를 내고 등록한 대학생활을 조금 더 알찬 시간을 보내야 한다고 생각했다. 그래서 동아리와 같은 사치스런 일은 하지 않겠다고 생각했다. 그래서 주변에서 이런저런 동아리 소개 리플렛을 나누어주어도 거들떠 보지도 않았다.

제 2의 가족

그런데 조금씩 시간이 지날수록 강의를 다 들어도 시간이 너무나 많이 남는다는 것을 알았고 그 시간에 누릴 수 있는 여유가 내겐 허전함으로 다가왔다. 강의 시간에 만난 친구들은 강의가 끝나고 나면 술을 마시러 가거나 PC방으로 게임을 하러 갔다. 나는 내게 주어진 이 황금같은 시간을 그렇게 사용하고싶지는 않았다. 그래서 차선책으로 선택한 것이 그 낭비라고 생각했던 동아리 모임이었다. 내가 마음에 드는 부분도 있었고 마음에 들지 않았던 곳도 있었다. 우리학교에 있었던 동아리는 다채로웠다. 종교 관련 동아리, 사물놀이 동아리, 여행 동아리, 자전거 동아리, 영어 공부 관련 동아리, 봉사활동 동아리 등… 또 그들은 '동아리방'이라고 하는 그들만의 고유 활동 장소를 가지고 있었다. 그들은 같은 관심사를 공유하는 일만 하는 것이 아니었다. 내가 최종적으로 정착했던 동아리는 내 모교에만 있던 기독교 동아리였는데 그곳은 같은 목적을 가진 곳이었다. 그럼에도 교회를 다니는 사람들과 그렇지 않은 사람들까지 누구나 와서 함께 친목을 도모하기 위해 밥도 같이 먹고 학교생활을 하며 어려운 부분들을 서로 도와주기도 했다. 그리고 군대에서 전역한 복학생들은 자취방을 구하지 못하거나 돈이 없어 고시원에서 지내는 사람들끼리 모여 방을 공동으로 구해 같이 생활을 하는 학생들도 있었다. 그곳에서 상호간 상담이 일어나기도 하고 많은 정보를 공유하기도 했다. 시간이 지나면서 이곳은 같은 목적으로 모인 사람들이라기보다 하나의 생활공동체처럼 여겨지기도 했다. 그 안에서는 서로가 꼭 지켜야 하는 윤리나 질서가 있지는 않았지만 관계에 있어서의 적정선을 지키기도 했고 서로 필요하다고 생각하는 것을 공유하면서 서로 의지하며 시간을 보냈다.

드라마 '응답하라 1994'에서의 하숙집같은 곳이라고 해야할까? 많은 시간을 같은 장소에서 보내며 제2의 가족이 되어갔던 것이다. 사람은 누구나 가족이 필요하다. 하지만 이 혈육과 언제까지 함께 할수는 없다. 경제적으로 정신적으로 독립을 해야하기도 하고 학교가 멀어 물리적으로 떨어져 있어야 하기도 하다. 그럼에도 가족은 필요하다. 사람은 관계성을 통해 자신이 보금자리라고 여겨질만한 포근한 장소로 인해 쉼을 얻고 또 마음의 안정을 얻는다. 그 드라마에서의 하숙집 동거인들은 하숙집 아저씨, 아주머니를 권위자 삼아 아직은 불완전한 예비 성인들이 자신들만의 둥지 안에서 좌충우돌하며 어른으로 성장해간다. 이러한 이야기 속에서 생각해 볼 것이 있었다.

관계로 형성되는 정체성

　심리학자 에릭슨은 인간의 심리와 사회성 발달 단계를 8단계로 나누었는데 그 중 19세에서 성인초기의 단계를 '친밀성 대 고립감'의 단계라 이야기한다. 바로 대학에 들어가기 바로 직전부터 대학시절이라고 할 수 있는 20대 초중반까지의 나이라고 볼 수 있다. 이 시기에는 독립된 개체로 성장하고 타인과의 관계 속에서 자신의 정체감을 형성해가는 시기라고 말한다. 이 과정에서 타인과의 친밀한 관계에 실패하게 되면 고립감이 증대된다고 본다. 그럴 경우 자신만의 정체감형성에 어려움을 겪게 된다. 결국 자아라고 하는 것도 타인과의 관계를 통해 형성되는 것이며 발현되는 것이다. 독립을 한다는 것은 혼자 산다는 의미가 아니라 개인의 삶에 대한 결정권을 가진 하나의 인격체로서 판단하고 책임을 지며 사회 안에서 적절하게 자신의 역할을 수행하는 과정을 의미한다. 이 과정에서 인간은 책임을 배우고 독립을 배우며 정체성이 형성되어간다.

단편적인 만남으로 적절한 선에서 인간관계를 맺으며 수업만 들으며 학교 생활을 했을 때 이 친밀감에서 형성되는 정체감이 결핍되면서 자신감과 자존감 등에 영향을 미친다. 이런 관점으로 봤을 때 동아리는 매일 자신들이 정해놓은 방에서 만나 공통의 관심사를 함께 나누고 자신의 삶 속에서 필요한 부분을 공유하기 때문에 결국 자신만의 공동체를 만나게 된다는 것에 큰 의미가 있다. 이 공동체 속에서 자신의 끼를 발현하기도 하고 사랑과 이별을 경험하기도 하며 그 공통의 관심사를 해내면서 적절한 여가생활과 취미를 하기도 한다. 또한 자신의 진로에도 강한 영향을 미치게 된다. 대학을 졸업하고 사회생활이 시작되면 대부분 겪는 어려움이 인간관계 속에서 오는 것들이다. 팀워크에 문제가 생기거나 직장 상사와 소통이 안되어 겪는 어려움이나 조직 안에서 지연이나 학연, 개인적인 친분으로 인해 형성되는 그룹으로 인해 겪는 어려움들이 모두 이런 관계 속에서 형성되는 건전하고도 유연한 사고의 성장이 이루어지지 않았기에 발생되는 일이다. 그러한 일이 필히 발생한다고 했을 때 이런 일만 잘하고 익숙해도 절반은 성공이라고 생각해도 좋다.

동아리로 얻은 선물

　나 또한 이 동아리 활동에 많은 시간을 쏟았다. 아니, 쏟게 되었다고 해야할 것이다. 처음에는 외롭고 심심해서 찾아간 곳이었는데 그곳의 선배들이 너무나 재미있고 좋은 사람들이었다. 목적 없이 이렇게 사람이 좋다고 해서 이곳에 있는 것이 나의 인생을 위해 어떤 의미가 있는가를 생각했지만 그럼에도 불구하고 타지에서 아는 사람 하나 없이 대학생활을 해야하는 나로서는 나름의 안식처와도 같은 곳이었다. 그곳에서 함께 스터디도 하고 학식도 함께 먹고 수업이 없는 시간에는 함께 어딘가로 놀러가기도 했다. 그리고 시간이 지나자 함께 꿈을 꾸고 그것을 준비하는 정보를 주고 받으며 서로를 응원하기도 하였다. 그 안에서 여러가지 갈등도 있었고 그 갈등을 해결하기 위해 밤을 새워가며 토의도 했다. 선후배들이 함께 모여 동아리 행사를 준비하기 위해 밤을 세워가며 일을 해낸 적도 있다. 그때 그 시간과 그 사람들이 아직도 내 마음 속에 있고 지금도 어려운 일을 만나거나 막막한 일을 만날 때 누군가 함께 일을 하며 머리를 맞대면 해낼 수 있다는 자신감이 지금의 나를 만들어가고 있다.

　21세기를 살아가기 위해 요구되는 4가지 역량이 있다고들 말한다. Communication(의사소통)능력, Collaboration(협업) 능력, Critical Thinking(비판적 사고)능력, Creativity(창의적) 능력, 즉, 4C라고 한다. 이 능력들은 자세히 보면 학교에서 제공되는 강의들만으로는 해결하기 어렵다. 일부 팀플이나 발표 등의 활동도 있지만 그런 부분들은 적절하게 피해가거나 자신에게 필요한 만큼만 참여할 수도 있다. 그리고 하나하나의 능력들이 특정 활동을 한다고 해서 쉽게 길러지는 것도 아니다. 여러 사람들과 섞여서 갈등을 겪고 함께 도전하며 배워나가는 과정 속에서 자연스럽게 습득되는 것이다. 그래서 우리는 나름의 다양한 활동들을 주도해가며 자신을 균형있게 성장해가야 한다. 특히, Communication(의사소통)능력, Collaboration(협업) 능력은 이런 동아리와 같은 활동 공동체에서 길러질 수 있다. 나는 이런 동아리에서 이러한 능력을 길러낼 수 있었다. 이건 누군가와 함께 진흙탕에서 뒹굴며 갈등을 겪고, 함께 했음에 희열을 느끼며 성장하는 자들에게만 주어지는 선물이다.

개성의 발현을 통해 만들어가는 자신만의 길

동아리도 예전과 다르다. 전에는 취미활동 위주의 동아리가 많았다면 요새는 창업 동아리나 비건 동아리, 텃밭 동아리 등 나름의 철학과 삶의 태도, 새로운 삶의 형태가 담겨 있는 동아리들도 많이 생겨나고 있다. 이런 개념을 가지고 나만의 동아리를 만드는 방법도 있을 것이다. 내가 원하는 삶, 내가 원하는 삶의 형태를 가지고 사람을 모아보는 것도 좋다. 먼저 무엇을 하고싶은지를 찾아보는 것이 중요하다. 그렇게 정한 방향의 동아리나 모임이 학교 안에 있는지 살펴보는 것을 권한다. 비슷한 동아리가 있다면 그곳에 들어가 사람을 만나고 그들과 함께 새로운 방향의 모임이나 스터디를 하는 것도 좋다. 그런 동아리가 없다면 직접 만들면 된다. 물론 내가 직접 만든 동아리는 당장에는 학교의 재정적 지원이나 장소를 제공받지 못하지만, 대학에는 널려 있는 것이 강의실이다. 이색적인 장소를 위해 스터디 카페나 스터디룸을 예약할 수도 있다. 꾸준히 모임을 가지며 홍보글을 부착하여 알리다보면 관심 있는 사람들에게 연락이 온다.

동아리가 대학 내에서만 이루어지지 않는다. 같은 지역권에 있는 학생들이 같은 관심사가 있는 학생들을 모아서 동아리를 만들기도 한다. 아무래도 각 학교의 특성에 따라 잘 되는 동아리가 있고 그렇지 않은 동아리도 있기 때문에 여러 학교에서 모여 하나의 동아리를 이루는 것이다. '캠퍼스픽'[6]이라는 웹사이트에 들어가면 각 동아리나 모임들을 올리고 지원자를 모집하는 정보를 다양하게 얻을 수 있다. 이러한 웹사이트를 통해 학과에서 채울 수 없는 자신만의 개성과 성장에 필요한 요소들을 채워나가는 모습들을 많이 보게 된다.

그리고 대학의 동아리는 처음부터 관심이 있어서 모이는 곳만 있는 것은 아니다. 모여서 무엇이든 하다보면 사람이 모이게 되어 있고 그 일을 꾸준히 하면 자신도 모르게 전문가가 되어 있다.

---

6) https://www.campuspick.com/club

그 과정 속에서 내 삶이 달라지고 직업이 되기도 하며 평생의 삶의 태도와 가치와 연결되기도 한다. 하다가 안 되면 어쩔 수 없다. 그냥 망했다 생각하고 그만 두면 된다. 하고싶은 일을 시도하는데 두려움을 가져서는 안 된다. 두려움은 아무것도, 격렬하게 아무것도 못하게 만든다. 무엇이라도 하고 만들어내고 참여라도 해야 실패라도 경험하는 것이다.

앞으로 우리에게 다가올 사회는 한 번도 경험하지 않은 사회이다. 미국의 직장 평가 사이트인 '글래스도어'에서 발표한 '미국의 유망 직업 TOP 50'의 목록을 보면 불과 20여년 전만 해도 없었던 직업들이 많다. 특히 데이터 관련, 소프트웨어 관련, 프로덕트 관리, 마케팅 관리와 같은 고도의 전문 직업군이 Top 5 안에 많이 포진되어 있음을 볼 수 있다.[7] 해보지 않은 일을 직업으로 가지게 될 확률이 높다는 말이다. 그래서 조금 더 다양한 경험을 해보고 무엇이든 도전하고 배우고 성장하는 습관을 가질 필요가 있다.

학과 안에서 만난 친구들과 자신에게 필요로 하는 관계의 친밀감과 그안에서 형성되는 정체성에 대해 아직 확신이 없다면 동아리로 눈을 돌려보면 좋다. 동아리 문을 두드려보고 아니다 싶으면 나와도 된다. 그런데 상당히 끌리는 무언가가 있다면 확실한 유익이 없어보여도 한 번 나를 던져보는 것도 좋다. 그리고나서 또 아니다 싶으면 나오면 된다. 그런 성공과 실패의 경험이 나를 더욱 나답게, 사회에서 필요한 존재로 성장하게 할 것이다.

7) http://www.edujin.co.kr/news/articleView.html?idxno=31341

8

로맨스가
필요할까요?

#사랑? #연애? #첫사랑 #사랑이 흑역사가 되지 않도록 #사랑의 다섯 단계

    대학에서 대다수가 로미오와 줄리엣처럼 가슴 뛰는 애절한 사랑 같은 로맨스를 꿈꾼다. 남녀 공학인 고등학교를 나온 친구들은 그런 생각을 많이 하지 않겠지만, 나는 많은 상상을 했던 거 같다. 영화나 드라마 속의 한 장면처럼 전공 서적을 들고 다니는 이성 친구와 부딪혀 떨어진 책을 줍다가 우연히 살짝 건드린 손을 통해 온몸이 전기를 타는 듯한 짜릿함을 기대했다. 그런데 생각보다 그런 일은 없었고, 오히려 전공 서적을 들고 다니는 경우가 더 드물었다.

    대학생이 되면 자연스럽게 이성 친구가 생길 것이란 기대도 있겠지만, 자연스러움을 이어갈 수 있는 관계를 만드는 역량을 필수다. 혹은 고등학교 시절에 연애를 많이 해본 고수도 좀 더 성숙한 사랑을 위해 이번 장을 눈여겨 읽는다면 좋을 것 같다. 스피노자는 '영원하고 무한한 사랑에 대해 슬픔에서 완전히 벗어난 기쁨'

으로 표현했다. 로미오와 줄리엣처럼 죽음으로 사랑을 승화시키는 것이 아닌 대학생이 된 지금, 관계를 위한 사랑을 배워보자.

사랑은 결국 관계에 대한 고민이다. 잘 알고 있는 생텍쥐페리의 어린 왕자가 혼자 사는 작은 별에 씨앗 하나가 날아와 장미꽃을 피운다. 꽃의 아름다움을 감탄하지만, 꽃은 허영과 자만으로 가득했기에 시간이 지날수록 장미꽃의 이야기가 싫증을 느껴 떠나간다. 그 뒤 어린 왕자는 자신은 길들여지지 않았기에 함께 놀 수 없다고 이야기하는 여우를 만난다. 잠시 생각한 다음 어린 왕자는 "길들인다는 게 무슨 뜻이야?" 라고 물었다. 여우는 "관계를 맺는다는 뜻이야. 넌 지금은 많고 많은 남자아이 중 하나일 뿐이지. 난 네가 필요하지 않아. 너도 내가 필요하지 않지. 그런데 네가 날 길들이면 우린 서로 필요해진단다. 넌 내게 세상에서 단 하나뿐인 존재가 되는 거야. 나도 네게 세상에서 단 하나뿐인 여우가 되고." 라고 대답한다.

관계에 대한 고민을 하기 전에 알아둬야 할 것은 대학생의 시기는 미래의 배우자를 탐색하는 시기라는 것이다. 나 역시 대학생 때 만났던 동아리 선배와 결혼까지 하게 되었다. 다소 아쉬운 것은 대학 졸업 이후 다시 만나 결혼한 경우라 캠퍼스의 낭만을 많이 느끼지 못한 것이다. 좀 더 용기를 내었다면 어떤 결과가 펼쳐졌을까 하며 상상을 해보지만, 한편으론 그때 만남이 시작되었다면 지금처럼 부부의 연을 맺지 못했을 거란 생각도 하게 된다.

사랑에도 단계가 있나요?

사랑에는 여러 종류가 있다. 친구 같은 사랑, 조건을 고려한 이성적인 사랑, 풋풋한 짝사랑 등이 있는데, 호감을 느끼고 있음에도 이성 관계로 발전되기도 쉽지 않다. 그만큼 소중하게 만들어진 인연이란 이야기다. 그런데 사랑을 제대로 하기 위해선 기술이 필요하다.

후에 좀 더 철학적 사고를 하고 싶다면, 에리히 프롬의 '사랑의 기술'이란 책을 읽어보길 바란다. 이 책에서 "사랑의 합일 행위를 통해 나의 물음에 대답한다. 사랑하는, 곧 자신을 주는 행위에서 다른 사람에게 침투하는 행위에서 나는 나 자신을 찾아내고 나 자신을 발견하고, 나는 우리 두 사람을 발견하고, 인간을 발견한다."라는 구절은 아직도 기억에 남는다. 지금부터 소개하는 사랑의 단계를 통해 내가 어떤 단계인지 파악해보는 것도 필요하다.

첫 번째 단계는 첫인상이다. 여기서 분명한 건 외적인 '잘생김과 예쁨' 만을만을 의미하는 건 아니다. 외모가 미치는 영향도 존재하지만, 그보다 옷차림새, 말투와 매너에서 상대방은 특별한 느낌을 받게 된다. 대개 10초 이내에 첫인상이 결정된다고 하지만, 대화를 통해서 변화되기도 한다. 자신다움이란 결국 자신감이기도 하다.

두 번째　두 번째 단계는 서로에 대한 탐색으로 상대방에 대한 궁금증이 생기며, 호감을 느끼는(썸타는) 단계다. 상대가 어떤 사람인지 알고 싶어서 밤을 지새우며 카톡을 하며 대화를 할 수도 있을 것이고 혹은 숫자 1이 사라지길 하염없이 기다릴 수도 있을 것이다. 이 단계에서는 기초적인 정보와 함께 가능한 좋은 이미지를 새기기 위해 자신의 평소 모습보단 포장된 모습일 확률이 높기 때문에 어느 정도의 탐색에서 관계가 종결되기도 한다.

세 번째　세 번째 단계는 사랑의 시작으로 유의할 점은 나의 애정 속도를 상대방이 따라올 것이라고 생각해선 안 된다. 친근함과 함께 대화의 내용도 풍성해지며 애정 표현과 함께 확인을 받고 싶어 하는 단계이며, 다소 예민하면서도 불안정한 단계이다. 그렇기에 때론 상처를 받기도 하지만, 자신의 부족함을 채울 기회이며 나에게 맞는 짝을 찾을 또 다른 기회임을 잊지 않았으면 한다.

네 번째 　　네 번째 단계는 사랑의 확신으로 공개 연애를 지인들에게 이야기하는 단계이다. 이전 단계에서 서로의 단점을 포장하기 바빴다면, 허물없이 보여준다. 이 단계에선 좀 더 깊은 관계가 이루어지기도 하기에 서로에 대한 애정을 소유물로 생각하기보단 좀 더 배려할 수 있는 관계로 만들기 위해 노력하길 바란다. 꼰대처럼 이야기하긴 그렇지만, 육체적인 관계는 여러 가지 상황을 초래할 수도 있기에 자유와 책임이 있다는 걸 기억했으면 한다.

다섯 번째 　　다섯 번째 단계는, 확신을 경험했어도 이별을 겪기도 할 것이다. 가슴을 후벼 파는 듯한 감정도 느낄 수 있지만, 때로는 시간이 해결해 준다. 모든 이별 노래가 내 이야기 같으며 아무것도 하기 싫은 감정이 들 수도 있을 때로 사랑했던 시간만큼 내 마음속에서 떠나보내는 데 시간이 걸릴 것이다. 그렇다고 나의 아픔을 해소하기 위해 아무나 만나는 행동은 하지 않았으면 좋겠다.

사랑할 때의 마음가짐

그렇다면, 사랑함에 있어 우리는 어떤 마음가짐을 가져야 할지에 대해 심리학자들은 사랑하는 이유와 방식을 포함한 많은 연구를 했다. 대표적으로 스턴버그는 사랑의 삼각형 이론을 통해 친밀감, 열정, 헌신으로 나눴다. 친밀감(사랑의 따뜻한 측면)은 가까움과 감정의 공유를 포함하는 정서 요소로 정서적 지지를 주고받고 서로를 이해하며 신뢰하는 것이다. 열정(사랑의 뜨거운 측면)은 성적 매력과 욕망, 상대에게 몰입하고 연모하는 끌림이다. 헌신(사랑의 차가운 측면)은 관계를 유지하려는 의식적인 결정을 의미한다. 어떤 사랑을 하고 싶은 지 세 가지 중 한 가지만을 선택하라는 의미는 아니다. 세 가지의 요건이 두루 갖춰졌을 때 어쩌면 우리는 사랑을 통해서 더 성장할 수 있다. 실패하지 않는 방법의 반대는 제대로 하는 것이다.

첫 번째는 연애를 시작하는 마음가짐으로 로맨스를 꿈꾸다 보면 급한 마음에 '아무나'를 만나게 되는 경우가 있다. 이 말은 섣부르게 연애를 시작하지 말라는 의미이기도 하다. '요즘 같은 세상에 천천히 알아갈 시간이 어딨어요? 빠르게 살아야죠.'라는 생각을 한다면 어쩌면 의미가 없는 조언이 될 수도 있을 것이다. 연애를 시작할 때 실패하는 경우 중 대부분이 자신의 의사와 무관하게 시작된 관계이다. 사귀고 알아간다는 취지도 좋지만, 자신의 마음에 어느 정도의 확신이 생길 때 깊은 관계를 만들어 가면 어떨까 한다. 그리고 외롭다고 만나는 경우나 주위에서 연애하니 나도 해보자는 마음으로 시작되는 연애는 나뿐만 아니라 상대방에게도 상처를 줄 수도 있기 때문에 조심해야 할 부분이다.

　두 번째는 사랑하는 사이에서 예의를 지키는 것이다. 연애는 무엇일까?란 고민을 해보면, 서로에게 이끌려 만나게 됨을 이야기한다. 그 속에서 어떤 구체적인 예의가 필요할까? 사귄 뒤의 식어버린 감정으로 고민을 이야기할 때면 들어주는 내 마음도 아플 때가 있다. 마치 자신이 방치된 강아지 같다는 느낌을 받았다는 표현을 듣기도 했는데, 더 마음 아픈 경우는 사랑했던 상대방을 무시하거나 평가하는 경우이다. 사랑하는 사람에게 학벌이나 성적 등의 이야기로 상대방을 초라하게 하거나 외모나 옷차림으로 평가를 받아서 자신감이 하락해서 오는 경우면 더욱 심각하게 느껴진다. 편하고 가까우니 함부로 이야기할 권리는 아무에게도 없기 때문에 지켜야 할 것을 잘 지켜야 한다.

　세 번째는 상대방에 대한 존중을 가지는 것이다. 청년의 연애는 불처럼 타오르기 때문에 때로는 놓칠 수도 있는데, 존중은 상대방을 높이 중요하게 대한다는 의미이다. 때론 사랑하는 이를 더 소홀히 하는 경우들이 많은데, 흔히 하는 표현으로 '잡은 물고기'이기에 먹이를 주지 않는 마음이 있다면 생각을 바꿨으면 한다. 모든 사람에게 친절한 모습에 반했는데, 막상 옆에 있는 이성 친구인 자신은 외롭다고 이야기하며, 마치 SNS를 빛내기 위한 소품 같은 마음이 든다는 생각을 하는 적도 있다는 이야기를 듣기도 했다. 만나고 있는데도 함께 가 아닌 혼자라는 생각이 든다면, 과연 올바른 사랑일까에 대한 고민이 필요한 거 같다.

　네 번째는 온전한 나 자신을 먼저 갖추는 것이다. 자신을 버려가며 상대에게 무작정 맞추는 연애를 하는 대학생에게 해준 이야긴데, 쇼펜하우어의 책에서 비롯된 '고슴도치 딜레마'라는 표현이 있다. 추위를 견디기 위해 고슴도치가 몸을 기대어 서로 온기를 나누지만, 너무 가까워지면 서로의 가시에 찔리고 그렇다고 서로 너무 떨어져 있으면 추위를 이겨내기 힘들다는 것에서 유래한 말이다. 나 자신이 없는 연애가 행복할지에 대해 고민해보면 좋을 거 같다.

　끝으로 사랑에는 자존심이 필요없다는 이야기를 해주고 싶다. 한 대중가요에서 "모든 것을 주는 그런 사랑을 해봐. 받으려고만 하는 그런 사랑 말고."라는 가사가 있는데, 상대의 마음을 확신한 후에만 더 다가가겠다는 건 자존심 싸움일 것이다. 내가 상대의 마음을 몰라서 불안할 수도 있고, 내 마음만큼 상대가 나를 좋아하지 않을 수도 있지만, 현재의 감정에 충실할 때 진정한 로맨스가 있을 것이다.

9

대체 내가 왜 그런 행동을 한 거죠?
흑역사를 잊는 법 없을까요?

#지붕 뚫고 이불킥 #흑역사 극복 #흑역사도 역사
#운동장만 보면 그 날이 떠올라 #성장의 밑거름

친구들과 과거 이야기를 하다 보면 재미있는 흑역사들이 참 많다. 술 먹고 코가 부러진 이야기, 고백했다가 차인 이야기, SNS에 오글거리는 글 올린 이야기 등 우리는 모두 웃픈 흑역사 하나쯤은 갖고 살아간다. 대학교 2학년 때 이후로 지금까지 나는 SNS를 메시지 기능 이외에는 잘 활용하지 않는다. 그 이유가 불필요하게 시간을 뺏기는 것 때문도 있지만, 흑역사를 감당할 자신이 없기도 해서이다. 밤이 되고 기분이 우울할 때 SNS가 마음의 창구가 되어 의미심장한 글들을 써서 누군가 봐줬으면 하는 마음이 든다. 추억이 될 만한 사진들을 올리기도 하고 댓글을 달기도 한다. 최근 싸이월드가 부활한다는 얘기를 듣고 그때의 기억을 되새겨 보았다. 지금 보면 오그라드는 말들과 글들이 그때 그 당시는 다들 진심이었고, 따뜻한 감정으로 소통했던 것 같다. 그런 의미에서 보면 흑역사는 또 하나의 추억이라고 생각할 수 있겠다.

누구에게나 흑역사는 있다

없었던 일로 치거나 잊고 싶을 만큼 부끄러운 과거. 흔히 '이불킥', '흑역사'라고 하는 일들은 누구에게나 존재한다. 세상에 최선의 선택을 하고 사는 사람이 과연 있을까? 그럼에도 불구하고 지금 안 좋은 기억 때문에 힘들어하고 있을 이들에게 나의 이야기를 전하고 싶다.

나의 첫 흑역사는 초등학교 1학년 때 칠판에 나와 가, 나, 다,…를 써보라는 선생님의 요구에 엉터리로 발표했던 기억이다. 지금 생각해보면 정말 아무것도 아니지만, 그때 당시에는 학교 가기가 싫고 어디론가 사라지고 싶었다. 초등학교 6학년 학기 초에 단체 사진을 찍는데 그날따라 새로 산 바지가 자꾸 흘러내렸다. 사진사 아저씨가 사진을 찍기 전이라고 생각해서 바지를 한껏 올렸는데 연습 삼아 사진을 찍고 계셨던 것이다. 담임 선생님께서는 그 사진을 학급 전체에 공개했고 다 같이 웃으면서 나를 놀렸다. 장난기가 많으셨던 담임선생님께서는 나를 놀리려는 생각이신지 그 많은 사진 중에 내가 바지 올리고 있는 사진을 학급 대표 사진으로 정했다. 1년 동안 교실에 들어갈 때마다 보이는 내 사진을 보면서 울고 싶었다.

대학교에 입학하고 나서는 철이 없어서인지 선배들에게 가끔씩 반말로 대들기도 하였고, OT에서는 모두가 하는 장기자랑에서 나만 하기 싫다고 버텼다. 술자리에서는 술을 마시지 않겠다는 의사 표현으로 소주잔을 엎어놓기도 하였다. 나를 보는 선배들의 눈빛은 지금 기억에도 생생하다. '뭐 이런 후배가 들어왔지?'라는 표정이었다. 대학 생활에 조금 익숙해졌을 땐 내가 잘못했다는 것을 깨달았고 타임머신을 타고 그때로 돌아가 나에게 제발 그만하라고 뜯어말리고 싶었다.

또 다른 일화는 대학교 체육대회에서 계주에 나가게 되었는데 다행히 넘어지지는 않았다. 원래 내가 선수가 아니었는데, 1번 주자였던 동기가 피구 경기에서 인대를 다치는 바람에 갑자기 내가 나가게 되었다. 나는 그날 내가 출전하는 모든 경기가 끝나서 옷도 편하게 갈아입고 편안한 마음으로 계주를 구경하려고 왔다가 갑작스럽게 나가게 된 것이었다. 그래도 우리 과에 피해가 가지 않게 하기 위해 신발 끈도 다시 고쳐 매고 팔도 걷어 붙였다. 동기들은 모두 나에게 환호성을 쳤고, 폼은 거의 국가대표 수준이었다. 총소리가 울리고 계주가 시작되었는데 생각보다 다른 친구들이 너무 빨랐다. 얼마 지나지 않아 내 주위에는 사람이 없었고 어느새 나 혼자 뛰고 있었다. 계주가 끝나고 뒤풀이에서 동기들과 선배들은 열심히 응원했는데 달리는 무리 속에 내가 없었다면서 '저~기 운동장을 보렴, 뭐가 생각나지 않니?'라고 말하며 비웃었다. 이외에도 나는 패션 흑역사도 있다. 과거의 나는 색깔이 진하고 튀는 옷을 좋아했다. 예를 들면, 초록색 바지에 빨간 티셔츠, 분홍색 야상에 분홍색 장갑을 끼고 빨간색 가방 메기, 모든 액세서리 연두색으로 맞추기, 형광색 옷과 신발 등 아직도 어릴 때 친구들이 내 옷에 관해 이야기할 때가 있다.

흑역사를 대하는 자세

부끄럽고 지우고 싶은 과거가 있다면 다음과 같은 질문을 스스로 해보자. '왜 그 당시 나의 행동을 창피해하고 부끄러워하는가?' '그 감정을 느끼는 원인이 무엇일까?' 먼저 첫 번째 이유로 내가 생각하는 이상적인 모습과 과거의 나는 다른 모습이기 때문이다. 어른스럽고 뭐든 잘하고 똑똑한 나의 이상적인 모습에 비해 그 당시 나는 바보 같고 철이 없었기에 그것을 창피하게 생각하는 것이다. 두 번째로 다른 사람에게 인정받고 싶은 욕구 때문이다. 길에서 넘어졌을 때 옆에 누군가 있었을 때와 없었을 때를 생각해보면 쉽다. 어느 경우에 창피함을 느끼는가? 나의 우스꽝스러운 모습을 본 사람이 한 명이라도 있으면 매우 부끄럽고 도망가고 싶은데 아무도 없었다면 무릎이 매우 아플 뿐, 창피함을 그다지 느끼지 않는다. 이렇게 우리는 누군가에게 잘 보이고 싶고 멋진 사람으로 인정받기 원하는데 내가 어리석고 바보 같은 행동을 보여줌으로써 그 사람이 나를 이상하게 생각하지 않을까? 라는 걱정이 나를 창피하게 만든다.

그렇다면 우리가 흑역사를 대하는 현명한 자세는 무엇일까? 먼저 나 자체를 그대로 인정하는 것이다. 되돌아보면 흑역사를 만든 것은 다른 누구도 아닌 '나'이다. 그것도 나의 일부라는 것이다. 그 속에서 '바보 같은 나'도 있고, '안쓰러운 나'도 있고, '고약하고 성질 더러운 나'도 있다. 만약 지금의 사고방식이 아닌 그때의 '나'로 다시 돌아간다고 해도 아마 그때처럼 똑같이 행동했을 것이다. 처음에는 흑역사를 지우고 싶고 '다시 돌아가면 절대 그러지 않을 거야.'라고 생각했지만, 시간이 흐르고 보니 그것은 불가능한 일이라고 생각하게 되었다. 왜냐면 지금의 나는 여러 흑역사와 경험으로 성숙해진 상태지만 그때의 나는 똑같이 서툴고 미숙하기 때문이다. 지금에 와서야 대학교 생활이 별거 아니라고 말할 수 있지만, 그 당시에 나한테는 큰 산과 같았고, 미지의 세계였다. 뭐든 서툴고 미숙할 수밖에 없다. 지금 내가 글을 쓰는 것도 어쩌면 미래의 내가 보기에는 '또 하나의 흑역사를 제조 중이군.'이라고 생각할 수 있다. 그 다음으로 내가 인정받고 싶은 욕구에 대해 생각해보는 것이다. 내가 초등학교 때 가, 나, 다를 못 외웠다는 사실만으로는 창피함을 느끼지 않았을 것이다. 친구들과 선생님에게 인정받고 싶은 욕구와 현실과의 차이가 만들어낸 창피함이다. 과거의 잘못된 판단과 실수는 이미 일어난 일이다. 억지로 그 일을 부정하는 것이 아니라 이미 일어난 일 속에서 부끄러움과 창피함의 감정을 걷어내자는 것이다. 흑역사가 생각날 때마다 이불을 차지 않고 마음이 편안하기를 바란다면 이제 그 일들을 온전히 받아들이고 놓아주길 바란다. 놓아준다는 것이 말처럼 쉽게 되지 않을 수 있다. 나는 내가 저지른 미숙한 행동들에 대해 반성도 하지만 다른 사람에게 잘 보이고 싶어 하는 나의 인정 욕구를 들여다보게 되었다. 누구나 인정받고 싶은 욕구가 있지만 그 마음이 너무 커서 나를 흑역사 속에서 헤어나오지 못하는 것이라면 인정받고 싶은 마음을 내려놓고 부족한 나 자신을 그대로 받아들이는 연습을 했다.

흑역사도 역사이다

마지막으로 흑역사를 성장하는 과정이라고 생각하는 것이다. 나는 내가 겪은 여러 시행착오와 실패와 성공 경험들이 지금의 나를 만들고 성숙하게 성장시켰다고 생각한다.

미국의 성장 과정 속에는 노예제도와 히로시마 원자 폭탄 사건 등 흑역사들이 존재한다. 히로시마 원자 폭탄 사건 이후 오바마 대통령은 70년이 지난 2016년에 히로시마를 방문하여 평화와 안전을 추구하는 결의를 보여주었다. 그리고 '인류애가 없는 기술의 진보는 재앙이 된다는 것입니다.'라고 말하였다.

가수 민경훈은 '쌈자'라는 흑역사를 남겼지만, 그때의 일들로 방송에 재미를 더하고 '남자를 몰라' 원곡을 더 홍보할 수 있었다. 민경훈 이외에도 연예인들은 특히 대중 앞에 서기 때문에 흑역사도 많고 잘 잊히지 않는다. 흑역사 위기를 기회로 승화시킨 대표적 연예인으로는 가수 '비'가 있다. 비는 댄스계에서 유명한 월드 스타였고 2017년에 '깡'이라는 음원을 내었지만 큰 주목을 받지 못하였다. 심지어 난해한 의상과 허세 가득한 표정으로 놀림거리가 되기도 했다. 비는 이러한 반응을 보고 자신의 약점을 감추려 하기보다는 '그 당시 트렌드에는 맞지 않을 수 있다.'라고 하며 현실적으로 받아들였다. '깡'의 놀림거리 현상이 지속함에도 흔들리지 않고 긍정적인 태도로 승화시킨 결과 오히려 이 노래는 역주행으로 주목받게 되었고, 많은 이들이 '1일 1깡'을 하는 등 폭발적인 반응을 일으켰다.

현대차에도 가슴 아픈 흑역사가 있는데 그것은 바로 'PYL'이다. '실험적? 아니, 현대적이다.'라는 광고 문구로 2011년에 출시한 벨로스터는 20~30대 세대를 타깃으로 고급 차량을 야심차게 선보였지만, 반응은 싸늘했다. 판매량이 부진했던 것뿐만 아니라 동급의 세단형 모델과 비교해서 별다른 특징이 없다는 혹평을 받았다. 결국 PYL 브랜드는 폐지되었고 현대의 흑역사로 남게 되었다. 현대는 이러한 경험을 토대로 실패의 원인을 분석한 결과, 브랜드 마케팅의 실수였음을 인정하고 개선해 나가는 모습을 보여주었다. 현재 현대자동차는 '1위 브랜드'라는 타이틀을 놓치지 않고 있다.

역사는 현재와 과거의 끊임없는 대화라는 말이 있다. 현재는 수천 년의 과거들과 상호작용을 통해 낳은 결과라는 말이다. 우리는 살아가면서 수많은 경험을 마주한다. 그 경험 중에는 좋은 경험도 있고 잊고 싶은 경험도 있다. 과거의 나를 되돌아보면 내가 한 행동을 근거로 무엇인가를 배울 수 있다. 지금부터 흑역사를 잊고 싶은 안 좋은 기억이라고만 생각하지 말고 나를 성장 시켜 주는 밑거름이라고 생각해보면 어떨까?

10

남자라면 다녀와야 할 군대, 언제 가면 좋을까요?

#군생활 #언제가나 #국방부의 시계 #두려워하지마라

근래 D.P란 웹툰과 영화를 봤다. 내가 경험한 군대 생각이 났다. 처음으로 군대에 대해 고민한 것은 대학 입학 후 첫 학기에 동기 한 명이 입대를 한다는 소식을 들은 후이다. '아니, 벌써?'라는라는 의문과 함께 '무엇이 저렇게 급한가'라는 생각을 했다. 대학 오기 전 어른들이나 선배들에게 들기론 1학년 마치고 간다고 해서 나도 1학년이 끝날 때 입대하기로 마음 먹었는데, 괜히 뒤처지는 듯하여 불안했다.

불안한 마음은 두고, 계획대로 나는 해병대 입대를 준비했고, 다행스럽게도 첫 지원에 바로 합격했다. 당시 면접을 보러 온 많은 이들이 2번, 3번의 낙방을 한 이들이었다. '아, 해병대를 원하는 사람이 이렇게 많구나. 열심히 하지 않으면 떨어지겠어.'라는 마음이 들며 면접에 바짝 긴장한 상태로 임했다. 해병대를 전역했지만, 동기생처럼 빨간 명찰과 팔각모에 대한 로망은 없었다. 다녀온 뒤에 머리는 포맷한 것처럼 하얗게 되어버린다고 하니 차라리 빠르게 다녀올 수 있는 부대를 선택한 게 첫 번째였다.

사실 체력이 좋았고, 주변의 권유로 R.O.T.C를 준비했었다. 그러나 졸업 후 입대를 해야겠고, 사병보다 좀 더 군 복무 기간이 길었던지라 선택을 해야 했다. '나의 삶에서 장교의 삶이 중요한지?, 사회에서의 시간을 확보하는 것이 중요한지?'하는 질문에 나는 해병대를 선택했을 뿐이다.

나는 군대에 대해 내 인생 계획에서 차질없이 군대를 다녀올 수 있는 것(이른바 '칼 복학' 할 수 있는 요건) 그리고 한 번 다녀올 군대라면 가장 힘든 곳에서 경험하겠다는 것이 당시 선택의 요건이었다. 물론, 케바케(케이스 바이 케이스)이기 때문에 자신의 상황에 맞춰서 결정하는 것은 필수적이다. 학년별로 군대에 언제 가면 좋을지에 관해 직접 다녀온 사례들과 함께 살펴보도록 하겠다.

1학년 때 간다면

내 동기가 1학년 1학기에 가는 선택을 했던 이유는 정신 차리기 위해서였다. 많이 빠르게 가긴 했지만, 근래는 1학년 1학기 혹은 입학과 동시에 입대를 준비하는 대학생도 있다. 이유는 새로운 마음으로 시작하기 위함이다. 다만, 시기에 따라 다르지만, 친해진 선배, 동기가 없이 다녀왔을 때 복학 후 아는 사람 없이 학과 공부를 해야 한다는 것이 단점이 될 수 있다.

> 1학년에 다녀온 이야기(1학년 2학기 수료 후 입대): 술과 유흥으로 의미 없는 생활을 보내다가 그대로 군대 다녀오니 공부에 전념할 수 있었던 것 같습니다. 그리고 동기들보다 일찍 전역해서 뭔가 승리자가 된 기분도 들었습니다.

2학년 때 간다면

저자의 시절엔 2학년을 수료 후 입대를 많이 하기도 했지만, 근래는 취업 등의 어려움으로 당겨지는 경우가 많다. 일반적으로 많이들 입대하는 시기이고, 2학년부터 본격적인 전공 수업이 진행되기 때문에 새로운 마음으로 다녀올 수가 있다는 장점이 있다.

> 2학년 때 다녀온 이야기(2학년 2학기 수료 후 입대): 후배를 만나고 싶어서 입대를 미뤘지만, 시간이 흐른 후 생각하니 큰 의미는 없었던 것 같습니다. 전역 후 후배들이 고학년이 되어서 약간의 도움을 받아서 인과응보를 경험하게 되었습니다.

3학년 때 간다면

특히 애매하게 입대를 하는 경우인데, 개인적인 상황 혹은 사회에 대한 미련 등으로 미룬 경우가 많다. 공모전 등 취업 준비를 위한 의미 있는 시간을 보내지 않는다면, 개인적으로 추천하는 시기는 아니다. 이 시기에 간다면, 왜 이때 가야 하는지를 다시 한 번 스스로 물어보길 바란다.

> 3학년 때 다녀온 이야기(3학년 1학기 수료 후 입대): 후배들도 많이 받으면서 즐겁게 대학 생활을 했지만, 전역 후 이전에 배운 전공 과목이 잘 기억이 안 나서 새롭게 공부한 기억이 있습니다. 무엇보다 전역과 동시에 취업 준비를 해야 해서 정신적으로 힘들었던 기억이 있습니다.

4학년 때 간다면

앞서 이야기한 R.O.T.C나 학사장교가 아닌 병일 경우 병으로 가기 위해 4학년 때 가는 경우는 가장 극소수일 것이다. 혹은 육군3사관학교 편입을 준비하다가 몇 번의 실패를 본 후 4학년 때 입대한 사례도 봤다. 어차피 늦어져 버렸다며, 석사 학위를 취득한 후 방위산업체를 생각하는 경우도 있긴 하나, 그리 많진 않다.

> 4학년 때 다녀온 이야기(4학년 2학기 수료 후 입대): 장교로 갈 것이 아니라면, 추천해 드리지 않습니다. 개인적인 계획이 있어서 군 입대를 늦춰서 나이많기에 군 생활은 편하게 했으나, 제대 후 힘들었던 기억이 더 많습니다.

의미 있게 다녀올 수 있을까?

　군 복무를 한 지역으로는 오줌을 누는 것도 싫다는 표현을 전역자들이 한다. 그만큼 생각하기조차 힘이 들었단 거다. 그런데도 요즘은 자격증, 영어 공부 등을 하면서 전역하는 경우도 많다. "라떼는 말이야."라고 하기엔 군대가 너무 많이 변했다.

　어쩌면 군대는 우리에게 재미없고, 강제로 끌려와서 희생한다는 생각, 나의 일과 전혀 관계없다는 생각 때문에 클 듯하다. 현역 대상자가 아닌 경우라면 이 장은 훑어보고 넘어갈 수도 있겠지만, 현역 대상자라면 잘 읽어보길 바란다.

　대학의 학과처럼 군대에도 병과가 존재하는데, 입대 전 육군, 해군, 해병대, 공군에 대한 정보를 찾아보고 어느 곳에 입대할 것인지 결정한 다음 자신의 특기, 취미, 전공 등에 맞는 보직으로 지원하면 금상첨화일 것이다.

　운전병, 네트워크운용/정비병, 군종병, 인공지능연구병, 가상시뮬레이션연구병, 영상제작병, 군악병, 카투사 등 다양한 특기가 있다. 운전병은 운전면허가 필수적이다. 1종 대형, 특수, 보통 등의 운전 면허가 있는 경우 지원이 가능하고, 차량 정비 또한 배울 수 있으니 의미가 있을 것이다. 네트워크운용/정비병은 정보통신망의 케이블 및 데이터 통신장비를 설치, 관리 운용, 군종병은 종별로 기독교군종병, 천주교군종병, 불교군종병으로 나뉜다. 여기까진 대략 들어봤을 텐데, 인공지능연구병이나 가사시뮬레이션연구병은 18세~28세 이하, 현역병 입영 대상인 사람으로 석사 재학(휴학)

과정 이상이 지원 가능한데, 선발 기준에서 서류전형+면접평가의 합산으로 이루어진다.

각 군의 모집병에는 다양한 병과가 있는데, 육군기술행정병(186개), 취업맞춤특비병(124개), 임기제부사관(28개), 전문특기병(36개), 군사과학기술병(23개), 어학병(8개), 카투사, 동반입대병, 연고지복무병, 직계가족복무부대병이 있다. 해군, 해병, 공군도 다양한 병과가 존재하니 결국 검색을 통한 정보가 생명이다.[8]

군대를 두려워하지 마라 또 다른 경험을 쌓는 곳이다

남자에게 군 생활은 훈장과도 같은 것이다. 그렇기에 군 생활을 어떻게 보내느냐에 따라 각자의 의미는 다를 것이다. 나는 어차피 갈 군대라고 생각했기에 무엇을 남길지에 대한 고민을 하며 당시 목표로 잡았던 건 책 100권 읽기와 신문 기사 스크랩이었다. 신문 기사 스크랩을 목표로 한 건 당시엔 휴대폰이 없었던 시절이었기에 사회와 소통하기 위해선 신문과 뉴스뿐이었다. 여담이지만 20년이 되어 가는 시점에도 버리지 않고 간직하고 있는 노트이기도 하다.

꼭 나와 같은 무언가를 할 필요는 없을 듯하다. 다만, 시간은 가만히 있어도 흐르기 때문에 어떻게 보내느냐에 대한 고민이 필요하다. 아나톨 프랑스는 "여행이란 우리가 사는 장소를 바꾸어 주는 것이 아니라 우리 생각과 편견을 바꾸는 것."이라고 했다.

---

8) 병무청: https://www.mma.go.kt

전문상담사로 일을 할 때 군 생활의 어려움을 겪는 군인을 상담하게 된 적이 있다. 어쩌면 군 생활 중 선·후임과의 문제, 성 관련 문제, 군복무 부적응 등 다양한 일이 생길 때가 있다. 그럴 때는 혼자 고민하기보단 부대의 전문가를 찾는 것이 필요하다. 현재는 각 부대마다 이런 상황 속에서 적극적인 대처를 위해 필요한 역할을 하는 직업이 있다. 바로 병영생활 전문상담관이다. 처음 하는 군 생활이 누군들 마음 편하겠냐만, 그렇다고 두려워할 필요도 없다. 애니메이션을 좋아하는 나는 주토피아를 보며, 감동하였던 대사가 있다. "우리가 두려워할 것은 두려움뿐이죠."

어쩌면 한 번뿐인 군 생활을 의미 있게 보내기 위해선 준비가 필요하다고 생각한다. "무계획이 계획이야. 사람이 계획을 세우면 실패할 수 있지만 계획이 없으면 실패할 일도 없다. 그러니까 계획을 세우지 않는 거야." 란 기생충의 명대사를 새기며 아무 생각없이 갈 수도 있겠지만, 지나간 시간은 돌이킬 수 없으니 입대 시기에 대한 고민과 병과를 고민하는 것이 필요하다.

10

자취방
어떻게 구해야 할까요?

#자취방 #설렘만큼 행복하진 않았다 #혼자 살 집이지만 혼자 구하지 마라
#햇빛, 수압, 환기, 외풍, 난방 #부동산 #가화만사성

대학생의 로망 중 하나로 자취를 꼽는 사람이 많다. 물론 집에서 통학하거나 기숙사 생활을 하는 학생들도 많지만 20대들에게 자취란 가장 설레는 일 중 하나일 것이다. 부모님의 잔소리에서 벗어나서 나만의 공간, 나만의 아지트를 꾸린다는 것, 상상만으로도 즐겁다. 그러나 집을 구한다는 것은 생각만큼 쉬운 일은 아니다. 부모님과 사는 집에서는 전혀 몰랐던 사소한 것들이, 많이 문제가 되었다. 집이라는 것은 그냥 있기만 하면 되는 것이 아니라, 살기 좋아야 한다. 그런데 그 너무나도 당연한 말이 지켜지지 않는 집들이 대학가 근처에는 많다.

나도 처음에는 대학생 때 기숙사생활을 했다. 그러나 통금시간의 제한같은 사소한 제약들이 너무 불편했다. 이제 막 밤늦게 돌아다니는 즐거움을 깨달은 스무살에게 통금이라니… 나는 부모님을 설득해 자취를 하기로 했다. 본의 아니게 대학생활이 길어지면서 7년간 자취생활을 하게 됐다. 부족한 예산 내에서 집을 구하느라 어려웠던 일도 많았고, 다시 생각하기 끔찍한 경험들도 많이 했다. 경험을 바탕으로 집 구하는 몇 가지 팁을 알려주고자 한다.

자취방 구하는 일곱 가지 팁!

첫째, 집을 구하는데 가장 중요한 것은 돈이다. 일단 가격이 비싸면 제값을 한다. 싸면서 좋은 집은 드물다. 아무리 발품을 팔더라도 말이다. 그런데 이제 갓 대학생에게 충분한 돈이 있을리 없다. 미안하더라도 부모님에게 손을 벌려라. 특히 보증금과 월세의 관계를 잘 파악해야 한다. 대체로 보증금을 올리면 월세를 조금 줄일 수 있고, 반대로 보증금이 없어서 월세를 늘린다고 하면 받아주기도 한다.

대학생들을 대상으로 하는 원룸의 경우 대부분 책상, 의자, 침대, 에어컨 등 기초적인 가구들을 옵션으로 제공하고 있다. 집세가 저렴하다면 이런 옵션이 부족하거나 혹은 오래되었을 가능성이 많다. 어차피 혼자 사는데 새로 가구까지 사는 것은 어려운 일이다. 특히 나중에 좋은 옵션의 집으로 이사를 하면 사놓은 가구가 처치 곤란한 경우들이 많다. 처음부터 좋은 옵션의 집을 구하는게 낫고, 그러려면 집세를 조금 더 주는 것이 낫다.

대학가 근처의 월세 계약에서 보증금은 이런 옵션들에 대한 보증이라고 생각하면 편하다. 집주인 입장에서는 갑자기 세입자 학생이 잠수를 탄다거나, 아니면 마지막에 계약 끝났다고 말도 없이 이사를 나가거나 하는 경우들을 피하고 싶어한다. 그렇기 때문에 계약이 끝나면 보증금을 반환하는 절차를 통해 집의 상태를 확인하려는 것이다. 제공된 옵션에 문제가 있을 경우 보증금에서 수리비 등을 이유로 차감하기도 한다.

둘째, 확인해야 할 것을 반드시 확인하라. 어쨌거나 예산이 확보되었다면 예산 속에서 최상의 집을 찾아야 한다. 그러기 위해서 집의 상태를 점검하는데 최선을 다해야 한다. 햇빛은 얼마나 드는지 파악하고 싶다면 가급적 낮에 방문해라. 수압을 확인하려면 변기물을 내리고 씽크대, 세면대, 샤워기 등의 물을 모두 틀어보라. 만일 물이 줄어든다면 수압이 낮은 것이다.

내가 자취할 때 점검을 열심히 하지 않아 가장 후회했던 것은 수압문제였다. 가끔 건물 전체의 물 사용량에 따라 수압이 원활하지 않은 집들이 있다. 이사를 하고 첫 날 변기 물을 내린채 샤워기를 틀었는데 물이 쫄쫄쫄 하고 나왔다. 아침 등교시간을 앞두고 샤워를 하려고 할 때도 비슷했다. 세탁기를 돌리면 샤워고 설거지고 아무 것도 할 수 없었다. 급히 씻고 나가야하는데 물이 찔끔찔끔 나오고 있으니 속이 탈 일이었다.
집을 볼 때 이런 것들을 확인하는 것은 결코 미안하거나 잘못된 일이 아니다. 미리 물도 다 틀어보면서 문제가 있는지 확인해야 한다. 베란다에 나가서 벽지가 곰팡이가 생겼는지 꼼꼼히 봐야 한다. 처음 자취할 때는 환기의 중요성을 잊고 산다. 우리가 사는 집 대부분은 자취를 처음하는 대학생들이 살았던 곳이다. 이런 것들이 생기면 이사하기 전에 집주인에게 제거를 요청해야 한다. 그렇지 않으면 누구의 탓인지도 모른채 내가 뒤집어쓰기 쉽다.

무조건 확인해야하는 것은, 빛, 수압, 난방, 환기 및 곰팡이, 외풍이다. 특히 보통 집을 구하는 시점인 겨울에는 추운 바깥에 있다가 집에 들어오니 무조건 집이 따뜻해보인다. 그러나 보일러가 몇도로 맞춰져있는지 확인하고, 바깥이랑 맞닿은 벽에 손을 대고 10초 이상 머물러 봐야 한다. 보일러가 지나치게 높고 손이 차가우면 외풍이 심한 집이다. 겨울에 집을 볼 땐 마음에 들수록 가급적 오래 머물러서 외풍을 파악하길 권한다.

벌레부터 계약서까지 꼭 챙겨야 할 것들

셋째, 벌레를 확인하라. 내가 살았던 집 중에 몇몇 곳은 햇빛이 잘 들지 않았다. 그런데 햇빛이 잘 들지 않으면 벌레들을 마주할 가능성이 높다. 어둡고 습한 곳은 벌레들이 좋아하는 장소다. 내가 살았던 집도 외국산 바퀴벌레들이 싱크대 밑에서 한두 마리씩 기어나왔는데 그럴 때마다 내 온 신경이 쭈뼛 곤두섰다. 심지어 바퀴벌레는 잘못 잡으면 알을 낳으면서 죽는다고 하지 않는가? 벌레가 나올 때마다 벌레를 잡기보다는 무서워서 도망치듯 집을 나서기 일쑤였다.

원룸을 비롯해 대학생들이 사는 대부분의 공간은 다가구 건물이다. 다른 집을 통해 벌레들이 들어오는 경우도 많다. 나 혼자 깨끗이 산다고 해서 해결되는 문제는 아니다. 특히 식당을 끼고 있는 건물같은 경우에는 바퀴벌레 문제에 좀 더 노출되어있다. 그런데 집 보러 가는데 숨어있던 벌레들이 마중나오는 것은 아니니 사전에 알아볼 수 있는 방법이 마땅치 않다.

다행히 몇 가지를 살피면 이 집의 상태를 확인할 수 있다. 벽장이나 베란다, 집 구석구석을 보는 척하며 벌레약이나 패치가 붙어 있는지를 확인하면 된다. 벌레에 스트레스를 받았던 집 주인이라면 반드시 이런 것들이 붙여져있다. 많으면 많을수록 자주 출몰하는 것이다. 물론 벌레 있는 집, 없는 집이 따로 있는 것은 아니다. 말했다시피 다가구 건물에서는 내가 아니라 남을 통해서 생기기도 하기 때문에 피할 수 없기도 하다.

넷째, 기존 세입자에게 물어보는 것을 추천한다. 살면서 어떤 점이 불편했는지 물어보면 집주인이 아니라 세입자들은 흔쾌히 얘기해준다. 편의점이 멀다거나, 밤에 가로등이 어둡다거나 하는 것들은 살아본 입장에서 해줄 수 있는 최고의 조언이다. 낮에 햇빛이 잘 드는가를 따지라고 했지만, 반대로 저녁에 빛이 잘 드는 집도 있다. 상가와 인접하거나 가로등이 너무 밝아서 잠을 자려는데도 창밖의 빛이 훤히 들어오는 경우도 있다. 이런 것은 이제 막 집을 보는 입장에서 확인하기 어렵다. 기존 세입자들에게 물어보면 좋다.

수압이나 난방, 외풍, 벌레 등의 문제도 내가 잘 발견하지 못하겠다면 솔직하게 세입자에게 물어보라. 어차피 세입자는 새로 방을 보고 있는 사람과 아무 관계가 없다. 집을 잘 내놓아야할 의무도 없다. 보통은 솔직한 얘기를 들을 수 있다.

다섯째, 계약서를 철저하게 보길 바란다. 보통은 계약서 상 큰 문제를 만들지 않는다. 집주인 입장에서 다음 세입자를 받아야 하는데 안 좋은 소문이 나면 좋을 것이 없다. 그러나 가끔은 예상치 못한 문제가 있기도 하다. 그 중 하나는, 계약기간이다. 보통은 1년 계약을 하는데, 가끔 2년 계약을 하는 경우가 있다. 군대가 달려있는 1학년 남학생의 경우에는 이런 계약은 피하는게 낫다. 물론 이렇게 계약을 하더라도 다음 세입자를 구해놓고 나간다면 별 문제가 없긴 하다. 그러나 자유롭게 나갈 수 있는 것과 다음 세입자를 구해야만 나갈 수 있는 것은 다르다.

마찬가지로 2년 계약이 아니더라도, 1년 계약이더라도 세입자를 구해야만 나갈 수 있는 것처럼 말을 바꾸는 집주인들도 있다. 이 문제는 사전에 집주인과 얘기를 해서 확실히 하는 것이 좋다. 계약을 해지할 경우 사전에 말을 해놓는 것도 필요하다. 나도 이 문제로 몇 번 속을 썩인 적이 있다. 특히 보증금이 높아지면 높아질수록 이 문제가 차후에 문제가 되기도 한다.

한 번씩 집주인과 통화나 문자로 인사를 전하는 것도 필요하다. 나의 경우에는 전셋집을 구해놓고 1년 반 넘게 마음을 놓다가 집주인의 전화번호가 바뀌는 바람에 한바탕 큰 소동을 치른 적이 있다. 연락이 안 돼서 내용증명서에 등기부등본에, 경매절차 확인에 별의별 짓을 다했다. 다행히 연락이 닿아 별 탈 없이 끝났지만 만일 끝까지 연락이 되지 않았다면 어떻게 했어야할지 지금도 막막하다.

인기가 많은 곳은 이유가 있다

여섯째, 남들이 선호하는 데는 다 이유가 있다고 생각하라. 대체로 반지하나 옥탑같은 특이한 조건의 집은 가격이 싸거나 넓은 공간으로 매력적으로 다가올 때가 있다. 특히 옥상을 다 쓸 수 있는 옥탑방은 누구나 한 번쯤 갖는 로망일 것이다. 앞서 빛이 들지 않는 곳에 벌레가 많이 서식 한다고 했으니 옥탑방처럼 햇빛을 잘 받는 곳은 벌레가 없을 것이라고 오해하는 경우도 있다. 그러나 결론부터 말하면 한 여름 옥탑방은 정말 덥다. 사방으로 빛이 들어와 집 전체의 온도를 금세 올려놓았다. 초저녁에도 더위에 시달렸다. 에어컨으로 해결하기 힘들 정도로 덥다. 게다가 저녁에는 집에 켜진 빛을 보고 모기들과 하루살이들이 근처에 얼쩡거린다.

대체로 선호하는 조건 중 하나는 집이 남향인가 하는 것이다. 특히 원룸의 경우에 남향이 아닌 경우들이 많다. 남향을 선호하는 이유는 해가 동쪽에서 떠서 남쪽을 거쳐 서쪽으로 지기 때문이다. 아침에 동쪽에서 떴을 때부터 햇살의 옆에 닿아 저녁까지 따뜻한 햇볕을 받을 수 있다. 반대로 북향의 경우에는 해가 북쪽을 지나지 않기 때문에 아침과 저녁의 잠깐을 제외하면 햇볕을 거의 받지 못한다. 이런 경우에는 집이 춥기 때문에 선호하지 않는다. 마찬가지로 동향이나 서향은 너무 특정 시간에만 집중되는 아쉬움이 있다. 특히 서향의 경우에는 한여름에 해가 질 시간이 되어서도 집에 햇빛이 정면으로 내리쬐기 때문에 더위에 취약해서 좋아하지 않는 사람들이 많다.

집 계약이 끝나 이사를 가려고 할 때 집 주인이 다음 세입자를 구해야 보증금을 돌려주겠다는 배짱을 부릴 때가 있다. 다수가 선호하는 집을 고르지 않으면 이럴 때 문제가 되기도 한다. 비록 자신은 남들이 선호하는 집에 매력을 느끼지 못하고 좀 더 특이한 조건이 끌리더라도 보증금 회수를 위해서, 남들이 선호하는 집 중에서 고르는 것이 안전하다. 반지하나 옥탑, 혹은 학교에서 먼 곳 등은 아무리 다른 조건들이 좋더라도 그 자체로 일단 거르는 경우가 많기 때문에 추천하지 않는다.

일곱째, 어른과 함께 하는 것이다 부모님에게 민폐 끼친다고 생각하지 말고, 부모님과 함께 방을 구하러 돌아다니는 것이 제일 낫다. 부동산공인중개사를 통해 구하는 것도 좋은 방법이다. 나는 부동산이 왠지 모르게 너무 어려운 공간이었다. 뭔가 돈 많은 부자들이 가는 곳이라고 생각했다. 게다가 부동산을 통해 계약하면 이른바 복비를 내야하는데 그 돈조차 아까웠다.

물론 부동산 중개사는 중개만 해줄 뿐 나 대신 집을 구해주지는 않는다. 어차피 집을 알아보는 과정은 내가 할 일이다. 부모님이 너무 바쁘시다면 미리 자취경험을 한 선배에게 도움을 청하는 것도 좋다. 미리 좋은 집에 살고 있는 선배가 있다면 그 집을 이어서 사는 것도 좋다. 특히 남학생들 중에 남자선배들의 집에 놀러가다가 그 집이 마음에 들면, 선배가 군대갈 때 계약승계를 하는 것도 하나의 방법일 수 있다.

집을 구한다는 것은 곧 내 거점을 정한다는 것이다. 가화만사성이라고 했다. 원래는 가정의 평화를 의미하는 것이지만, 집으로 바꿔도 무방하다. 집이 좋아야 다른 일들도 안정적으로 도전할 수 있다. 매일 집에 들어가는 것이 스트레스라면 밤새 놀러 다니느라 돈도 잃고 건강도 해치는 경우들이 많으니 말이다. 첫 자취방을 구하는 것, 설렘도 좋지만 제대로 구해야 한다.

03

도전,
나만의 세상을 디자인하다

01

주변을 비교하면
제가 너무 못난 것 같아요.

#어설픈 재능도 무기 #못해도 돼 #2등에게 1등이 부럽듯이 100등에겐
99등도 부럽다 #1+1=3 #스페인어+개그+체육=50만유튜버
#영어+개그=국제적개그맨 #1등이 아니어도 괜찮아

"아, 도대체 내가 잘하는 게 뭐지?"

신나게 놀았던 1학년이 끝나갈 무렵, 고민이 들기 시작했다. 분명 남들과 함께 놀았는데 어느덧 나만 뒤처진 것 같은 느낌이 들었기 때문이다. 친구 준엽이는 기타 동아리에서 1년간 활동하더니 밴드 공연을 했고, 영어를 잘하던 친구 현희는 토익시험에서 고득점을 받았다. 매일 술을 함께 마시던 친구 창훈이는 공모전에 도전하더니 당선이 됐다.

주위를 둘러보니 다들 그랬다. 아르바이트를 열심히 해서 돈을 모아 여행을 떠난 친구, 공부를 열심히 해서 학점을 잘 받은 친구, 취미생활이 확실해서 삶을 즐기는 것 같은 친구, 게임으로 다이아 랭크를 찍은 친구 등 다양한 부류 속에서 나만 제 자리에 머물고 있는 것 같았다. 생각해보면 대학에 입학했던 때부터 그랬던 것 같

다. 수시든 정시든 분명히 같은 대학에 온 친구들이니 비슷한 성적이었을텐데 내 친구들은 다 남다른 특기들이 있었다. 방송부 활동을 하다 와서 방송 장비를 잘 다루며 개인 방송을 시작한 친구도 있었고, 마술이나 타로카드 등의 잡기에 능한 친구도 있었다. 과끼리 가졌던 첫 단체 미팅 자리에서 마술로 주목을 한 번에 끌던 모습이 어찌나 부러웠는지...

나라고 1년 동안 가만히 머물렀던 것은 아니다. 학과 야구 소모임 활동도 했고 편의점에서 아르바이트도 조금 했다. 시험기간에는 그래도 공부도 했다. 그런데 야구를 어디에 써먹을 수 있는 것도 아니고, 편의점 아르바이트로 번 용돈 수준의 수입은 이미 다 써버린지 오래다. 시험기간에 공부도 한다고 했는데 학점이 영 아니다.

나는 참 애매한 재능을 가지고 있는 것 같다. 공부는 물론이고 심지어 게임조차 어느 하나 남들 앞에 내세울만큼 잘하는 것이 없는 것 같다. 최근에는 덕업일치라는 말도 나도는데 남들처럼 뭔가 하나에 푹 빠져서 덕질을 했던 적도 없다. 이런 나 어떻게 해야 할까?

꼭 잘해야 하나?

'나도 잘하고 싶다'는 마음은 누구나 갖는 마음이다. 항상 남들과 비교하고 자신의 어설픈 재능에 실망한다. 이 때 기억해야 할 첫 번째는 꼭 잘할 필요는 없다는 것이다. 당장 유튜브라도 켜서 유명 유튜버들을 보면 수많은 분야의 유튜버들이 있지만 분명한 것은 결코 그 유튜버가 그 분야의 No.1은 아니라는 것이다.

'케인'이라는 BJ가 있다. 유튜버 구독자 30만, 트위치 21만 등 수많은 구독자를 보유하고 있는 게임 BJ다. 게임BJ니까 당연히 게임을 잘 할 것이라고 생각하지만 절대 그렇지 않다. 그가 주력으로 삼고 있는 킹오브파이터즈98에서 그의 랭킹은 C~D등급이다. 그가 게임하는 영상을 보면 매번 지는 모습만 나온다. 그런데도 수십만의 사람들이 이 영상을 보고 즐거워한다. 수많은 영상 속에서 그가 이기는 모습을 찾는 것이란 쉽지 않다.

그런데 케인이 관심을 끌던 이유가 또 하나 있다. 바로 그가 대학시험을 11수를 했다는 소문 때문이었다. 실제로는 2000년 현역 고3일 때부터 2006년이 될 때까지 한 번도 수능을 안 봤고, 2012년에도 수능을 보고 있었으니 그런 소문이 날 법 한 일이었다. 이처럼 게임 뿐 아니라 공부도 어설펐던 케인은 그마저도 무기화 되어서 성공한 셈이다.

당연히 게임을 잘하는 BJ들도 많지만 게임을 못하는 BJ도 많다. 게임을 못하는 BJ에게는 시청자들이 훈수를 두며 그 즐거움을 얻어가기도 한다. 못하는 것이 하나의 컨텐츠가 될 수 있는 시대이다. 무조건 잘해야만 한다고 생각할 필요가 없다.

지금 그것도 누군가에게는 쓸모 있다

꼭 무언가를 아주 잘해야 재능이라고 생각할 필요는 없다. 아주 뛰어나지 않은 재능도 재능이다. 매년 수능이 끝나면 전국 1등의 인터뷰가 뉴스에 나온다. 그런데 전국 1등의 말이 모든 이들에게 도움이 되는 것은 아니다. 나도 학교 다닐 때, 우리 반 1등에게 물어본 적이 있다. "어떻게 하면 너처럼 공부를 잘해?" 그런데 1등은 한참을 고민하더니 이렇게 답했다. "내 생각에 여기까진 기본인 것 같아." 속으로 매우 재수 없었지만 어색한 미소를 짓고 돌아섰다. 그런데 어느 날 나보다 공부를 못하는 친구가 내게 똑같은 질문을 하는 것이 아닌가? 어떻게 하면 나처럼 공부를 잘하냐고. 질문을 받고 고민해봤는데 도통 모르겠다. 나만큼은 누구나 하는 것 아닌가? 이 이상 잘해야 잘하는 것이지, 여기까진 잘하는 것 같지 않다. 나도 어쩔 수 없이 1등이 했던 그 답변을 하고야 말았다.

어설픈 능력인 것 같아도, 나보다 못하는 사람에겐 높은 수준이다. 내가 1등이 되고 싶었던 것처럼 남들도 나만큼 되고 싶은 것이다. 분명 쓸모없는 것 같은 능력이지만, 누군가에게 가르쳐줄 수 있는 능력인 셈이다. 토익 만점자들의 조언만 쓸모 있을까? 처음부터 토익 점수가 900점이었던 사람이 990점 만든 얘기보다, 토익 하나도 몰랐던 사람이 700점 만든 이야기가 훨씬 더 와닿는 사람들이 있을 것이다. 운동을 열심히 해서 몸짱인 사람의 영상도 재미있겠지만, 운동을 하나도 안 한 사람이 이제 막 시작하는 운동 영상을 보면서 자극을 받는 사람들도 있을 것이다.

'크몽'이나 '클래스101'처럼 사람들이 필요한 부분만 배우는 서비스들이 늘어나고 있다. 이제는 어떤 한 분야를 기초부터 완성까지 한 곳에서 끝까지 배우는 일은 점점 줄어들고 있다. 예를 들어 기타연주를 배우고 싶어서 기타 학원에 처음부터 끝까지 다니는 사람들은 드물다. 그렇다고 전문가들에게 과외 레슨을 받으려면 매우 비싸다. 그러나 간단한 코드를 연주하고 싶어하거나 한 곡 정도만 연주해서 연인에게 이벤트를 하고 싶어하는 초보자들은 그보다 더 쉽고 저렴한 레슨을 원할 수 있다. 당신이 그 정도만 연주할 줄 안다면, 그것만으로도 새로운 시장이 열리는 셈이다. 아무리 애매한 재능이더라도 그 재능이 누군가에게는 필요할 수 있다.

1+1=3?

애매한 재능이라도 조합하면 달라진다. 개그맨 김영철씨는 1999년 KBS공채로 데뷔했다. 처음 그가 재능을 발휘한 부분은 성대모사였다. 그러나 매번 똑같은 패턴에 지루하다는 평가를 받기도 했다. 개그맨으로서 슬럼프를 겪고 있던 그에게 프로그램 PD가 외국 공연을 참고해보라고 조언했다. 그 뒤로 김영철씨는 국제적인 개그맨이 되겠다는 목표를 가지고 영어학원을 등록해 지금은 영어

학습 라디오를 진행하고, 영어책을 출간하기도 했다.

김영철씨가 한국에서 제일가는 개그맨은 아니다. 김영철씨가 한국에서 영어를 제일 잘하는 것도 아니다. 그런데 김영철씨는 호주에서 코미디 페스티벌에 참여해 공연을 하고, 미국에서 코미디쇼 '서울헌터스'를 촬영했다. 그가 보인 코미디의 재능, 그리고 영어의 재능이 결합해 그가 목표한 국제적인 개그맨이 되고 있는 것이다. 각각 1등은 아니지만 그것들이 합쳐져서 독보적인 캐릭터가 나오는 것이다.

50만 명이 넘는 구독자를 보유 중인 유튜버 코미꼬(COMICO)도 마찬가지다. 코미꼬의 실제 이름은 김병선, 그는 원래 태권도를 배워 경호원을 꿈꾸던 소년이었다가 서울대 체육교육과에 입학했다. 대학교에서 발표를 하는 것에 재미를 느껴 남들 앞에 서는 것을 좋아해 개그맨 공채시험을 봐 KBS 개그맨이 되었다. 그러나 한국에서 개그맨으로서 그는 두각을 드러내지 못했다.

그가 터진 곳은 엉뚱하게도 스페인이었다. 코이카 국제협력봉사요원으로 페루에서 군 복무를 하며 배운 스페인어로 그는 2016년 페루의 코미디 행사에 참가한다. 여기서 자신의 스페인어와 개그가 통한다는 것을 깨달은 그는 이후 인기 오디션 프로그램 '갓 탤런트 에스파냐'에 도전해 한국인 최초로 본선까지 올랐다. 지금은 유튜버로 여전히 스페인어를 사용하는 라틴 국가들을 타겟팅한 개그 영상들을 올리고 있다. 그 역시 한국의 개그맨으로서는 애매했을지 몰라도 스페인어가 결합해서 대박을 터뜨린 경우이다.

한 가지 더! 코미꼬의 그 애매한(?) 재능은 체육 분야에서도 찾아볼 수 있다. 그가 코이카 국제협력 봉사요원으로 군 대체복무를 하게 된 것도 태권도를 가르칠 수 있었기 때문이고, 유튜버로서 첫 대박을 터뜨린 영상은 개그가 아니라 축구선수 이강인에 대한 현지 반응을 올렸던 영상이다. 태권도와 체육교육으로 자신의 이름을 드러내지는 못했지만 그가 지금의 자신이 되기까지는 태권도와 체육교육이 그 역할을 톡톡히 한 셈이다.

이처럼 애매한 재능이 결합하면 단순히 1+1=2가 아닌 3 혹은 그 이상의 시너지를 발휘하기도 한다. 자신이 남들과 비교하여 어설프고 재능이 없어 보인다고 해서 포기할 필요가 없다. 두 가지를 결합해서 안 된다면 세 가지 네 가지 다섯 가지를 결합해라. 그렇게 결합된 모습이 결국 하나의 특성 있는 내가 되는 것이다. 자신의 재능이 애매하다고 해서 자신을 탓하거나 타인의 재능을 시기할 필요도 없다. 그들의 재능도 애매할 때부터 차곡차곡 쌓아온 것이다. 어느날 갑자기 주어진 것이 아니다. 자신이 좋아하는 것, 하고 싶은 것들을 꾸준히 하다보면 어느 순간 그 재능이 발현될 때가 있다.

당장 내가 그런 도전을 하기에 부족하다고 생각이 든다고 해도 괜찮다. 20대에는 이런 고민을 가지고 있는 사람들이 흔하다. 친구를 붙잡고 물어봐도 좋다. 모두 비슷한 고민을 하고 있을 것이다. 그런데 고민에는 '지금 당장 해결할 수 있는 고민'과 '지금은 절대 해결할 수 없는 고민'이 있다. 자신이 뭘 잘하는지는 후자에 해당하는 고민이다.

　그러니 고민하지 말고 지금 하고 있는 것을 끝까지 해보기 바란다. 지금 하고 있는 것이 없다면, 한 가지만 정해서 3달만 꾸준히 해볼 것을 권한다. 가장 추천하는 것은 '시험'이다. 왜 3달이냐고? 요즘은 학원에서 2달이면 어지간한 강의 한 코스가 끝난다. 여기에 한 달 정도 추가적으로 혼자 시험 준비를 해서 붙기를 추천하는 것이다. 자격증도 좋고, 토익같은 외국어도 좋다. 3달만 집중해서 자격증을 통과하거나 외국어 시험 점수를 받고 나면 자신도 할 수 있다는 자신감이 생긴다. 혹시 모른다. 지금 딴 자격증, 지금 배운 외국어가 미래의 당신의 또 다른 무기가 될 수도 있다.

함께 보면 좋을 책이나 기사

양다리의 힘(김민태, 혜화동)

애매한 재능이 무기가 되는 순간 (윤상훈, 와이즈베리)

오늘의 불행은 내일의 농담거리(김병선, 웨일북)

일단 시작해(김영철, 한국경제신문)

애매한 재능(수미, 어떤책)

실패해도 괜찮아(https://www.dongwon.com/post/786)

02

나만의 브랜딩,
어떻게 해볼 수 있을까요?

#퍼스널 #브랜딩 #조해리의 창 #다름을 인정하는 용기
#진정한 나다움이라는 것 #Only one

브랜드는 유통이나 경영 관련 쪽에서 자주 사용하는 용어로 경쟁자들의 것과 차별화하기 위한 독특한 이름이나 상징을 의미한다. 어원으로 살펴보면, "to burn"이란 태운다는 뜻을 지녔는데, 고대 유럽에서 가축의 소유주가 가축에 낙인을 찍어 자신의 것임을 의미했다. 현재는 상징이나 의미로 표현을 하기도 한다.

그에 비해 브랜딩은 'ing'가 있듯 브랜드의 가치를 인지하게 해 신뢰를 유지하는 과정을 의미한다. 즉, 경험하는 사람들에 의해, 그들의 뇌 혹은 마음속에 만들어지는 것이다. 쉽게 좋아하는 상표를 떠올렸을 때 어떤 느낌이 드는지에 대해 생각해보면 쉬울 것이다. 좋아하는 상표에서 떠오르는 무언가처럼, 사람을 떠올릴 때도 떠오르는 느낌, 생각이 있다. 예를 들면, 이상하게 나에 대한 평은 성실하다는 것이었다. 내가 생각할 땐 그렇게 성실한 거 같진 않은데도 그런데도 고정관념처럼 굳어져 버린 것이다. 브랜딩을 한다는 건 지가다움과 함께, 고정관념처럼 굳어져도 괜찮은 나 자신의 모습일 것이다.

조해리의 창

진지하게 자신에 대해 생각해 본 적이 얼마나 있을까? 아니 끊임없이 성찰해도 자신을 100% 아는 것은 힘들다. 가시나무란 노래 가사에서 '내 속엔 내가 너무 많아'란 가사는 자신에 대한 이해가 쉽지 않음을 이야기해주는 대목이다.

브랜딩을 하기 위해선 자신에 대한 이해는 필수적이다. 1955년 심리학자 조셉 루프트와 해리 잉햄에 의해 개발된 조해리의 창을 통해 자아 성장, 인식에 관해 설명할 수 있다. 아래 표를 보면 쉽게 이해할 수 있다.

	자기가 알고 있음	자기가 모르고 있음
다른 사람들이 알고 있음	OPEN(개방된 자기)	BLIND(가려진 자기)
다른 사람들이 모르고 있음	HIDDEN(숨겨진 자기)	UNKNOWN(미지의 자기)

개방된 자기는 자신과 타인이 알고 있는 정보이다. 자기 개방을 통해서 영역을 확장할 수 있다. 일반적으로 자주 사용하는 영역이다. 가려진 자기는 자신은 알지 못하지만 다른 사람이 나에 대해 알고 있는 영역이다. 예를 들면, 나는 생각지도 못한 진심 어린 조언을 듣는 경우가 포함된다. 숨겨진 자기는 자신은 알지만 다른 사람에게 드러내지 않는 부분이다. 예를 들면, 자신만 알고 있는 사건이나 내용, 민감한 감정을 느끼는 문제가 포함된다. 미지의 자기는 자신과 다른 사람들 모두가 알지 못하는 부분이다. 자신이 해보지 않은 것을 의도적으로 도전하거나 기술, 재능 등을 활용하는 것을 의미한다.

브랜딩을 하기 위해서는 자신이 어떤 영역을 주로 사용하는지를 파악하는 것, 때론 의도성을 가지는 것이 필요하다. 자신이 OPEN, BLIND, HIDDEN, UNKNOWN 의 영역을 고려하여 어떤 자신만의 스토리를 만들 것인지에 대한 고민이 필요하다.

자신만의 색깔이 분명한 사람이 있다. 노래를 잘 못하는 나지만, 듣는 귀는 있는지라 특색있는 음색의 가수는 계속 듣고 싶다. 예시를 그렇게 했지만, 이야기하고 싶은 건 '나다움'이다. 다른 사람과 비슷하게 사는 것은 어렵지 않다. 그러나 다르게 산다는 건 어쩌면 용기가 필요한 일이다. 그렇기에 'Number one' 보다 'Only one'이 되라고 주장하고 싶다.

그를 위해선 주체성이 필요하다. 어쩌면 우리는 고등학생 시절에는 개성을 드러낼 시간이 그리 많지 않았다. 하지만 대학생이 된다는 건 독립된 자아를 형성하는 시기이기도 하다. 나는 남들과 다르다는 것을 인정할 수 있는 용기, 그리고 다름이 나라는 사람이라는 것을 이야기할 수 있다면 서서히 자신만의 브랜딩을 하는 것이다. 요즘에는 'MBTI '검사로 자신의 성향을 표현하기도 한다. 그러나 이 검사는 인간의 성격을 크게 16가지로 분류하기 때문에 나다움, 자기다움이 드러나는지에 대해서는 의문을 가지기도 한다. '나는 이런 사람입니다'를 1분 안에 이야기해보는 연습을 해보길 바란다.

대학생이라 브랜딩할 게 없는걸요?

대학 전공 지식도 잘 모르고, 잘하는 게 없는데 어떻게 상품화할 수 있겠냔 고민을 하고 있다면 자신감을 가져라. 한 분야의 지식을 잘 알지 못하더라도 가벼운 주제로도 자신을 표현할 방법은 있다. 기술과 정보의 쇠퇴 속도가 빨라지기 때문에 자신이 원하는 분야에서 꾸준히 관심을 나타낸다면 다른 결과로 나타날 것이다.

1만 시간의 법칙을 기억할 필요가 있다. 1993년 심리학자 앤더스 에릭슨의 논문에서 바이올린 연주자와 아마추어 연주자 간 실력 차이는 연주 시간에서 결정된다며, 전문가가 되기 위해선 1만 시간 정도의 훈련이 필요하다고 주장했다. 매일 3시간을 꾸준히 훈련할 때 약 십 년이 걸린다는 계산이 나온다. 서당개 삼 년이면 풍월을 읊는다는 속담처럼 잘하지 못하더라도 자신을 표현할 무언가를 찾아보는 것이 필요하다.

'나는 사람들에게 어떻게 보이고 싶은가?, 어떻게 하면 나를 가장 잘 표현할 수 있는 가?' 대학생이 되던 때 사촌 형이 책을 사주겠다며 서점에 데리고 갔다. 어떤 책을 읽을까 고민하다, 카리스마와 관련된 책을 발견했다. 소극적이던 나를 '멋지게' 변화시키고 싶은 마음에 고민하지 않고 선택했다.

요즘 많이 사용하는 SNS를 보면, 자신만의 브랜딩이 잘 묻어나온다. 자신의 강점, 취미 등을 통해 자신의 영향력을 만들어 가는 것이다. 나의 경우 책이란 주제로 뇌섹남의 이미지를 만들어 가는 중이다. 그러다 보니 서평을 작성하는 사람들과 연결이 되고, 나 역시 서평 활동을 꾸준하게 진행 중이다. 또한, 나는 네이버 지식인 엑스퍼드의 심리 분야 전문인으로 활동하는 중인데, 프로필을 어떻게 작성하는가를 두고 한참 고민했다. 제한된 글자 속에는 내 삶이 묻어내야 한다. 마치 취업을 위한 이력서를 쓸 때보다 열심히 작성했다. 그래야 나를 찾는 사람이 생기게 되기 때문이다. 결국 나라는 사람이 어떤 사람인가를 다른 사람에게 인지하고 느끼게 만드는 것이다.

퍼스널 브랜딩을 위한 방법

이제 브랜딩이 필요한 이유에 대해 이해했거나 굳이 브랜딩을 해야 하나란 생각이 들 것이다. 그런데 명심해야 할 것은 취업할 때 결국 브랜딩이 되어 있는 사람과 없는 사람의 차이는 극명하게 갈린다는 것이다. 세계적으로 인기를 얻고 있는 BTS(방탄소년단)는 스토리의 힘으로 브랜딩한 그룹이다. 2015년 화양연화라는 이름으로 앨범을 발매하며, 7명 멤버들의 청춘에 대한 이야기를 웹툰, 뮤직비디오, 책 등을 통해 소개한다. 스토리의 중요성을 강조하여 사랑할 수 밖에 없게 만든 것이다. 그렇기에 자신만의 스토리를 통해 브랜딩하고 도전해보기 바란다.

첫째, 목표를 정한다. 5년 혹은 10년 뒤에 나는 어떤 모습인지 상상해보고. 다른 사람에게 나는 어떻게 기억되고 싶은지 정해보기 바란다. 둘째, 나만의 고유한 역량은 무엇인지 생각해본다. 나만의 다름은 무엇인지 정하고, 무엇에 열정적으로 관심을 가지는지 탐색해보기 바란다. 셋째, 내 인생의 주제를 생각하고 실행 과제를 정한다. 매일 자신의 주제를 발전시키기 위해 무엇을 해야 하는지 고민해보기 바란다.

이 과정 속에서 남들과의 다름을 인정하자. 그리고 나다움을 만들어 가길 바란다.

03

알고리즘 활용한
나만의 정보 모으기

#알고리즘 #넷플릭스_성공의비밀 #패션도AI가_추천하는_시대
#알고리즘_이용하기 #인피니티풀 #수면과_경쟁한다 #정보를_재구성하라

　'매일 똑같은 것만 보고 듣는 것 같고, 새로운 정보를 얻으려는데 좋은 정보를 어디서 어떻게 얻어야할지…' 새로운 도전을 하려는 사람들에게 많이 듣는 이야기이다. 사실 대학시절에는 정보를 얻는다는 것이 막막하다. 예전에는 이럴 때 책을 읽으라는 답을 들었다. 물론 책도 좋은 답이다. 그런데 아직 잘 모르는 분야에 처음 책을 읽기 시작하면 어렵기만 하고 흥미를 잃는 경우들이 많다.

　막연하게 새로운 도전을 하고 싶을 때 추천하고 싶은 방법은 알고리즘을 활용하라는 것이다. 알고리즘? '그거 수학시간에 나오는 거 아닌가요?'라는 질문이 생길텐데, 맞다. 정확히는 어떤 문제를 해결하기 위해 절차, 방법, 명령어들을 모아놓은 것이다. 컴퓨터 시간에도, 수학 시간에도 배웠다. 특히 알고리즘 이야기를 하면 '아 그럼 또 코딩 얘기 아닌가요?'라며 학을 떼는 사람도 있을 것이다.

아니다. 여기서 말하려는 것은 코딩과는 상관없는 얘기다. 그럼 이 알고리즘을 어떻게 활용하자는 것인가?

'수면과 경쟁한다'는 넷플릭스의 성공비밀

2021년 오징어게임으로 국내에서 더 유명해진 넷플릭스는 알고리즘을 활용하여 당신이 볼만한 영상을 추천해준다. 넷플릭스의 추천 알고리즘은 각 회원의 시청 행태, 선호 콘텐츠 등을 상세히 파악해 개인화된 콘텐츠 큐레이션을 완성한다. 넷플릭스 프로덕트 이노베이션 담당 토드 옐린 부사장은 태그 과정을 통해 완성되는 개별 맞춤형 큐레이션을 넷플릭스만의 '개인화(personalization)' 라고 말한다.

지금은 넷플릭스의 오리지널 콘텐츠들이 굉장히 많지만, 원래 넷플릭스는 자체 콘텐츠 없이 다른 영화나 드라마의 판권을 구입해서 제공하는 플랫폼이었다. 넷플릭스가 처음 제작한 오리지널 드라마는 '하우스 오브 카드'다. 유명 배우인 케빈 스페이시를 비롯한 탄탄한 캐스팅과 각본가 데이빗 핀처가 만나 아주 흥미로운 스토리를 펼치며 이른바 '대박'이 났다.

흥미로운 것은 넷플릭스가 시도한 방법이다. 보통 외국 방송국에서는 파일럿 프로그램을 제작하여 이에 대한 반응이 좋으면 드라마를 편성하는 방식을 택한다. 그런데 넷플릭스는 단 한 편의 파일럿 없이 2012년에 1억 달러를 투자해 하우스 오브 카드를 제작

한다. 이렇게 과감한 투자를 할 수 있었던 이유는 넷플릭스를 이용하는 고객들의 취향을 분석하여 이들이 정치 드라마를 기다리고 있으며, 케빈 스페이시와 데이빗 핀처에 대한 호감도가 높아 반드시 성공할 것이라는 AI분석 결과를 활용했기 때문으로 알려져있다. 당시 많은 방송사들이 정치드라마는 성공 가능성이 없다며 외면할 때 넷플릭스만이 그 가능성을 알아본 셈이다.

이렇게 넷플릭스는 제작과정에서부터 고객의 호감도를 예측하고 반영한다. 그러니 넷플릭스에서 빠져나오지 못하고 있다면 그것은 결코 우연이 아니다. 넷플릭스의 CEO 리드 헤이스팅스는 "넷플릭스의 경쟁상대는 인간의 수면이다."라고 말한 바 있다. 재미있는 콘텐츠에 빠져 잠도 자지 않고 계속해서 넷플릭스를 빠져나가지 못하는 상태를 떠올리면 헤이스팅스의 말이 무슨 의미인지 알 수 있다.

소비자의 취향을 분석해 서비스를 제공하는 것이 넷플릭스만 있는 것은 아니다. 대부분의 기업이 AI를 활용해 빅데이터를 모으고 알고리즘을 활용한다. 심지어 패션업계도 마찬가지다. 스티치픽스라는 패션 기업은 고객이 좋아할만한 옷을 분석해서 제공한다. 스티치픽스의 창업자이자 CEO인 카트리나 레이크는 "옷을 사려고 온라인쇼핑몰을 돌아다녔는데 고르기가 너무 힘들었다. 고르는 서비스가 아니라 골라주는 서비스를 만들고 싶었다."며 창업 이유를 밝혔다.

레이크는 넷플릭스에서 추천 알고리즘을 담당하던 엔지니어 에릭 콜슨을 불러 스티치픽스의 추천시스템을 성장시켰다. AI가 추천 상품을 선정하면 스티치 픽스 소속 스타일리스트들이 직접 이용자에게 어울리는 옷을 추천한다. AI가 추천한 결과에 전문가가 다시 한 번 의견을 반영하여 최선의 추천 서비스를 제공하게 된 셈이다. 이제 거의 모든 온라인 서비스는 이런 것들을 기본으로 한다. 호텔이나 식당 예약같은 서비스도 마찬가지다.

이제 빅데이터와 알고리즘을 활용한 AI는 나보다 나를 더 잘 아는 존재가 되었다. 유튜브, 페이스북, 트위터 등 각종 SNS들도 자신의 취향을 파악하여 가장 흥미를 끌법한 순서대로 타임라인을 재구성한다. 시간 순서가 아니라 취향을 분석하여 제공하는 것이다. 그렇기 때문에 이들 시스템을 제대로 이해하지 못하면, 매일 똑같은 정보들에 빠져살 수 있다. 어제 봤던 정보와 유사한 내용을 오늘 추천하고, 다시 또 그것을 반영하여 내일은 어제, 오늘과 비슷한 정보를 추천받게 되는 것이다.

예를 들어 스티치픽스의 경우 내가 평소 좋아하는 스타일의 옷을 입는데는 최적의 서비스를 자랑할 수 있지만, 내가 새로운 시도를 하기에는 적절하지 않을 수 있다. 넷플릭스도 마찬가지다. 내가

좋아하는 로맨틱 코미디 영화를 계속 상위에서 추천받지만, 그럴
수록 새로운 장르에 대한 추천은 뒤로 밀려나는 셈이다.

알고리즘의 환경을 바꿔보자

　이런 알고리즘의 원리를 이해하고 있다면, 두 가
지 도전을 시도해볼 수 있다. 첫 번째 방법은 새로
운 알고리즘 환경을 만드는 것이다. 알고리즘 모형
을 떠올려 보기 바란다. 어떤 문제가 어떤 조건들을 거치느냐에 따
라 답이 달라진다. 조건을 바꾸면 답이 달라진다. 우리가 이용하는
서비스들에서 일부러 조건을 바꾸면 새로운 추천을 받을 수 있다
는 뜻이다.

문제

문제
해결

예를 들어, 오늘부터 자기계발에 관한 정보를 얻고 싶을 때, 유튜브에 들어가서 자기계발을 검색하고 이와 관련된 영상을 의도적으로 몇 개 본다. 이렇게 되면 다음 추천 화면에는 자기계발과 관련된 영상이 올라온다. 시청한 자기계발 영상이 많으면 많을수록 점점 제공하는 영상 목록이 많아질 것이다.

나 역시 이런 방법을 통해 유튜브 추천 화면을 모두 바꿨다. 여기에 나는 한 가지 방법을 더하기도 했다. 좋아하지만 굳이 볼 필요가 없는 영상들은 '관심 없음', '채널 추천 안 함' 등을 통해 추천 화면에서 완전히 지워버렸다. 이런 영상은 '킬링타임'용으로는 적절하지만, 내 삶에 도움이 되지 않는다고 판단했기 때문이다. 대신에 이런 채널이나 영상들은 보고 싶을 때 검색을 하면 여전히 볼수 있다. 이렇게 함으로써 필요한 영상들로 추천 리스트를 조정하고 나니 이전과는 전혀 다른 추천 화면이 나타나게 되었다.

만일 혹시라도 이런 변화가 두렵다면, 계정을 한 가지 더 만드는 것도 추천한다. 계정을 만들 때 쓰는 ID는 Identity(정체성)의 줄임말이다. 자기계발하는 나, 게임을 좋아하는 나, ASMR을 좋아하는 나 등 여러 계정을 활용하여 자신의 정체성에 맞는 맞춤형 계정을 활용하는 것도 한 가지 방법이 될 수 있다.

나의 알고리즘 찾아내기

도전을 권하는 두 번째 방법은 알고리즘추천을 통해서 자신의 진짜 관심사를 찾아내는 것이다. 나는 이러한 방법을 '유튜브 노트 쓰기'로 표현해왔다. 자신이 본 책에 대한 독후 기록을 적듯이 자신이 본 영상에 대한 감상 기록을 적는 것이다. 내가 작성하던 유튜브 노트에는 ▷내가 본 영상의 제목 ▷영상의 주요 내용 ▷내가 이 영상을 본 이유 ▷영상을 통해서 얻은 점 ▷영상 제작자가 이 영상을 만든 이유 추측 ▷이 영상을 보는 동안 유튜브에서 추천한 영상 ▷추천된 영상을 계속해서 보고 싶은지 여부와 그 이유 ▷영상 속 내용에 거짓은 없는지 등을 적었다.

유튜브를 보면서 나도 모르게 눌러왔던 '구독', '좋아요', '시청기록' 등을 잘 활용하면 내가 좋아하는 것이 무엇인지를 잘 구분할 수 있다. 예를 들면 게임채널을 구독하더라도 수많은 게임채널 중에 왜 하필 그 채널들인지를 분석해보는 것이다. 자기계발 채널도 마찬가지이다. 영상의 구성, 편집, 출연진, 재미, 어떤 요소에서 자신이 구독을 하고 있고 좋아요를 눌렀는지에 대해 분석을 하다보면 자신이 어떤 것을 좋아하는지 파악하는데 좀 더 도움이 된다.

SNS도 마찬가지다. 인스타그램에서 내가 좋아요를 누른 것들의 기준이 무엇인지, 단순히 자료 저장을 위한 것인지, 친구와의 관계 형성을 위한 것인지, 예쁘고 좋아보여서인지 뭐든 괜찮다. 팟캐스트, 뉴스레터, 페이스북, 트위터 모두 마찬가지다. 온라인에서 하고 있는 상호작용의 진짜 이유를 파악하고, 이를 통해 자신의 새로운 기준을 자각하는 것이야말로 자신에 대한 이해를 하기 위한 방법이다.

첫 번째 방법이 알고리즘을 이용해 새로운 정보를 찾는 방법이라면, 두 번째 방법은 나 자신이 나에 대한 알고리즘을 찾아내는 것이라고 할 수 있다. 이 두 가지 도전을 통해서 우리는 알고리즘에 종속된 사람이 아니라 알고리즘을 이용하는 사람이 되는 것이다. 중요한 것은 제공되는 정보들을 어떻게 통제하고 활용할 것인가하는 문제다.

인피니티풀을 조심하라

알고리즘을 이용하는 방법에 대해서 지금까지 얘기했지만 조심해야 할 것도 있다. 구글에서 수석 디자이너를 지낸 제이크 냅과 전 구글 디자인 파트너 존 제라츠키는 그들이 쓴 저서 '메이크 타임'에서 우리가 시간에 쫓기고 하는 일 없이 바쁜 이유를 설명한다. 그 중 하나가 바로 '인피니티 풀'이다. 원래 인피니티 풀은 야외 수영장에서 수영장 끝을 보이지 않게 함으로써 하늘과 연결된 것처럼 보이는 것을 말한다.

트위터, 페이스북, 유튜브 등 손가락을 아래로 당겨서 끝없이 새로고침이 되는 이런 사이트와 구성을 그들은 인피니티 풀이라고 부르며, '마음에 드는 추천'이 뜰 때까지 새로고침을 누르는 이런 모습이 우리의 시간을 빼앗는다고 말한다. 분명 추천 서비스는 잘 이용하면 좋지만, 이런 인피니티풀 구조의 위험성 역시 자각하고 있어야 한다. 특히 앞서 넷플릭스 CEO 헤이스팅스가 "수면과 경쟁한다"라고 했던 말을 떠올려본다.

유의해야할 또 다른 점은 정보를 모으는 것에서만 끝나면 안 된다는 것이다. 인터넷을 통해 점점 더 많은 정보들이 생겨나고 있다. 예전에는 '정보의 바다'라고 표현했는데 요즘은 '정보의 은하'가 되는 것이 아닐까?. 기원전 3세기에 인류의 거의 모든 지식을 모아두었던 알렉산드리아 도서관이 있다. 로마가 이집트를 점령할 때까지 약 300년 간 세계 지식의 보고로 존재했다. 그런데 당시 알렉산드리아 도서관에 있던 모든 정보의 합보다 지금 인터넷에서 하루에 생산되는 정보의 양이 300배 이상 많다고 한다. 1년이면 1만 배가 넘는 셈이다. 유튜브에는 1분마다 400시간이 넘는 분량의 영상이 올라온다고 한다.

정보는 모으는 것만으로는 아무 의미가 없다. 알고리즘이 정보의 필터를 이용하는 것이라면, 그렇게 걸러진 정보를 자신의 관점에서 편집하고 재구성해야 비로소 살아있는 정보가 된다. 학교 다닐 때 50분 동안 선생님이 주는 많은 정보들을 7시간씩 접했으나 지금 기억에 남지 않는 것과 같다. 수업을 들은 것만으로 시험을 볼 수 없듯이, 정보를 접한 것만으로는 아무 것도 할 수가 없다. 유익한 정보를 찾았다면 암기를 하든, 요약을 하든, 다른 정보와 결합을 하든 새로운 것을 만들어내야 한다.

우리가 이용하는 정보는 누군가가 만들어놓은 알고리즘을 통해 제공되었다는 것을 기억해야 한다. 그리고 우리가 그 알고리즘을 활용할 수 있다는 것을 기억해야 한다. 그리고 마지막으로 정보는 제공만 받으면 아무 의미 없다는 것을 기억해야 한다.

04

나도 책을
만들어볼 수 있을까요?

#출판 #글쓰기 방법 #SNS 공유 #해시태그 #E-BOOK #나도 작가
#신춘문예 #나만의 버킷리스트

누구나 한 번쯤은 '나도 책을 내볼 수 있지 않을까?'를 생각해본다. 그리고 자신의 버킷리스트 중 하나로 책을 써서 출판을 해볼 것이라고 다짐을 한다. 다음 해에도 다짐을 해본다. 그리고는 시간이 없어서 나중에 시간이 나면 하겠다고 다짐을 한다. 그리고는 휴학을 하면, 졸업을 하면, 은퇴를 하면 해보겠다고 하다가 끝내 쓰다만 글들만 잔뜩 안고서 포기를 하는 영역이다.

어떤 사람들은 실질적인 노력을 해서 출판에 근접해가는 사람들도 있다. 열심히 글을 쓰고 또 글을 써서 유명한 출판사에 보내기도 한다. 이러한 노력도 쉽지 않다. 한 권의 책 분량을 써내야 하니까 말이다. 그런데 출판사에 전화를 해보면 자기들이 매달 점검해야 하는 원고가 수백 편의 분량에 이른다고 말을 하기도 하고, 어떤 출판사는 전화 자체를 받지 않고 메일로만 원고를 받는다. 그리고는 수 개월이 지나서야 답장이 온다. '죄송하지만 다음 기회에 함께 일하자'고 말이다. 거절의 답변이다. 그런데 이정도만 해도 책을 낼 수 있는 마지막 단계에 온 사람들이다. 또 어떤 사람들은 신춘문예에 도전한다. 이 신춘문예에 도전하기 위해서는 오랜 시간 공부를 해야 한다. 신춘문예에 입선된 작품을 틈틈이 읽어야 하고 또 작품을 써서 함께 공부하는 사람들과 작품을 서로 읽어주고 합평회를 해야 한다. 합평회란 서로 글을 읽어주고 그 글에 대해 피드백을 주는 일종의 공동 비평활동이다. 이 합평회는 주로 문예창작학과 학생들이 수업 시간에 진행을 하거나 동호회에서 모여 작품을 쓰고 서로 평가해줄 때 사용한다. 그런데 이렇게 오랜 시간을 준비하는 학생들도 10년이 넘어도 신춘문예에 입선을 못해보는 경우가 많다. 그리고 그렇게 오래 준비해서 입선이 되어 등단을 해도 자신의 글을 읽어주는 사람들이 없으면 수입에 문제가 생긴다. 그리고 그 다음 작품들도 꾸준히 나와주고 출판사와 더불어 지속적인 글작업과 마케팅 작업이 이루어져야만 작가로서의 생활이 가능하다. 그렇기에 일반인이 신춘문예에 도전하는 일이란 그리 쉬운 일이 아니다.

그런데 최근에는 이런 과거의 노력이 무색할 만큼 책들이 다양한 방법으로 출판되고 있다. 이곳에서는 직업으로서의 작가가 아닌 내 삶의 일부로서, 나의 삶을 좀 더 풍성하게 하기 위한 활동으로서 도전해볼 수 있는 책만들기 활동을 소개하고자 한다.

천천히, 하지만 꾸준한 글쓰기!

우선, 책은 글을 쓰는 것을 즐기는 사람이면 좋은 결과를 낼 확률이 높다. 내가 글을 쓰는 것이 즐겁다면 책을 내는데 아주 유리한 시작을 할 수 있다. 일단, 글이 좋아야 하고 또 많아야 하는데 그러려면 평소에 글쓰는 것이 좋아서 꾸준히 글을 쓰는 습관을 들여야 한다. 이를 즐기는 사람이라면 이것이 그리 고통스러운 일은 아닐 것이다. 개인 컴퓨터나 웹하드에 폴더 하나를 만들어서 주제를 몇 개 정하는 것이 좋다. 그리고 그 주제에 해당하는 아이디어나 영감이 떠오르거든 그때그때 글을 써보는 것을 추천한다. 그러려면 휴대용 랩탑 컴퓨터가 있으면 좋을 것이다. 아니면 태블릿 PC와 휴대용 키보드도 나쁘지 않다. 수시로 글을 쓰고 그것을 모아둘 필요가 있다. 계속 모으고 모으다보면 어마어마한 분량이 된다. 보통 책이 200~300페이지 정도 된다고 봤을 때, A4용지로 100페이지 내외면 충분한 분량이 나온다. 하루에 1페이지씩만 써도 3~4개월이면 책 한 권이 나온다. 나중에 좋은 글과 그렇지 않은 글은 분리하면 되니까 일단 무조건 써보라는 것이다.

이때, 가급적 주제에 맞게 폴더를 정해놓고 써보는 것이 좋다. 그렇지 않으면 나중에 어마어마한 글이 정리가 안 되어 다시 읽어보거나 활용하기가 어려워진다.

또, 너무 많은 글을 쓰기가 어렵고 글을 쓰고도 피드백을 받지 못해 재미가 없다면, SNS나 블로그, 혹은 글을 공유하는 사이트에 가입을 해서 자신의 글을 올려볼 수 있다. 그리고 타인과 공유해볼 수도 있다. 이때는 긴 글 보다는 조금 짧은 글을 올려보는 것이 좋겠다. 사람들은 넘치는 글, 넘치는 정보 속에 살고 있기 때문에 글이 조금 지루하면 그냥 다른 글을 찾는다. 하지만 짧고도 강렬하고 통찰력 있는 글은 읽는다. 그러한 점을 유념하여 소셜네트워크를 활용한 글 공유를 해볼 것을 권한다.

그리고 누구나 쉽게 접근할 수 있는 출판 플랫폼인 '브런치'[9]를 이용해보는 것도 나쁘지 않을 것이다. 브런치는 누구나 글을 쓸 수 있지만 그 회사에서 인정을 해주는 작가가 되어 포스팅이 되고 홍보가 되려면 몇 개의 글을 써서 작가로 인정을 받아야 한다. 그러면 조금 더 많은 사람들이 글을 읽고 공유할 수 있도록 노출이 되니 글을 쓰는 재미가 생긴다. 그렇게 글이 모아지면 출판을 해주기도 한다. 특정 출판사와 연결을 하여 출판을 할 수 있도록 도움을 주기도 하니 좋은 플랫폼이라 할 수 있다.

무엇을 선택하든 꾸준함이 필요하다. 꾸준하게 글을 쓰고 할 수 있다면 다른 사람들의 평가를 받거나 의견을 들어볼 수 있는 도구를 활용하여 자신의 글을 많이 모아두는 것이 필요하다. 글이라는 것이 어느 한 순간 많은 분량의 글을 써낼 수 있는 것은 아니기 때문이다.

---

9) https://brunch.co.kr/

이왕이면 좋은 글쓰기

이왕이면 좋은 글을 쓰려고 노력을 해보면 좋다. 글이면 다 좋은 것이 아니다. 내 글이 누군가에게 읽히기 원한다면 좋은 글을 써야 한다. 글자가 모여 있다고 해서 다 글이 되는 것은 아니다. 문장과 문단, 그리고 글의 흐름, 글의 통일성과 응집성 등, 글에서 필요한 요소를 공부하고싶다면 좋은 글쓰기 책을 찾아보기 바란다. 좋은 글쓰기 책을 보면 별것 아닌 것 같아도 은근히 많은 도움이 된다. 개인적으로는 '이오덕의 글쓰기(이오덕, 양철북)'이나 유시민의 '글쓰기 특강(유시민, 생각의 길)', '대통령의 글쓰기(강원국, 매치미디어)' 등을 추천한다. 이 분야의 베스트셀러이기도 하고 실질적인 글쓰기 활동에 도움이 많이 된다.

자세한 내용은 위의 책을 찾아보더라도 우선, 좋은 글이라고 하는 나름의 기준을 정립할 필요가 있는데, 개인적으로 두 가지 정도만 제시해보려고 한다. 좋은 글은 객관성과 주관성 두 가지를 다 가지고 있어야 한다. 이 객관성이라고 하는 것은, 누구나 공감을 할 수 있어야 한다는 이야기이며, 글의 논리가 다른 사람이 읽어도 '궤변'이 아니어야 한다. 납득을 할 수 있는 글이어야 한다는 것이다. 자신의 깊고 깊은 생각으로 글을 쓰는데 다른 사람이 봤을 때는 그 논리가 이해가 되지 않거나 전혀 공감이 되지 않는 글은 버려지기 십상이다. 주관성이라는 말은 누구나 쓸 수 있는, 여기저기에서 떠도는 그런 흔한 이야기가 아닌 자신만의 감성과 자신만의 생각이 담겨 있는 글이어야 한다는 것이다. 그러려면 생각을 많이 해야 한다. 자신의 생각을 열어줄 수 있는 인문학 도서도 많이 읽어야 한다. 단순한 생각을 가지고 글을 쓸 수는 없는 일이다. 글에는 남은 생각해보지 않은 자신만의 통찰이 있어야 한다. 그러한 통찰을 기르기 위해서는 평소에 사람이나 사물을 볼 때에도 깊이 보고 본질을 생각해보려는 습관이 필요하다. 이런 습관이 좋은 생각을 만들고 그런 생각들이 통찰이 될 수 있다. 좋은 글을 쓰려면 이런 좋은 생각을 많이 해보기 바란다.

출판 혹은 인쇄에 도전해보라

출판의 과정은 '글쓰기'- '교정·교열·윤문'- '디자인' - '인쇄' -' 마케팅' 으로 이루어진다. 이 과정을 혼자 감당하는 것이 쉽지 않다. 그렇기에 출판사에 의뢰를 하는 것이다. 그중에서 좋은 글을 가지고 있다는 전제 하에 가장 문제가 되는 것이 '인쇄'이다. 인쇄를 하려면 보통 1천부 내외에서 이루어지는 경우가 많다. 한 권 가격이 만원이라고 했을 때, 천부이면 천만원이다. 그리고 인쇄비만이 아니라 '교정·교열·윤문', '디자인'을 하는데에도 인건비가 들어간다. 그렇기에 보통 유명한 출판사를 통해 출판을 하는 일이란 쉽지 않다. 출판사에서도 아무에게나 출판의 기회를 주지 못하는 이유가 여기에 있다. 출판하기까지 투자비용이 많이 들어간다는 것이다.

그런데 최근에는 다양한 방법의 출판 플랫폼이 등장하고 있다.

하나는 e-book 출판 플랫폼10)이다. 이런 출판 플랫폼을 활용하면 그 안에서 필요로 하는 요소가 다 나와 있고 필요한 내용을 넣기만 하면 출판이 가능해진다. 물론, 인쇄 책자가 처음부터 나와 서점에 배포되는 일은 어렵다. 다만, 자신의 글을 e-book으로 만들어 판매할 수 있다. 이 과정에서 디자인을 직접 해도 되고, 돈을 내고 공용 템플릿을 활용해 디자인을 요청할 수도 있다. 겉표지도 자신이 직접 만들 수도 있고 어울리는 겉표지를 추천 받거나 기본 템플릿을 활용해 표지를 만들 수도 있다. 심지어는 가격도 직접 정할 수 있다. 자신의 인세를 많이 책정하면 가격이 올라가고 인세를 낮게 책정하면 가격도 내릴 수 있다. 이러한 플랫폼을 이용하면 나의 글이 세상에 나와 여러 사람들에게 읽힐 수 있는 기회가 생기고 원하면 인쇄본으로도 받을 수 있기 때문에 쉽게 출판을 할 수 있다는 장점이 있다.

그리고 이런 일련의 과정을 내가 경험하면서 필요한 부분만 도움을 받을 수도 있다. '크몽'11)이라는 사이트에 가면 나에게 필요한 프리랜서들을 만날 수 있는데 특히 교정 및 교열, 디자인 등 내가 쉽게 할 수 없는데 조금의 돈을 들여 전문가의 도움을 받을 수도 있다.

이런 플랫폼의 도움을 받으면 조금 더 쉽게 책을 낼 수 있다. 출판과 판매도 가능하고, 단지 예쁘게 인쇄만 하고싶다고 해도 이런 사이트를 활용하는 것도 방법이다. 적극 활용해보기 바란다.

---

11) http://www.edujin.co.kr/news/articleView.html?idxno=31341

왜 책을 내는 것일까? 우리는 넘쳐나는 정보의 시대에 살고 있다. 너무나 많은 글을 읽고 또 그 글에 영향을 받으며 살고 있다. 하루는 이런 글을 읽었더니 진보 지식인이 된 것 같고 또 하루는 이런 글을 읽었더니 보수 지식인 된 것 같다. 또 하루에도 몇 번씩 같은 사람과 같은 사건이 완전히 다른 사람과 사건으로 해석되는 글을 보기도 한다. 우리는 너무나 많은, 그리고 너무나 얕은 글을 읽으며 세상을 살아간다. 그런데 그런 대부분의 글이 읽지 않아도 되거나 해로운 글들이다. 그렇다면 도대체 어떤 글을 읽어야 할까? 좋은 글을 읽어야 한다. 좋은 글을 읽기 위해서는, 좋은 글을 가려내고 분별하기 위해서는 내가 좋은 글의 기준을 가지고 있어야 한다. 또한, 왜 나는 다른 사람의 생각과 다른 사람의 글을 통해서만 영향을 받아야 하는 것일까? 세상이 많이 바뀌었다. 나도 마음만 먹으면 작가가 될 수 있는 세상, 기자가 될 수 있는 세상이 되고 있다. 마음만 먹으면 아프리카 TV나 유튜브 등을 활용해 방송인이 될 수도 있다. 그런데 왜 아직도 누군가의 글과 방송에 영향을 받으려고만 하는가? 직접 책을 읽으라. 그리고 직접 글을 써보라. 그리고 자신이 직접 다른 사람에게 영향을 미쳐보는 것은 어떨까? 그렇게 까진 아니더라도 자신의 생각과 삶을 모아 출간하여, 내 인생의 흔적을 남겨보는 것은 어떨까?

5

복학 후,
잘 적응할 수 있을까요?

#일반휴학, #육아휴학, #질병휴학, #군입대휴학,
#창업휴학 #복학생 적응기 #조언 금지

힘들게 입학은 했지만, 대학생의 장점은 자유롭다는 것이다. 그렇기에 고등학생처럼 쭉 다닐 필요는 없다. 고등학생 때의 복학생과 대학에서의 복학생은 같은 단어지만, 다르게 받아들여진다. 여러 사정 속에 일정 기간 학교를 쉴 수 있는 제도가 휴학이다. 휴학은 일반휴학, 육아휴학, 질병휴학, 군입대휴학, 창업휴학 등 상황에 맞게끔 신청하면 되는데, 휴학 기간이 정해져 있으니 참고하기 바란다. 그리고 휴학 후 다시 학교에 복귀하는 것을 복학이라고 한다.

일반적으로 휴학을 생각하면 군 휴학을 떠올린다. 그러나 근래는 반수나 편입 등을 준비하기 위한 휴학을 하기도 한다. 나누기는 애매한 부분이 있지만 큰 틀에서 생각하면 필수적인 휴학과 선택적인 휴학이 있다. 필수적인 휴학은 앞서 이야기한 군 휴학이 될 것이다. 그렇기에 군 휴학은 통상 휴학 기간에 포함되지 않는다. 그리고 선택적인 휴학이라고 표현한 휴학은 군 휴학을 제외한 휴학이라고 할 수 있다. 물론, 질병 휴학의 경우 내가 원해서 휴학을 하는 것은 아니지만, 군 휴학을 제외하고는 신청기한이 정해져 있다는 측면에서 자신의 선택과 결정에 의한 것이다.

그렇기에 휴학에도 적절한 시기가 존재한다. 신청기한을 대개 수업 일수 4분의 2선 이내, 혹은 4분의 3선 이내로 정해두기에 휴학을 언제 어떻게 활용할 지는 고민해보는 것이 필요하다. 불가피하게 등록금을 냈으나, 휴학을 해야 하는 경우라면 반환되는 금액이 다르기 때문에 약간의 계획성은 필요하다.

쉼 그리고 다시 시작되는 대학생활

각자 다른 이유로 휴학을 시작했지만 졸업을 위해선 쉼의 한계는 존재한다. 고등학생 때처럼 지각 등을 했을 때 쓴소리를 하던 담임 선생님이 그리울 수도 있다. 대학생이 되니 휴학을 오래 했다고 복학하라는 지도 교수님의 연락은 기대하기 어려울 것이다. 그래도 휴학 이후 학교로 돌아가야겠단 마음을 가졌기에 이 장을 읽고 있을 것이다.

복학을 앞두고 고민 하는 것 중 하나는 대학 적응의 문제이다. 이미 대학 생활을 겪은 대학생도 복학을 앞두고 고민을 하고 있다니 의아할 것이다. 대표적으로 시간표를 어떻게 짤 지, 조별 과제는 어떻게 할 지 등을 생각하지만, 특히 밥을 누구와 먹느냐는 많은 대학생이 가진 고민이다. 결국 혼밥(혼자서 먹는 밥)에 대한 어색함이 문제이다. 태생이 혼자 먹는 게 편했던 나도 이상하게 주위 시선을 신경 쓰게 되었다. 낯선 후배를 만날 때 '저 선배는 궁상맞게 혼자 저러고 있나?'라며 수군거리는 듯한 혼자만의 생각에 결국 한가한 시간대 점심을 먹기도 하였다. 좀 이른 점심을 먹든지, 아니면 늦은 점심을 먹으니 교내 식당의 아주머니께서도 든든하게 밥도 챙겨주셔서 오히려 더 행복했던 기억이 있다.

복학생이 되어 홀로 캠퍼스를 거니는데, 우연히 3년 터울의 여선배를 만났다. 휴학을 오랜 시간하여 아직 대학을 다니고 있었던 것이다. 빠르게 졸업하여 취업하는 것이 목표로만 생각하기에 휴학은 이것으로 끝이라고 생각했는데, 선배를 만나며 휴학과 복학에 대한 생각을 좀 더 폭 넓게 할 수도 있었다. 당시 상황을 들어보니 등록금을 벌기 위해 휴학을 하고 일을 해서 돈을 모으고 다시 복학했다고 한다. 지금처럼 국가장학금이 넉넉하지 않던 시절, 취업 후에도 학자금 대출을 갚기 위해 큰 노력을 했었다는 이야기를 들었다. 마침 동기 그리고 후배들도 졸업했던 선배와 외로움을 달랠 겸 점심 식사를 함께 하기도 했었던 기억이 난다.

그리고 밥 고민과 함께 지극히 현실적인 고민은 복학 시기다. 복학 시기에 따라 졸업 시기가 달라지기도 하지만, 더 중요한 건 수강 신청이다. 만약 내가 1학년 1학기에 휴학을 했다고 가정하자.

대학생은 내가 학점을 이수한 만큼 졸업에 가까워진다. 등록금을 내고 대학을 다녔지만 학점을 이수하지 못 하면 졸업할 수 없는 것이다.

한 가지 예를 들어보자. 나는 반 년만 휴학하고 복학을 하고자 하는데, 대학에서는 전공 수업이나 교양 수업이 1학기에 열리는 과목, 2학기에 열리는 과목이 정해져 있다. 그렇기에 전공 필수 과목의 경우 복학 시기가 맞지 않으면, 난처한 상황이 생긴다. 이 때 복학한 연도가 아닌 다음 연도에 전공 필수 과목을 이수해야 하는 상황도 펼쳐지는 것이다.

어쩌면 머리가 아프더라도 졸업 시기를 당기느냐 혹은 정상적인 교육과정에 맞춰서 졸업을 하느냐의 차이일 수도 있을 것이다. 여담으로 나의 경우 군 복무 중 복학 신청을 하여 전역과 동시에 복학을 했으나, 동기들의 경우 시간표 작성 등을 고려하여 휴학을 좀 더 길게 하였다. 결과적으로 졸업의 시기가 일 년 차이가 생겼으니 복학 시기에 대해 고민해볼 문제일 것이다.

복학생이 해야 할 것 그리고 하지 말아야 할 것

첫째도 둘째도 적응이다. 동기가 없어서 어색하고 외로울 수 있겠지만, 대학은 공부하러 오기 위함이 아닌가란 단단한 정신력으로 무장하길 바란다. 그리고 시간이 지나 수업을 듣다 보면 아는 사람도 생길 것이다. 어쨌든 먼저 밝게 인사하는 것이 중요하다.

그리고 휴식을 통해 체력을 비축하였으니 학업에 대한 열정을 불태워서 학점 관리를 철저히 해야 한다. 언젠가 한 후배가 '남자들은 군대 다녀오면 다 공부 열심히 하던데 왜 그래요?'라는 질문을 했다. 이유가 여러 가지가 있겠지만, 나는 공부가 가장 공정하니 열심히 해야지라는 생각도 해본 적이 있었다.

목표를 가지고 다양한 경험을 도전해보기 바란다. 휴학해본 사람은 대학 생활에서 누릴 수 있는 제도나 도전할 거리가 얼마나 많은지를 알 것이다. 복학한 후 대학 내 방범대 창설, 학생 홍보대사 지원 등 많은 도전을 했던 거 같다. 그 경험은 취업에서 도전이란 단어와도 연관이 되니 마음껏 원하는 바를 이루기를 바란다.

입학을 함께 한 동기가 아닌 졸업을 함께 할 후배와 함께한다. 불필요한 조언은 금지다. 생각해보면 후배에게 도움이 될만한 이야기를 하는 것이지만, 나는 그들보다 고작 1~2년 더 살아봤다. 그래서 모든 것을 다 겪어본 듯한 말투로 조언하기보다는 함께 배워간다는 마음을 가지길 바란다. 복학생은 직장인이 아니다. 익숙지 않은 환경 속에서 적응을 하다 보면, 후배들에게 밥을 사주는 경우도 있을 것이다. 한두 번 정도쯤은 괜찮을 수 있지만, 계속된다면 부담이 된다. 그리고 후배 입장에서는 자연스레 선배가 사주겠지란 마음이 생길 수도 있기에 같은 취업 준비생이며 학생임을 잊어선 안 된다.

휴학에 대한 생각은 차이가 있다. 근래 졸업 유예를 하는 이유도 사회로 나가기 위한 준비라고 한다. 취업이 쉽지 않은 상황이고, 답답함을 달래기 위한 휴학도 때론 필요할 것이다. 그러나 목적이나 계획 없는 휴학은 권하지 않는다.

바쁘게 살아온 나와는 달리, 휴학을 알차게 사용한 동기가 있다. 세계여행이 목표였던 동기는 방학 기간 모아온 돈을 들고 여행을 떠났다. 특별한 계획이 있었던 건 아니었고, 그저 세상을 자신의 눈으로 바라보고 싶었던 것이다. 지나고 나니 바쁘고 열심히 살았다고 내가 동기보다 더 나은 삶을 보냈다고 이야기하기는 어렵다. 대학 시절 외국어 수준이 나와 비슷했던 동기는 여행을 1년 가량 다녀온 뒤 외국인을 만나도 자연스럽게 대화하는 모습을 보며, 오히려 부럽기까지 했다.

혹은 휴학 시기를 갭이어(Gap year)로 활용하기도 한다. 진로 탐색 등의 활동을 할 수도 있고, 봉사, 여행, 인턴, 창업 등 다양한 경험을 쌓으며 자신의 방향을 설정하는 시간을 말한다. 우리나라에선 익숙지 않으나, 서양에서는 고등학교를 졸업한 후 대학 진학 전 이런 시간을 가진다. 복학 후 성장한 자신의 모습을 상상하면 힘이 날 것이다.

끝으로 등록금 상승률을 고려한다면, 미리 납부한 후 휴학하길 추천한다. 해당 등록금은 복학하기로 한 학기로 이연 처리가 된다. 국가장학금 신청 또한 마찬가지로 납부될 등록금에서 국가장학금 먼저 감면 처리가 되니 실제 납부할 등록금을 납부한 후 휴학하면 된다. 등록금이 휴학하는 동안 혹시 올랐을 경우를 대비하는 방법이기도 하다.

휴학과 복학은 대학생들만이 누릴 수 있는 특권이다. 나만의 휴식과 충전을 통해 대학 생활 위너가 되어보기 바란다.

06

다양한 친구들을 만나고 싶은데
어떻게 할 수 있을까요?

#다양한 친구 #배움 #SNS #여행 #방문객 #던바의 수

    학교 앞에서 마음에 맞는 친구를 발견하지 못하는 경우도 많다. 같은 대학, 같은 과 친구더라도 동상이몽이기 일쑤다. 동아리를 기웃거려봤지만 딱히 마음에 맞지 않는다. 대학생활을 신나게 보내다보면 어느 순간 누구나 맞이하는 순간이 온다.

    '나는 계속 이곳에 있어야할까?'

    나도 그랬다. 대학에 입학하고부터, 이것저것 보이는 대로 시도했다. 과학생회, 학과 소모임, 동아리, 학교신문 등. 그러나 어느 하나 '이것이다' 싶은 것은 없었다. 내가 방황하는 사이 친구들은 각자 마음에 맞는 공간, 자신만의 활동, 자기 단짝들을 찾았는데 나만 마음 둘 곳 없는 기분이었다. 이제 와서 다시 처음부터 할 수는 없었다. 고민 끝에 나는 밖으로 눈을 돌렸다.

배움을 통해 새로운 사람을 만나라

밖으로 눈을 돌린 내가 시도했던 첫 번째 방법은 배움이었다. 대학생들에게 많은 교육의 기회가 제공된다. 예를 들면 국립외교원에서는 '국민외교아카데미 대학생 외교연수 과정'을 모집한다. 국회에서는 '국회 대학생 기후변화 아카데미'를, LG전자에서는 'ESG 대학생 아카데미'를 모집하여 운영한다. 이렇듯 조금만 알아보면 많은 교육의 기회들이 있다. 물론 선발과정이 쉽지는 않지만 관심사가 일치하는 친구들을 만날 수 있는 좋은 기회다.

나 역시 '정치 아카데미', '기자 아카데미' 등에 참여하여 교육을 받으며 새로운 친구들을 만날 수 있었다. 특히 정치 아카데미에서는 여러 정치적 관점을 가지고 있는 사람들을 만나면서 꼭 내가 정답은 아니라는 것을 배웠다. 그때까지만 해도 항상 학과 사람들과의 대화에 국한되어있던 내게는 좋은 배움이었다.

학교 신문사 활동도 했다보니 기자 아카데미를 참여하는 것도 자연스러운 일이었다. 몇 신문사에서 주관하는 아카데미에 참여했는데 단체로 교육을 받고 팀을 짜서 취재활동을 했다. 우수한 취재자에게는 취업의 우선 기회를 준다고 해서 다들 치열하게 했던 기억이다. 학교 신문사 활동을 할 땐 8명의 부원들 뿐이었지만, 이 곳에서는 300명의 사람들과 어울리며 식견을 쌓아갈 수 있엇다.

이처럼 같은 관심사를 공유하는 사람들과 관계를 맺는 것은 새로우면서 필요한 일이다. 물론 학과 친구들도 대체로 비슷한 관심사를 가지고 있지만 세세한 부분에서는 다를 때가 많다. 예를 들어 정치외교학과에서 나는 정치에 관심이 있는데 다른 친구는 외교에 흥미가 있는 경우, 경영학과에서 나는 조직경영에 관심이 있는데 다른 친구는 마케팅분야에 흥미를 가지고 있다거나 하는 식이다. 게다가 사람이 제한되어있기 때문에 4년 내내 비슷한 대화를 이끌어가다보면 어느 순간 고이게 마련이다. 좀 더 세세한 분야의 관심사가 같으면서도 다양한 주변 사람들을 통해 자신의 깊이를 깊게 가져갈 수 있다.

물론 배움이 꼭 관심사를 통한 아카데미만 있는 것은 아니다. 토익 학원을 비롯해 각종 자격증 학원도 있다. 특히 토익을 배울 수 있는 어학원의 경우 스터디를 권장 혹은 강제하기 때문에 이를 통해 새로운 사람을 만날 수도 있다. 앞서 말한 배움이 관심사가 비슷한 사람들이라면 학원에서는 정말 다양한 관심사의 친구들을 만날 수 있다. 그러나 이런 배움의 방법으로 사람을 만날 경우, 가장 중요한 것은 목적이 배움에 있어야지, 만남에 있는 것은 아니라는 것을 기억해야 한다.

온라인이라고 피할 것 없다

두 번째 방법은 SNS를 활용하는 방법이다. 요즘은 트위터, 페이스북, 인스타그램 등의 SNS를 통해 새로운 친구를 만나는 경우도 많다. 내 지인의 경우에도 SNS를 통해 만난 사람들과 지금도 좋은 관계를 유지하고 있으며 심지어는 그 중 한 명과 결혼을 하기도 했다. 예전에는 인터넷을 통해 사람을 만난다고 하면 매우 가벼운 관계로 치부하고는 했지만, 지금은 특별히 그렇지 않다. 새로운 사람을 만나기 좋은 환경이 되었다.

SNS에서 사람과의 만남을 꼭 오프라인 만남으로 확장시키지 않아도 된다. 온라인에서의 관계만을 유지해도 문제가 되지 않는다. 다양한 유명인사들의 계정을 팔로우함으로써 정보를 수집할 수도 있고, 잘 알려져 있지 않지만 좋은 글을 쓰는 사람을 내가 처음 발굴하는 기분도 느낄 수 있다. 내 경우에는 좋아하는 웹툰 작가의 계정을 팔로우해서 응원의 댓글을 달기도 한다. 처음에는 어색하더라도 막상 해보면 별 것 아니다.

그런데 잠깐, 여기서 '던바의 수'를 소개하고 넘어가고자 한다. 인간관계가 넓고 다양한 관계를 유지하는 사람이더라도 '진정한' 관계에는 한계가 있는 법이다. 과연 이 진정한 관계에 최대치라는 게 있을까? 영국의 진화심리학자 로빈 던바는 이에 대한 연구를 통해 결과를 내놓았다. 던바의 해석을 일상생활의 용어로 설명하면 5명은 '절친한 친구들', 15명은 '친한 친구', 50명은 '좋은 친구', 150명은 '그냥 친구' 이라고 표현할 수 있다. 500명은 '지인(함께 일하는 사람 또는 그냥 알고 지내는 사람)', 1500명은 '이름만 아는 사람'으로 구분했다.

이는 SNS에서도 그대로 적용된다. 트위터나 페이스북을 통해 많은 사람들이 교류를 한다고 하지만, 실제로 대화하고 친교를 나누는 한계치는 150~250명 내외라는 것이다. 페이스북의 경우 5,000명이 최대 가능한 친구의 수지만, 던바에 따르면 이름만 아는 1500명을 넘어 3500명은 이름도 잘 모르는 사람이 되는 것이다. 따라서 인터넷이라고 무조건적으로 수를 늘리기보다는 자신이 감당할 수 있는 범주 내에서 관계를 맺어 나가기를 권한다. 그렇지 않으면 오히려 나머지가 소음이 될 뿐이다. 던바는 SNS가 예전 같으면 잊혀졌을 관계를 계속해서 유지하는데는 도움이 되지만, 충분한 소통과 사교술을 배우지 못한 사람들이라면 거절, 공격, 실패를 다루는 일에 어려움이 있을 것이라고 말하기도 했다.

여행은 만남의 최고의 도구

세 번째 방법은 여행이다. 여행은 새로운 사람을 만나기 좋은 환경이다. 낯선 공간, 여행이라는 설렘 등이 낯선 이에 대해 개방적 태도를 갖게 한다. 특히 20대 초반이라면 코레일에서 제공하는 '내일로'같은 프로그램을 적극 이용해보길 바란다. 7일간 기차를 자유롭게 이용할 수 있다. 많은 대학생들이 이용하기 때문에 쉽게 사람을 만날 수 있고, 포털사이트의 카페를 통해서 여행객들끼리의 커뮤니케이션도 활발하다.

국내여행 뿐 아니라 해외여행도 마찬가지다. 네이버 카페 '유랑'에는 해외여행을 다니면서 함께 코스를 짜거나 식사를 할 사람들을 모집하는 글을 쉽게 찾아볼 수 있다. 내 경우에도 혼자 여행을 갔더라도 이런 카페를 통해 사람을 만나 저녁을 함께 먹거나, 함께 기차를 타는 경우도 있었다.

특히 앞서 언급한 배움이나 SNS가 그래도 관심사나 취미가 어느 정도 겹치는 사람들을 만나는 일이라면, 여행은 정말 다양한 사람을 만날 수 있다. 나도 여행에서 만난 사람들을 통해 전혀 생각지도 못했던 삶의 방식이나 태도를 배울 수 있었다. 나는 빨리 취업을 해야한다는 생각을 가지고 있었는데, 여행지에서 일을 하다가 그만둔 사람들을 많이 만나면서, 직업을 구하는게 속도보다는 자신에게 잘 맞는 일이어야 되돌아가는 일이 없겠다는 것을 배우기도 했다.

물론 여행의 경우 단순히 여행을 즐기거나 힐링 등에 목적을 두는 사람도 있지만 목적 자체가 이성 만남이라는 변형된 목적을 갖고 있는 사람도 있으므로 주의할 필요는 있다. 그러나, 처음 간 여행지에서 서로 사진을 찍어주고 얘기하고 걸어 다니다 보면 본래 목적과 상관없이 연인이 되는 경우도 쉽게 볼 수 있다.

정현종 시인은 '방문객'이라는 시에서 이렇게 말했다.

방문객

사람이 온다는 건 현재와
실은 어마어마한 일이다 그리고
그는 그의 미래와 함께 오기 때문이다
그의 과거와 한 사람의 일생이 오기 때문이다

이렇듯 새로운 사람을 만난다는 것은 새로운 세계를 만난다는 것이다. 나와 다른 경험을 한 사람들을 많이 만날수록 그 사람의 과거, 현재, 미래를 함께 만날 수 있다. 자신이 직접 경험하는 것에 비교해 책을 읽는 것을 간접경험이라고 한다. 마찬가지로 사람을 만나는 것 역시 간접경험이다. 그래서 '사람책'이라는 프로그램도 있다. 여러 사람을 만난다는 것은 곧 여러 간접경험을 한다는 것이다.

그러나 명심할 것이 있다. 사람과의 만남은 시작하는 것도 어렵지만 유지하는 것은 더 어렵다. 특히 여러 사람과 만나다 보면 정작 소중한 사람을 놓치는 경우도 많다. 앞서 말했던 던바의 수를 다시 한 번 떠올려보면, 누군가가 150명으로 한정된 내 영역 안에 들어온다는 것은 곧 기존의 누군가가 내 영역의 밖으로 나간다는 뜻이기도 하다. 새로운 사람과의 만남이 흥미롭다보니 내 가족, 내 연인, 내 친구에게 소홀해질 때도 많다. 절대 잊지 말아야 할 것. 내 옆부터 챙기는 것이다.

7

쉐어하우스,
내가 누구와 함께 생활할 수 있을까요?

#공유 경제 #공유의 시대 #관리비 절약 #쉐어 하우스 #N분의 1 법칙
#땅콩 주택 #에어비엔비

    나는 군대에서 전역을 하고 나서 대학교 근처에서 살 집을 구하기 위해 여러 가지 선택지를 놓고 고심을 했다. 신입생 때의 기억을 떠올리며 그때의 시행착오를 줄이기 위해 여러가지 방도를 생각했던 것이다. 신입생 시절에는 서울에 올라오자마자 부모님과 함께 집을 구했다. 깨끗하고 넓직한 방이었다. 집 안에 건너방 처럼 딸린 방이었는데 출입문을 같이 쓴다는 단점은 있었지만 방안에 화장실과 샤워실도 있었고 제법 원룸같은 느낌에 주인집 아저씨가 먹어보라고 가져다 주시는 음식들도 있었다. 그런데 그때 얻었던 방의 단점이 나에게는 너무 크게 다가왔다. 일단, 가격이 비쌌다. 그때는 서울에서 생활을 하려면 대부분 그정도의 가격은 하는 줄 알았는데 빨래를 해주시거나 밥이 나오는 하숙집도 아니었고 내 월 꼬박꼬박 나가는 돈이었기에 생각보다 비싸기도 했고, 아깝다는 생각을 많이 했었다. 그리고 또 중요한 것은 너무나⋯ 외로웠다.

'N분이 1'의 법칙으로 오는 유익

그러던 차에 함께 고시원 생활을 하던 선배가 취업을 했고 나름의 직장인으로서 적절한 출퇴근할 수 있는 집을 구해야겠다며 방이 두 개 딸린 옥탑방을 계약했다. 전세와 월세는 그 본인이 내고 전기세나 관리비는 내가 내라고 했다. 나는 나만의 독립된 방도 주어지고, 월마다 내야 하는 돈도 절반이었으며, 가끔이었지만 그 형과 함께 생활을 하며 적절한 대화를 할 수도 있었기 때문에 그 제안을 받아들였다.

그렇게 나는 쉐어하우스를 경험하기 시작했다.

그렇게 고요하고도 나름의 적절한 소리와 적절한 독립된 공간이 주어지는 이상적인 자취생활이 시작되는 듯 했다. 그런데 군대에서 전역을 하고 돌아오는 후배들이 하나둘 생기기 시작하더니만 자취를 할 공간에 대해 고민하기 시작했다. 주변에서 우리가 살고 있던 곳을 추천을 하더니 방이 넓고 쾌적하니 가서 함께 생활을 해보는 것이 어떠냐고 권유를 하기 시작했고 그 문의가 나에게까지 들려왔다. 물론, 그집의 계약자는 내가 아니었지만, 그 계약자인 선배는 내 방 사용에 대해서는 나에게 전권을 주었기 때문에 내가 원하는 사람들을 받아들여 함께 생활을 할 수 있었다. 그리고는 5명의 후배들이 추가로 들어왔고, 그 옥탑방에는 직장인 1명과 대학생 6명의 동거가 시작된 것이다. 그리고 나는 내가 내는 관리비가 겨울에 아무리 따뜻하게 지내도 2~3만원이 넘지 않았다.

가끔 식사도 모여서 함께 했기 때문에 식재료비도 포함하면 5만 원이 넘지 않는 선에서 한달 월세와 관리비를 충당하고 있었던 것이다. 각자 경제 사정이 넉넉지 않은 녀석들이었기에 그렇게 서로 경제적으로 절약된 형태의 생활공간 나눔이 의미가 있었다.

그렇게 해서 절약한 돈으로 책을 사거나, 새내기들이 들어오면 새내기들 밥도 사주며 제법 선배 노릇도 했다. 서로가 경제 관념이 부족하고 독립된 생활을 처음 해보는 초년생에 가까웠다. 그렇기 때문에 각자 내는 돈을 모아 관리비를 내고 함께 장을 봐 서 라면이나 쌀과 같은 식재료를 사다 놓고, 남은 돈으로 회식도 하며 나름의 생활경제를 배우고 있었던 것이다.

역할분담과 공동체 의식의 시작!

함께 모여 살다보면 역할을 분담해야 하는 경우가 생긴다. 인원을 한 사람 한 사람 잘 살펴보면 성격이 다르고 민감하게 여기는 부분이 다르다. 그래서 갈등이 시작된다. 어떤 친구는 방이 더 깨끗하지 못한 것에 스트레스를 받고, 어떤 친구는 식사를 제때 하지 못하는 것에 스트레스를 받고, 어떤 친구는 빨래가 제 때 안 되어 있으면 스트레스를 받는다. 먹는 부분에 있어서는 각자 도생이 원칙이었고 만약 집에서 식사를 할 경우, 설거지를 깨끗하게만 해놓으면 되었다. 빨래의 경우도 세탁기를 돌리는데 자기 빨래만 골라서 돌리기도 어렵고 해서 함께 빨래를 하고 널어야 했고, 수건을 공유했기 때문에 각자 빨래를 할 수는 없었다. 청소는 함께 사용하는 공간이기에 누구 한 사람에게 맡기기에는 어려움이 있었다. 그래서 우리는 각자의 성격과 자원에 따라 역할을 분담했다. 청소, 빨래, 설거지, 분리수거, 돈관리, 식사 시 요리 등의 역할을 주어 담당하게 했다. 그리고 일주일에 한 번 정도는 공강시간을 정해 대청소를 했다.

이렇게 살다보니 나름의 공동체성이 형성되었다. 그 집에 모인 친구들이 생활습관이 비슷하기도 했고 관심사가 비슷해서 만나서 대화를 하는데 큰 어려움이 없기도 했지만 그럼에도 각자 여러 학과에서 여러 친구들을 만나고 집으로 돌아오기에 적절한 시간을 마련해 대화를 하는 시간을 가지지 않으면 같은 방을 함께 쓰는 가족같은 관계인데 점점 거리가 생기고 어색해지게 되어 있다. 그래서 일주일에 한 번씩 서로가 합의된 시간을 정해서 자기 전 1시간 정도 회의겸 일주일의 삶 속에서 고민을 나누고 서로 조언도 주고 받는 시간을 가졌다. 그 시간을 기다리는 친구들도 있었다. 가끔은 그 시간이 귀찮아지기도 했다. 그럼에도 가급적 그 시간을 깨뜨리지 않으려고 우리는 노력했다. 함께 사는 사람들에 대한 최소한의 예우라고 생각했기 때문이다. 그러면서 우리는 공동체가 되어갔던 것이다. 지금도 그때의 후배들과 가끔씩 연락을 한다. 대학 선후배들과의 만남을 가지면 꼭 그 자취방 멤버들이 만나 사진을 찍고, 결혼식 등의 이유로 함께 모이게 되면 자신들의 가족을

데리고 한 테이블로 자연스럽게 모인다. 그 젊은 시절에 함께 했던 시간들이 지금의 자신을 이루고 있음을 아는 것이다. 결국 서로가 자신의 일부가 된 것이다. 그것을 가리켜 '가족'이라고 한다. '공동체'라고 한다.

이런 공동체 형성의 원리는 원활한 생활을 위한 역할 분담과 함께 하기 위한 생활 및 가치의 공유에 있다.

쉐어하우스 시대의 도래

최근에는 공유경제의 개념이 도입되면서 쉐어 하우스가 더욱 각광을 받고 있다. 공유 택시, 공유 하우스 등의 개념이 등장하면서 여행 시 우선적으로 알아보는 것이 바로 이런 공유하우스와 공유 택시 등이다. 특히 지금은 에어비앤비[12]라는 사이트를 통해 자신의 집을 다른 사람에게 공유하기도 하고 호텔이나 펜션 대신 조금 더 저렴한 가격과 편안한 가정집 같은 분위기의 집을 원하는 사람들에게 여행지의 숙소를 찾아볼 수 있다. 이 사이트에서는 누구나 자신의 집을 공유하기 위해 상품으로 올릴 수도 있고, 사용할 수도 있다. 이외에도 자신의 집을 개조해서 게스트하우스를 만들어 여행객들이 한 방에 마련된 여러 침대를 사용하며 하루에 1~2만 원만 내고도 하루 숙박이 가능하도록 시스템이 되어 있는 곳도 많다. 이런 곳은 거실이나 욕실, 화장실을 공유하기에 그 공유 경제의 원리가 들어 있는 것이다.

---

12) https://www.airbnb.co.kr/

최근에는 여행객들 뿐만 아니라 실거주를 위한 쉐어하우스도 등장했다. 일반 아파트 형태의 집을 함께 얻어 각자의 방을 나누어 생활하는 형태를 갖추고 함께 생활할 사람들을 모집하는 경우도 있고, 애초에 쉐어하우스 사이트를 운영하며 방 별 임대를 해주는 곳도 있다. 그런 곳에 가면 낯선 사람들이 있지만 각자의 방을 사용하고 거실이나 화장실, 주방을 공유하며 저렴한 가격에 자취 혹은 공동생활을 한다. 또한 의도적으로 특정 종교나 가치를 공유하고싶은 사람들이 함께 집을 얻어 자신들의 생활방식과 가치를 유지하기 위해 공동생활을 하는 사람들도 있다.

이렇게 현대에는 다양한 공유 하우스의 개념이 생겨나면서 내가 대학생 시절에 겪었던 심리적인 어려움과 경제적인 어려움을 극복할 수 있는 공식적인 길이 열린 것이다. 대학 졸업 이후에는 가족이 함께 집을 짓고 나누어 살 수 있는 '땅콩주택'[13]의 개념이나 각자의 집을 별도로 짓고 앞마당이나 창고 등을 공유하는 마을 공동체 형태의 거주 공간도 있기에 앞으로 다양한 형태의 거주가 각자 원하는 생활 형태에 따라 다양하게 생겨날 것으로 전망할 수 있겠다.

대학생들의 경우, 단지 생활을 할 수 있는 공간을 원하는 것이기

---

13) 유사한 집을 두 개로 나누어 함께 건축하는 집의 형태를 일컬음

에 다양한 쉐어하우스 사이트[14]에 들어가서 자신들이 원하는 조건의 집을 찾아보는 것이 좋다. 이때, 각 집의 형태에 따라 무엇을 공유하는지, 어떤 부분의 독립 공간이 제공되는지 등을 면밀히 살피고, 무엇보다 꼭 직접 답사를 해서 어떤 사람들과 함께 살게 될지를 눈으로 확인을 하고 계약을 하는 것이 필요하다.

이런 사이트를 통해 공식적으로 자신이 원하는 집을 고르는 것도 좋지만 가장 좋은 것은 학교에서 만난, 오프라인 상에서 실제로 만난 사람들과 직접 집을 고르고 함께 생활의 원칙을 정해보는 것이 좋다. 아무래도 삶이라고 하는 것은 단지 House만 주어진다고 되는 것은 아니기 때문이다. 앞서 말한, 삶 속에서 채워지지 않은 고독감이나 정서적 결핍 등이 사실 관계의 결핍에서 오는 것이기에 적절한 Home이 필요하다. 그 Home은 혈육이 아니더라도 육체의 쉼 뿐 아니라 정서적인 쉼까지 얻을 수 있는 곳이라면 이루어질 수 있다고 생각한다. 이 정서적인 쉼은 관계 속에서 상호 배려하고 함께 시간을 내어주며 생기는 것이다. 대학생이라면 쉐어하우스를 도전해보길 바란다. 좋은 집을 얻는 것을 넘어 좋은 생활공동체를 만들어가보기를 권한다.

---

14) https://www.woozoo.kr/
https://www.thecomenstay.com/
https://sharekim.com/
http://roomnspace.co.kr/
https://cafe.naver.com/ilovesharehouse

08

배낭여행,
무엇부터 시작하면 좋을까요?

#유럽 #배낭여행 #항공권 예약 #서양 미술사 #웨스트엔드 #유레일패스
#여행은 혼자 하는 것이 좋을까요? #유럽여행 돈은 얼마나 들까요?

대학생이라면 누구나 한 번쯤 꿈꾸어 봤음직한 버킷리스트 중 하나인 배낭여행! 누구나 꿈을 꾸고 계획하지만 아무나 하지는 못하는 여행! 이런 여행이나 계획을 말하노라면 곁에서 한 마디씩 거들기도 한다. 국내 여행을 먼저 하고 다녀오는 것이 어떤지, 혹은 위험하니 조금 안전해지면 해보라느니, 나중에 돈을 더 많이 벌면 제대로 다녀오라는 등의 이야기들을 하곤 한다. 물론, 그 말씀들도 귀담아 들을 필요가 있다. 무엇이든 자신의 형편에 맞게 해야하는 것이니⋯그런데 이런 생각을 해볼 필요가 있다. 왜 이 배낭여행이 많은 사람들에게 버킷리스트일까를 생각해봐야 한다.

누구나 가보고 싶은 낭만이어서이기도 하지만, 그만큼 가기에는 많은 모험이 필요하기 때문이다. 물론, 요즘에는 항공료도 많이 싸지고 정보도 많아서 여행을 시도하는 것이 더 쉬워지기는 했다. 그럼에도 누구나 시도하기에는 돈도 많이 들고 시간도 내야하는 만큼 가끔은 이런 여행을 생각하고 과감한 결정을 내리고 조금 무리할 필요가 있다. 돈은 나이가 들어갈수록 더 벌 확률이 많아지지만 시간은 나이가 들어갈수록 내기가 더 어려워진다. 그렇다면 이런 여행을 할 수 있는 가장 좋은 시기는 대학생 시기이다. 혹은 직장을 이직을 하면서 1~2개월 정도의 시간이 주어진다든지 그런 여유를 만들어야 가능하다. 그렇다면 배낭여행을 시도해볼 수 있는 꿀팁 몇 가지를 소개하고자 한다.

여행을 하기로 결심을 하고 그 시간을 확보한다

이 결심이 가장 먼저 필요하다. 여행을 할지 말지를 고민하는 사람들과 결심을 한 사람들은 다음 행동이 다르다. 여행을 하기로 결심을 한 사람들은 일정을 먼저 정한다. 그리고는 그 해당 시간에 있을 수 있는 스케줄을 다 정리한다. 일정은 보통 여름으로 잡는 것이 좋다. 여행의 취지와 개인의 취향에 따라 다를 수 있지만, 보통 초보 배낭여행자라면 겨울은 피하는 것이 좋다. 해가 일찍 지기 때문에 그만큼 여행할 수 있는 시간이 짧기 때문이다. 우리나라처럼 밤 늦게까지 도시가 불빛으로 반짝이는 곳이 많지 않다. 특히, 유럽의 경우는 하절기에 9시가 넘어도 환하다. 그래서 밤 늦은 시간인데도 여행이 가능하다. 물론, 일몰시간이 되면 갑자기 어두워지고 주변의 상점들이 일찍 문을 닫기 때문에 갑자기 당황스러운 상황이 생기기도 한다. 그러한 면을 고려하여 되도록 하절기에 일정을 잡고, 밤 9시까지 일정을 잡아도 된다.

그리고 여행은 가급적 긴 여행이 좋다. 외부 활동에 대해 두려움이 많고 피로도를 많이 느끼는 사람의 경우 한 달 이내가 좋겠지만, 여행을 하면 할수록 탐험가적 기질이 생기고 더 흥미로워지는 사람이라면 적어도 40일 이상을 잡는 것이 좋다. 왜냐하면 대륙은 국가 간의 이동이 기차나 차량으로도 쉽게 가능하기 때문에 막상 여행이 시작되면 다양한 나라를 가고싶어진다. 여행 일정을 너무 짧게 잡으면 평생에 한 번 가볼까 말까 한 나라 앞에서 발길을 돌려야 하는 상황이 생길 수 있고 무리해서 짧은 시간에 다양한 나라를 잡다보면 여행이 아니라 단지 패키지 관광 수준의 여행에 머무를 수 있다. 나도 여행일정을 30일 이내로 잡고 갔다가 그토록 가보고 싶었던 네덜란드, 스페인, 포르투갈에 가보지도 못하고 발길을 돌려야 했다. 지금까지도 2주 정도만 시간을 더 썼더라면 하는 아쉬움이 있다. 나는 여행을 다녀온지 20여년이 지난 지금까지 네덜란드와 스페인, 포르투갈을 못 가고 있다. 하지만 그때 내 발로 걸어다녔던 나라의 이미지와 정취들은 아직도 내 가슴에 남아 있다.

어떤 여행을 할 것인지를 정한다

여행이라 하면 대부분 막연한 여행 계획을 한다. 그런데 다른 나라를 제대로 여행한다는 것이 쉽지 않다. 여행의 범위가 워낙 넓기 때문에 내가 왜 여행을 해야하는지에 대한 이유를 분명하게 잡을 필요가 있다. 이유와 함께 어떤 컨셉의 여행을 할 것인지를 정하고 보편적인 여행지를 적절하게 섞어 넣을 수도 있다. 예를 들어, 나는 유럽 곳곳의 공연들을 보고싶었다. 나의 진로와도 관련이 있었지만, 특히, 런던 웨스트엔드에서 뮤지컬을 보고 연극축제에 가보고 싶었다. 그래서 각국을 돌아다닐 때마다 공연 하나씩을 보겠다는 계획을 세웠다. 각국의 특색 있는 공연들을 보고 내가 그렇게도 직업을 삼고 싶었던 그 공연에 대한 지평을 넓혀보고 싶었던 것이다.

그래서, 영국에서는 대형 뮤지컬(오페라의 유령, 맘마미아, 시카고)를 봤고, 파리에서는 소극장 공연을, 아비뇽에서는 연극축제에서 하는 연극과 타악 공연을, 체코 프라하에서는 인형극을, 이탈리아 로마에서는 오페라를, 오스트리아 빈에서는 클래식과 무용 공연을 봤다. 이 시간이 나의 지평을 넓혀주는 엄청난 시간들이었다. 그리고 공연을 관람하는 것만으로는 부족했다. 그래서 영국의 대영박물관, 로마의 바티칸 박물관, 파리의 에펠탑, 런던의 타워브릿지, 체코의 프라하성, 로마의 콜로세움 등을 계획해놓고 여행지마다 찾아가 운치와 감동을 즐기기도 했다. 이러한 자신만의 여행

컨셉을 정하면 여행지를 정하기가 쉽다. 나는 문화와 역사를 경험하고 싶었기때문에 로만 카톨릭과 헬레니즘 문화, 그리고 다양한 예술이 숨쉬고 있는 서유럽이 적절했던 것이다.

왜 여행을 하고싶은가? 그리고 그 여행 속에서 무엇을 얻고 싶은가? 이에 대한 답을 얻었다면 여행지를 정해보기 바란다.

돈을 모으기 시작하고 가급적 항공편은 6개월 전에 예약한다

배낭여행을 하려면 돈이 필요하다. 모아놓은 돈이 있다면 별도로 모을 필요는 없겠지만, 기본 왕복 항공료와 차량 이동, 숙박비, 식사비 등을 평균치를 잡고 일수를 계산해 대략의 총액을 잡아 놓는다. 그리고는 예비비를 설정하여 통장에 넣은 뒤, 비자카드나 해외에서 현금인출이 가능한 체크카드를 발급해 놓는다. 비자카드 발급이 어렵다면 부모님으로부터 도움을 받는 것도 좋다. 이 비자카드는 만약을 위한 대비책이므로 쓰지 않는데 비상시에 사용하기 위한 것이므로 부모님의 도움을 받는 것도 나쁘지 않다. 이 부분은 각자의 가정 형편에 따라 진행하면 될 것이다. 일단, 여행은 내가 모은 돈, 혹은 모을 돈으로 한다고 생각하고 하루에 써야할 돈의 기준을 미리 적정한 수준으로 잡고 그 기준을 바탕으로 하루는 절약해서, 하루는 풍족하게 써보는 것도 좋은 방법이다.

그리고 항공권 예약은 먼저 여행사를 통해 알아보는 방법도 좋고 각종 인터넷 사이트를 통해 저렴한 항공편을 알아보기 바란다. 북미나 남미, 호주, 유럽의 경우는 10시간 이상 비행기를 타야하기에 기내식 서비스나 영화 등 멀티미디어 서비스가 나쁘지 않은 항공사를 선택하는 것이 좋다. 국내 항공은 한국인이 서비스를 해주기 때문에 심리적인 안정감은 있지만 가격이 비싸다는 단점이 있다. 그런데 만약, 해외 여행을 자주 할 생각이면 국내 항공사 멤버십에 가입을 해서 마일리지를 적립하는 것이 더 유리할 수도 있다. 10시간 이상의 왕복 비행 거리면 마일리지가 상당히 많이 쌓이기 때문에 다음 여행에서 혜택을 볼 가능성이 높아진다. 이런 이익을 미리 챙겨보는 것도 좋다.

미리 항공료를 예약해야 하는 이유는 저렴한 항공이 많이 나오기 때문이다. 여행사를 통해 알아보면 항공사에서 확보해놓은 항공편이 있기 때문에 좀 더 혜택을 볼 수도 있을 것이니 적절하게 활용해보길 바란다.

아는 만큼 보이고, 보이는 만큼 사랑하게 되는 법

여행 전에는 반드시 공부를 해야 한다. 이 공부가 별거 아닌 것 같지만 여행지에 가게 되면 자신이 공부를 해놓은 곳과 아닌 곳은 느끼는 바에 있어서 차이가 크다. 눈으로 보는 것은 관광이요, 오감으로 느끼는 것은 여행이라고 한다. 그리고 지식을 몸으로 채우기 위한 것은 순례라고 한다. 어떤 종류를 경험하고 싶은가? 대학생에게 추천할 만한 것은 여행과 순례이다. 배우고 익힌 것을 직접 몸으로 경험하면서 삶의 지평을 열어주는 일이어야 하며 오감으로 여행지의 정서를 느끼며 낯선 곳을 나에게 익숙함으로 만드는 일이어야 한다. 그런 여행을 위해서라면 공부를 좀 해보길 바란다.

우선, 여행지의 정보가 일목요연하게 정리되어 있는[15] 여행가이드북과 같은 책을 추천한다. 그 책을 가지고 여행지의 기본정보를 파악해보기 바란다. 그책이 가벼운 책 같아도 해당 도시의 역사와 문화가 잘 정리되어 있고 여행 꿀팁과 주의점도 잘 정리되어 있기 때문에 추천한다.[16]

그다음에는 관심을 가지는 분야를 선택해서 그 역사를 공부하면

---

15) 유럽 100배 즐기기, 정기범 외 (랜덤하우스코리아)
16) 가족과 함께 떠나는 유럽여행, 이범구 외(한울)

좋을 것이다. 예를 들어 서양 미술사[17] 나 세계사[18] 일반 상식 정도
는 공부해볼 필요가 있다. 그러면 다니는 여행지마다 느껴지는 바
가 다를 것이다. 만약 여행을 하다가 여행지에 대한 정보가 부족
하여 즐거움이 느껴지지 않는다면 현지에 상주하는 한국인 가이
드의 도움을 받는 것도 나쁘지 않다.

   내가 유럽여행을 하고 있을 때였다. 로마의 바티칸 박물관 앞으
로 갔는데 비슷한 또래의 한국인을 만났다. 가이드를 신청했느냐
며 물었다. 나는 혼자 여행을 하고 정취를 느끼기 위한 여행을 하
고 있기에 필요없다고 말을 했다. 그랬더니 이곳이 얼마나 넓고도
광범위한 지식이 있어야 이해할 수 있는 곳인지 아느냐며 자신이
선택한 가이드를 소개해줄테니 따라오라는 것이다. 왠지모를 그
한국인 여성의 카리스마에 이끌려 가이드에게까지 따라갔다. 그
런데 그 가이드를 통해 듣는 역사와 신학, 미술사 이야기는 너무
나도 흥미롭고도 즐거웠다. 준비해온 자료까지 보여주면서 흥미
진진하게 설명을 해주더니만 이 넓은 곳에서 꼭 봐야하는 곳이라
면서 우리를 데리고 다니며 설명도 해주고 감상하는 시간도 주었
다. 난 아마도 그 가이드가 아니었더라면 바티칸 박물관의 10분의

---

17) 세상에서 가장 재미 있는 서양 미술사, 마리오 오귀스탱(궁리출판)
18) 단숨에 정리되는 세계사 이야기, 정현경(좋은날들)

1도 제대로 이해하지 못하고 몸만 피곤해 하며 그 유서깊은 바티칸 박물관을 빠져나왔을 것이다. 이렇게 가이드를 적절히 활용하는 것도 좋다. 하지만 더 좋은 것은 미리 공부를 하고 가서 관심이 있는 부분을 깊이 있게 느끼고 오는 것이 더 좋지 않을까?

'사랑하면 알게 되고 알게 되면 보이나니, 그때 보이는 것은 전과 같지 않으리라.[19]

명저 '나의 문화유산 답사기'의 저자 유홍준 교수가 그의 저서 서문에서 하신 말씀이다. 아는 만큼 보이고 그 보이는 만큼 유익을 누린다는 말이다. 생각해볼 만한 말이다.

대학은 지성의 전당이다. 요즘 대학이 실용적인 기관으로 많이 바뀌어가고 있는 추세이기도 하지만 여전히 대학은 공부하는 곳이다. 책을 읽고 발표를 하며 리포트를 작성하는 곳이다. 그러다보니 여전히 견문을 넓혀가기에는 부족한 곳이다. 그래서 대학생으로서 주어지는 그 많은 시간을 다른 곳에서 채워볼 필요가 있다. 국내에서만 20년 넘게 살아본 사람이라면, 낯선 곳으로 자신을 던져서 조금 더 다른 배움을 얻어보고 싶은 사람이라면, 배낭여행을 추천해본다. 남미여행도 좋고, 인도나 호주, 유럽여행도 좋다. 자신이 왜 여행을 해야하는지를 생각하고, 적절한 여행의 컨셉과 장소를 정해보기 바란다. 그리고 공부를 하며 몸으로 즐길 준비를

---

19) 나의 문화유산 답사기, 유홍준(창비)

해보기 바란다.

낯선 곳에서부터 당신에게 찾아오는 객창감[20]과 이방인으로서의 경험, 그곳이 점차 익숙해지고 좋아지면서 얻게 되는 유익이 기다리고 있을 것이다.

새로운 경험을 하지 않았다면, 우리 속의 어떤 것이 아직 잠들어 있는 것이다. 그 잠자는 것을 깨워야만 한다.

프랭크 허버트

여행은 단순한 관광 그 이상인 것이다.

여행은 계속해서 일어나는, 깊고 영원한 인생에 대한 인식의 변화이다.

미리엄 비어드

여행! 누군가가 정해주는, 그래서 돈만 내면 모든 경험을 만들어주는 수동적인 패키지 여행이 아닌, 자신이 직접 만들고 공부하고 경험하는 여행다운 여행을 해보기 바란다. 그 여행을 통해 당신 안에 잠들어 있는 거인을 깨우고 깊고도 영원한 인생에 대한, 넓은 세계에 대한 인식의 변화가 일어나기 바란다.

---

20) 낯선 곳에서 손님으로 느껴지는 외로움

09

대학생으로서의 해외 경험,
도움이 될까요?

#워홀러 #딸기농장 #해외 봉사 #남은 대학 생활은 어떻게?

　새내기 시즌을 지나 3학년 쯤 되면, 남은 대학생활을 알차게 보낼 수 있는 방법에 대해 고민하게 된다. 그동안 학교 생활 적응, 학점관리, 연애 등 다양한 경험을 하느라 바쁘게 살아왔을 것이다. 그 중에서도 대학생 때 해외에 나가 보는 것 또한 색다른 경험이자 많은 이들의 로망이기도 하다. 하지만 해외 경험을 오로지 스펙 쌓기 위한 수단으로 가는 것이라면 다시 생각해보아야 한다.

　점점 기업에서 이러한 대외 활동으로 스펙을 쌓는 것을 선호하지 않는 추세이고, 그러한 목적으로 가다보면 정작 중요한 것들을 놓칠 수 있기 때문이다. 나는 국가고시 준비를 핑계로 해외 경험을 미루었지만, 주변에 해외에 나가는 동기들, 친구들이 굉장히 많았다. 매 방학마다 인도, 터키 등 다양한 나라에 여행이나 봉사를 가는 친구가 있었는데 그 친구는 항상 나에게 '대학생 때만이 누릴 수 있는 특별한 경험을 놓칠 순 없어.'라고 말하였다. 실제로 내가 다닌 학교에서는 보통 대학생의 용돈으로는 가기 힘든 유럽 여행 비용을 학습 체험 계획서와 보고서를 제출하면 지원해주는 글로벌 프로그램이 있었다.

이 밖에도 워킹홀리데이, 해외봉사, 진로캠프 등 대학생들을 위한 해외 프로그램들이 많이 있으니 적극 활용해보기를 추천한다.

청춘의 꽃, 워킹홀리데이

워킹홀리데이는 줄여서 '워홀'이라고도 많이 부르는데 청년들에게 일하면서 여행까지 가능하도록 만든 제도이다. 국내 코레일에서 발매하는 무제한 철도 교통 패스인 '내일로'처럼 20대부터 30대 초반만이 누릴 수 있는 특권 중 하나이며 해외 경험, 영어 공부, 돈 벌기 등 다양한 장점들이 있기에 여건이 된다면 무조건 가보는 것을 적극적으로 추천한다.

그렇다면 어떤 나라로 가는 것이 좋을까? 워킹홀리데이라고 하면 보통 호주를 많이 생각하는데 우리나라에서 워킹홀리데이 협정을 체결한 나라는 23개국이고 이와 비슷한 제도인 YMS(Youth Mobility Scheme)를 운영하고 있는 영국까지 합하면 총 24개국 중에 선택할 수 있다. 이 중 영어를 자연스럽게 배울 수 있는 영어권 나라를 대부분 선호하며 일본도 한국에서 가장 지리적으로 인접해 있기 때문에 많이 가는 편이다. 영어권 나라는 5개국이며 영국, 아일랜드, 캐나다, 호주, 뉴질랜드가 있다. 스웨덴의 경우 스웨덴어가 있지만, 자국민의 80% 이상이 영어를 사용한다고 한다. 나라마다 모집시기, 모집인원 등이 다르니 대략 아래 표를 참고하여 자신에게 맞는 나라를 선택하길 바란다.

	호주	캐나다	영국	아일랜드	뉴질랜드
모집시기	상시	10월~12월	변동	4월, 9월	5월
모집인원	제한없음	4천 명	1천 명	6백 명	3천 명
모집방식	온라인	온라인 (추첨)	우편 (서류추첨)	온라인 (추첨)	온라인 (선착순)
초기비용 (신청 시 은행잔고)	AU$5,000 한화 약 402만 원	없음	£1,890 한화 약 307만 원	1,500유로 한화 약 195만 원	NZ$4,200 한화 약 308만 원
최저시급	$19.49 한화 약 15,500원	$14 한화 약 12,500원	-만 21-24세: £7.70 (한화 약 11,500원), -만 25세 이상: £8.21 (한화 약 12,000원)	€9.80 한화 약 12,500원	$17.7 한화 약 13,000원
비자연장	최대 3년	없음	없음	없음	3개월

일본의 경우 연 4회(1, 4, 7, 10월 경) 모집하고, 스웨덴은 상시 온라인으로 모집한다. 스웨덴의 최저시급은 정해져 있지 않고 협의로 이루어진다는 점이 특징이다.

표에 있는 초기비용은 자격요건에 해당하며 신청 시 은행잔고에 있어야 하는 금액을 말한다. 나라 별로 특징을 조사하다 보니 왜 호주가 워킹홀리데이의 성지인지 알겠다. 모집시기로 보나 모집인원으로 보나 여러 조건이 까다롭지 않고, 심지어 비자 발급도 쉽다고 한다. 2018년도에 여행으로 호주에 2주 동안 머문 적이 있는데 정말 많은 한국 워홀러(?)들을 만날 수 있었다.

위 사진은 호주 여행에서 직접 찍은 사진 중에 가장 좋아하는 사진들이다. 첫 번째 사진은 호주 멜버른에 있는 빅토리아 주립도서관 야경이다. 도서관 주변 곳곳에는 음악을 틀고 자유롭게 춤을 추는 사람들, 악기 연주하는 사람들로 가득 차 있다. 그리고 도서관 앞 풀밭에도 사람들이 많았는데 저기에 누워서 3시간 동안 별을 바라본 적이 있다. 어릴 때 해외에 대한 나의 로망 중 하나가 넓은 들판에 자유롭게 누워있어 보는 것이었는데 정말 시간 가는 줄 모를 정도로 황홀한 감정이 들었다. 두 번째 사진은 역시 멜버른에서 찍은 사진이고 브라이턴 비치이다. 어느 엽서에서 우연히 보고 가보고 싶었는데 실제로 보니 더욱더 예뻤다. 그러고 보면 어렸을 때 넓은 자연과 맑은 하늘, 푸른 바다가 있는 해외여행을 떠올리면 자연스럽게 호주가 생각난 것 같다. 평소 내가 가보고 싶었던 나라가 있다면 20대에 워킹홀리데이를 적극적으로 활용해보아도 좋겠다.

워킹홀리데이에 가기 위해서는 영어 공부가 필수적이다. 영어 실력을 향상하기 위해서라면 더욱 필요하며 기본적인 생활을 위해서라도 영어 공부를 꼭 하고 떠나기를 권장한다. 아는 만큼 들리고 보인다고 하듯, 해외에 가서 배울 생각보다는 먼저 준비하는 것이 더 풍성한 경험치를 가져다 줄 것이다. 여기서 말하는 영어 공부는 토익이나 토플 공부가 아니라 실제 그 나라에서 사용하는 언어에 대한 의사소통 능력이다. 같은 영어라도 나라마다 악센트가 다르고 사투리도 존재하기 때문에 최대한 실제 현지인들과 대화할 기회를 찾아 실전 감각을 익히는 것이 좋다. 주변에 그 나라 외국인 지인이 있으면 좋겠지만 그런 경우는 극히 드물기 때문에 어학원을 다니는 방법도 있고 전화 영어를 통해 연습하는 방법도 있다.

그렇다면 워킹홀리데이로 영어 실력이 향상될까? 내가 최대로 해외에 있었던 기간은 2주뿐이지만 영어 실력이 그때만큼은 잠깐 늘었다. 사람들과 대화를 하려면 영어를 사용할 수밖에 없고, 나 또한 식당에서 음식을 주문하거나 물건을 살 때 최대한 영어로 말하려고 노력했다. 비행기에서 본 영어 회화 책과 기억 속 저편에 있던 고등학교 때 배운 단어까지 꺼내 어떻게든 대화를 이어나가려고 안간힘을 썼던 기억이 난다. 생각이 안나거나 모를 땐 번역기나 네이버 어학 사전 등을 찾아 말하다 보니 어느새 조금씩 영어로 말하는 것이 익숙해졌다. 만약 한국인들과 주로 지내거나 영어로 대화하는 노력을 하지 않았다면 영어 실력 향상을 기대하기는 어려웠을 것이다.

내가 보거나 들은 경험을 토대로 워홀러의 대표적 4가지 유형들을 소개하려고 한다.

먼저, 욕심 많은 워홀러이다. 이들은 돈, 여행, 영어 실력 등 적어도 3가지 이상의 목적을 가지고 있다. 이 목적을 모두 달성하고 한국으로 돌아간다면 아마 가장 성공한 케이스이지 않을까 싶다. 하지만 무작정 따라 하다가는 하나의 목적도 제대로 달성하지 못하고 한국으로 돌아오는 중도 귀환을 택하게 될 수 있다. 실제로 한국 워홀러 중에 60% 정도가 버티지 못하고 중도 귀환을 한다고 한다. 1년이라는 시간은 많은 목적을 이루기에는 생각보다 짧은 기간일 수도 있다는 점을 꼭 명심해야 한다.

그다음으로는 여행에 빠진 워홀러이다. 이들은 프로 여행러로서 일찍 노동을 마치고 다른 도시나 관광명소를 방문하면서 하루하루를 알차게 보낸다. 호주는 임금이 상대적으로 높은 편이라서 여행경비를 모으기도 쉽다. 심지어 워킹홀리데이가 끝나고 돌아오는 비행기로 다른 나라에 들려 여행을 다시 시작하는 사람들도 보았다.

세 번째로 돈을 벌기 위해 온 워홀러들이다. 그들은 해외 생활을 즐기는 것에는 관심이 없고 오로지 열심히 돈을 벌어서 한국으로 돌아가겠다는 마음뿐이다. 브리즈번에 있을 때 기본 투잡을 하는 워홀러들이 많았고, 그렇게 일을 하면 웬만한 한국 직장인들보다 더 많은 돈을 번다. 내가 숙소에서 만난 친구는 딸기 농장에서 일 하면서 청소, 양털 깎기 등 여러 일을 병행했다. 그 친구는 딸기가 좋아서 딸기농장 일을 택하게 되었는데 며칠 일하고 나서는 딸기 만 보면 바로 질려버렸다고 했다. 워홀러가 할 수 있는 일자리 종 류는 굉장히 다양하기에 잘 선택해야 한다. 농장일은 일 구하기가 쉽고 세컨드 비자를 받기 위해 많이 선택하는 것 중 하나이다. 보 통 그나마 딸기농장이 농장일 중에서는 가장 쉬운 편이라고 한다.

마지막으로 워킹홀리데이를 통해 취업하고자 하는 워홀러이다. 실제로 워킹홀리데이 비자에서 취업비자로 연결되는 경우는 드물 고 현실적으로 어렵지만, 아예 불가능한 것은 아니다. 5년 전 '워 홀러에서 취업까지.. 그래픽 디자이너 전예나'라는 뉴스 기사가 나 온 적이 있다. 전예나씨는 한국의 한 전문대에서 영상디자인을 전 공하다가 꿈에 그리던 영국 YMS에 참가하였고 여기서 그녀는 일 을 한 것이 아니라 하루종일 영상 그래픽 제작 업체에 이력서를 보내기에 몰두했다고 한다. 이렇게 처음부터 해외 취업을 목적으 로 가는 경우가 있기도 하지만, 워킹홀리데이를 하면서 기존에 갖 고 있던 어학 능력이나 자격증을 통해 취업이 되는 경우도 있다.

결국 중요한 것은 '나는 어떤 목적을 가지고 워킹홀리데이에 가느냐'이다. 혹시나 워킹홀리데이를 가는 것을 현실에 대한 도피로 생각하면 절대 안 된다. 한국에서 대학 전공이 맞지 않거나 취업에 대한 회의로 워킹홀리데이를 생각해 볼 수는 있지만, 반드시 뚜렷한 목적으로 가지고 가야 한다.

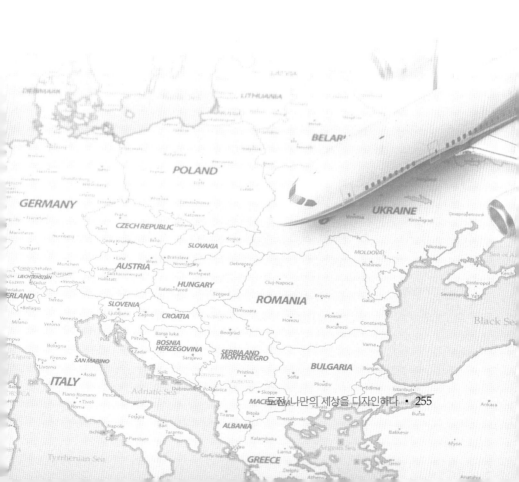

해외 봉사, 다녀오면 어떨까?

워킹홀리데이처럼 대학생 때 해외 경험을 할 수 있는 다른 방법으로 해외 봉사가 있다. 해외에서 일과 여행이 아닌 다른 의미 있는 활동을 해보고 싶다면 해외봉사를 지원해보는 것을 추천한다. 대학교 때 꾸준히 해외 봉사를 다니던 선배가 있었는데 해외 봉사에서 만난 현지인 아이들과 뿌듯했던 교육봉사 경험을 들려주었다. 교육봉사 뿐만 아니라, 건물 청소나 음식 배부 등의 봉사도 한다고 한다. 그때 해외 봉사에 대해 느낀 것은 단순히 해외에 가서 관광지를 방문하는 것 이상으로 내가 세상 밖의 누군가를 위해 가치 있는 일을 했다는 것과 작은 것에도 소중하게 생각하고 감사하는 마음을 가지는 것에서 의미가 있다고 생각했다. 해외 봉사가 누구에게는 하나의 스펙이 되기도 하고, 인생의 터닝 포인트가 되기도 한다. 풍성한 스토리텔링을 위한 스펙을 위해서라면 가고자 하는 동기와 무엇을 얻고 어떻게 성장했는지 나만의 이야기를 기록해 보는 것도 좋을 것 같다.

반면, 왜 우리나라 사람들은 해외 봉사를 가는가? 라고 물을 수 있겠다. 기본적으로 해외봉사의 역사를 들여다보면, 우리나라의 경제가 지금과 같이 발전한 데에는 우리나라 사람들의 근성과 노력도 있지만 6.25 전쟁 이후 받은 ODA(공적개발원조)의 덕을 무시할 수 없다. 그 어려웠던 때에 무상으로 몇백억 달러를 받았다는 것은 엄청난 행운이다. 그렇기에 받은 만큼 우리나라도 어려운 나라를 도와줄 의무를 갖고 있는 것이다. 많이 알고 있는 KOICA 해외봉사단은 이와 같은 이유로 국제사회의 빈곤 퇴치, 인권 향상, 협력대상국과의 경제 협력 등을 목적으로 설립되었다.

워킹홀리데이와 해외 봉사 이외에도 해외 경험을 할 수 있는 기회들은 많이 있다. 남은 대학 생활을 어떻게 보낼지 고민하고 있다면 이러한 색다른 경험을 위해 나의 인생의 의미를 찾아보기 바란다.

10

스펙 9종 세트?
인턴은 도대체 뭡니까?

#인턴 면접 #하늘의 별 따기 #AP 면접 #취업준비 #스펙 N종세트
#직장인도 아닌, 학생도 아닌…

취업난으로 새로운 신조어가 생기고 있다. 생각해보니 스펙과 무관한 학과를 나와서 대학 시절엔 특별한 대외 활동은 하지 못했다. 임용 시험의 낙방으로 인해 뒤늦게 취업 준비를 해야 했고, 당시 3종 세트였던 학벌, 학점, 토익 중 토익 공부를 했다. 학벌과 학점은 이미 내 손을 떠나 버렸으니까. 지금 표현으로 하면 '실패한 호모 스펙타쿠스'인 셈이다. 근래는 3종에서 추가되어 어학연수, 자격증, 봉사활동, 인턴, 수상 경력, 아르바이트 등을 포함하여 8종 세트 혹은 n종 세트라고 이야기를 하기도 한다.

n종 세트 중 한 가지인 인턴은 무엇일까? 인턴은 단기간 회사에서 일하는 경우를 표현하는데, 견습사원이라고 불리기도 한다. 인턴이란 표현은 의과대학 졸업 후 수련의 때를 칭하였는데, 근래는 가르친다는 명목하에 적은 임금으로 경험을 쌓게 하는 의미로 사용한다.

희망 직무를 쌓기 위한 인턴은 때로는 단순 사무보조 일만 하다가 마무리되는 경우도 있고, '인간을 턴다'는 부정적 준말의 표현으로도 사용하기도 하지만, 그렇게 나쁘게만 생각할 건 아니다. 어떤 사람에겐 지나가는 길의 돌멩이가 걸림돌일 수도 있지만, 어떤 사람에겐 디딤돌이 될 수도 있듯이 예비로 직장 생활을 경험한다는 좋은 의미와 함께 채용에 영향을 끼치는 경험까지 있다면 두 마리의 토끼를 잡을 수 있을 테니 도전해보는 것이 좋다.

인턴 시작을 위한 모든 것

인턴 신청은 학교 홈페이지, 워크넷, 잡알리오, 스펙업, 아웃캠퍼스, 사람인, 잡코리아 등 다양한 사이트를 통해서 접수를 하니 수시로 확인하는 것이 필요하다. 다만, 알바몬이나 알바천국에서도 인턴이란 명칭으로 올라올 수도 있으니 아르바이트생을 채용하는 경우도 있으니 유의하기 바란다.

정식 일자리가 아닌 인턴마저 하늘의 별 따기라고 하니, 대학생들은 분야 가리지 않고 어디든 지원을 하는 것이 현실이다. 그러다 보니 취업 준비생들 입에선 인턴이 아닌 금턴(금+인턴)이라는 표현이 생겼다. 그러나 인턴이기에 일단 합격하고 보자는 마음보단 직무를 가려가며 지원하는 것이 필요하다. 인턴 지원 전 어떤 회사이며, 어떤 일을 배울 수 있는지 그리고 처우나 근무 환경은 어떤지를 파악하지 않는다면 경험이 아닌 고생만 하다가 나오기 일쑤다. 그렇기에 잡플래닛과 크레딧잡 리뷰를 살펴보는 것도 좋

은 방법이다. 잡플래닛의 컴퍼니 타임스는 선배들이 직장 생활 이
야기, 어떤 경험을 했고, 어떤 동료가 있는지 등을 살펴볼 수 있을
것이다.

추가로 공공기관의 인턴은 타 공공기관 인턴 경험이 있으면 경
력과 가산점으로 인정해주는 기간이 있으니 기간을 분명하게 살
펴보는 것도 필요하다. 또한, 11개월의 인턴의 경우, 퇴직금, 연차
보상 등 경제적 부담을 피하기 위함일 수도 있음을 인지해야 한
다. 열심히 경력을 쌓는 것과 함께 노동 착취를 당하지 않도록 배
우는 것도 필요한 시점이다.

인턴 면접을 위한 조언 한 가지

면접이 진화되고 있다. 이력서의 내용만 묻는 면접은 큰 의미가
없다. 근래 기업의 면접 유형을 살펴보면, 인성 중심 면접에서 직
무 수행 능력을 평가하는 역량 면접이 많아지고 있다. 또한 우수
한 인재보다는 적합한 인재를 선발하고자 한다.

인턴 면접에서 지금부터 이야기하는 유형이 모두 나오진 않겠
지만, 면접 준비를 위해 파악해보길 바란다. 먼저 AP(Analyze
Presentation) 면접은 현장에서 발생하는 사례를 제시하고 발표
하는 유형이다. 사례 분석형과 발표형 두 가지로 나눈다. 자신의
사고를 표현하는 PT 면접, 자기 생각을 논리적으로 제안하고, 다
른 구성원의 의견을 경청하는 집단 토론 면접, 상황 제시 혹은 사
례를 통한 인성 면접, 약점을 묻거나 답이 없는 압박 면접, 영어 면

접, 면접관과 면접자가 함께 일정 시간을 보내는 합숙 면접 등이
있다. 대략 영어 면접, 합숙 면접의 경우 사전 공지가 되는 경우가
많다. 앞서 말했듯 인턴을 위한 준비는 본 게임을 위한 준비라는
것을 잊지 말아야 한다.

　면접에 대해 파악을 하였다면, 본인이 면접관이라 생각하고, 면
접 준비를 해볼 필요가 있다. 기업 입장에서는 인턴 또한, 인력풀
확보를 위한 기회이기 때문에 신중할 수 밖에 없다. 여러 사이트,
카페에서 많은 취업준비생이 면접 후기 등을 올려두니 후기를 참
고하는 것도 방법이다. 대체로 지원서에 작성한 내용과의 일관성
있는 답변과 직무와 연관된 자기 분석은 필수다. 어쩌면 인턴은
대학 졸업을 앞둔 마지막 관문이라는 생각이 든다.

인턴 활동 시 유의할 점이 있나요?

　인턴은 채용 연계형 혹은 전환형과 체험형으로 나눌 수 있다. 전
환형은 모든 인원이 채용되는 것이 아닌 소수의 인원만 전환이 되
기에 말 그대로 전쟁터가 될 것이다. 어제의 동기가 내일의 적이
될 수도 있는 슬픈 상황이다. 어찌 되었든 최선을 다하는 게 중요
하다. 그리고 인턴은 대학생의 신분에서 벗어난 준 직장인이다. 그
렇기에 인턴 과정에서 만난 선배를 대학생 선배를 대하듯 대해선
안 된다.

　첫 번째는 기본예절이다. 예절과 관련하여 시간 엄수와 인사성,

복장 등 이야기할 게 많지만, 인턴과 관련된 내용에 한정하여 이야기하겠다. 출퇴근 시간은 철저히 지키는 게 필요하다. 대학생 때야 지각을 해도 혹은 잘 모르는 직원분들과도 마주치면 그냥 지나치지 마시고 먼저 밝게 인사하길 바란다. 인사성 있다고 싫어하는 상사는 없다. 나의 인상뿐 아니라 주위를 환하게 만들 수 있는 게 인사다.

두 번째는 내가 속한 곳의 조직도를 익히는 일이다. 대개 근무 시작 일주일 정도는 많은 일을 시키지 않는다. 그래서 시간 동안 근무지 조직도를 찾아서 성함과 각 직원이 하시는 업무가 무엇인지 빠르게 외우면 좋다. 그래야 본격적으로 업무에 투입이 되었을 때 모르는 게 있으면 담당 선배에게 바로 확인하며 시간을 줄일 수 있다. 보통 조직도를 홈페이지에 올려두는 곳도 있고, 사무실 입구에 붙여둔다.

세 번째는 업무용 노트 만들기다. 인턴은 배우기 위한 곳임을 잊지 않기 바란다. 마치 직장인이 된 듯한 착각이 들 수도 있지만 환상에서 벗어나야 한다. 근무를 하다 보면, 배운 내용을 한 번에 이해하기 어렵다. 심지어 방금 들었는데 기억이 나지 않는 경우도 생길 것이다. 그렇기에 한글 파일이나 공책에 나만의 업무 노트를 제작해보는 것을 추천한다. 그리고 차곡차곡 기록해두면 후에 본격적인 취업을 위한 자기소개서 쓸 때도 기억을 떠올리기 쉽기에 유용하게 쓰인다.

네 번째는 능동적으로 일하기이다. 어차피 떠날 곳이기에 소극적으로 일해선 곤란하다. 자신의 업무가 정리가 다 된다면, 바빠 보이는 선배 혹은 단순한 업무를 하는 선배에게 '도와드릴 일 없나요?'라는 질문을 한다면 멋진 인턴으로 주변에서 기억될 것이다. 갓 들어온 후배들을 생각해보라. 소극적인 것보단 적극적으로 무언가 하려는 후배가 예뻐 보이고 좀 더 챙겨주고 싶었을 것이다. 그렇다고 열정페이를 하라는 이야기는 더더욱 아님을 기억하라. 근무 시간 중 할 수 있는 일을 하라는 것이다.

다섯 번째는 취업 준비이다. 인턴은 대학생도 아니면서 직장인도 아닌 애매한 위치다. 바쁘겠지만 공개 채용 정보와 공고를 살펴보며 지원서 작성과 자기소개서를 분석하며, 현재의 인턴 생활 중 어떤 직무와 함께 연결할 것인지를 고민해야 한다. 간혹 '일하면서 공부하기 너무 힘들어서 인턴 하는 동안 공부를 내내 안 했다', '일하면서는 절대 공부 못하겠더라.' 이런 이야기도 들을 수 있을 수 있겠지만, 본질을 놓쳐선 안 된다. '꾸준히'가 중요하다.

인턴에 대한 이야기를 했지만, 지금의 대학생을 보면 미안한 마음이 든다. 내가 대학생이던 시절보다 더 치열하게 살아갈 수 밖에 없는 사회 속에서 고군분투하며 지내는 것 같다. 그런 내가 감히 이런 말을 하는 게 공감을 받을 수 있을지 모르겠다. 다만, 이력서의 한 줄을 위해 마음에도 없는 활동은 하는 것에 대해 그리 긍정적으로 생각하진 않는다. 각자의 삶은 분명 존재한다. 남과 다르면 알 수 없는 불안감, 하지 않으면 뒤처지는 듯한 공포감 속에서 누군가를 맹목적으로 따라갈 필요는 없다. 그러나 내가 도전하고 싶은 부분은 알뜰히 챙겨가는 것이 필요할 것이다. 내가 하고 싶은 인턴을 해라. Be yourself!

04

사회,
더 넓은 세상으로 걸어가다

01

좋아하는 일을 해야 할까요?
잘하는 일을 해야 할까요?

#좋아하는 일 #잘하는 일 #세상이 필요로하는 일 #SWEET SPOT

이 난제에 대해 성공한 사람들은 다음과 같이 말하고 있다.

내가 잘하는 일을 하다가, 좋아하는 일로 넘어가게 되면
어느 순간 '일'이 '놀이'가 된다.
-법륜스님-

제일 좋아하는 일을 해야 합니다.
-요리 연구가 백종원-

행복감이 높은 사람은 '잘하는 일보다 좋아하는 일'을 선택한다.
-<굿라이프> 저자 최인철-

예전에는 음악 듣는 게 너무 좋아서 '나는 가수를 해야지'라고 생각했지만, 예전
처럼 음악을 들으면서 '이야! 이 음악 너무 좋다.' 막 즐기고 신나고 이렇게 가
벼운 마음으로 음악을 감상한 적은 없게 된 거예요. 10년째.
-가수 아이유-

'좋아하는 일'이라는 환상
-고민 상담사 김미경-

좋아하는 것과 잘하는 것 교집합에서 직업을 찾아라. 좋아하는 것이 음악이고,
잘하는 게 회계라면, JYP 회계팀에 들어오세요.
-JYP엔터테인먼트 대표 박진영-

소위 성공한 사람들의 생각이 이렇게나 다르고 다양한데, 뭐 도대체 어쩌라
는 것인가?

'좋아한다'와 '잘한다'는 무엇서 오는가?

사람이 태어나자마자 좋아하고 잘하는 것이 있을까? 없다. 그것을 찾아 '나'를 만들어가는 과정이 우리의 인생이다. 그렇다면 좋아하는 일과 잘하는 일의 근원은 무엇일까? 잘하는 일은 모두가 알고 있듯이, 다른 누군가에게서 온다. 나 혼자서 잘한다고 생각하는 것이 아니라 다수의 생각이 절대적인 영향을 미친다. 또한, 잘한다는 것은 보통 눈에 보이는 뚜렷한 '성과'를 통해 알 수 있으며 그 본질이 잘 변하지 않는다.

좋아하는 일은 '쾌감'에서 온다. 우리가 좋아하는 일과 잘하는 일 사이에서 고민할 때 가장 먼저 주의해야 할 것이 있다. 스터디코드 조남호 대표의 말을 인용하자면 '그것은 바로 좋아한다는 것이 단순한 일시적인 감정이나 말초신경에서 오는 쾌락인지 구분해야 한다.'는 것이다.

게임을 정말 좋아하는 아이가 있다. 온종일 게임 생각에 빠져있고, 밤새도록 게임을 해도 질리지 않고, 그래서 프로게이머가 되기를 희망하는 아이다. 이때, 나는 묻고 싶다. 그 아이가 게임을 직업으로 삼을 만큼 가치 있게 생각하는 것인지, 쾌감이 아닌 키보드와 마우스를 만지면서 느껴지는 단순한 쾌락이 아닌지. 또, 비행기를 좋아하는 아이가 있다. 비행기가 하늘 위로 지나가면 손을 흔들고, 그림을 그리라고 하면 항상 비행기를 그린다. 그 아이는 비행기 조종사가 되어야 하는가? 나는 한때, 첼로리스트를 꿈꾼 적이 있다. 처음에는 바이올린을 서포트해주는 역할이 맘에 안 들었지만, 무대 위에서 지휘자의 지휘에 따라 아름다운 음악을 내 손으로 직접 연주하는 순간과 연주가 끝이 나고 사람들의 박수갈채 소리를 들을 때 알 수 없는 전율이 느껴졌다. 피아노를 배울 때는 못 느꼈던 쾌감을 느꼈다. 나는 첼로리스트가 되었을까? 아쉽게도 아니다.

좋아하는 일은 '실력'에서도 온다. 첼로를 배우면서 초반에는 사람들에게 인정도 받고 칭찬도 들었지만, 점점 한계에 부딪히는 것을 느꼈고, 점점 낮은음자리표를 보는 것이 두렵고 힘들어졌다. 점차 늘지 않는 나의 실력과 첼로를 가르쳐주시는 선생님의 실망 속에서 나는 자연스럽게 꿈을 접었다. 이에 대해 "너무 쉬운 포기가 아니냐, 그만큼 좋아하지 않았던 거 아니야?"라고 말하는 사람도 있을 수 있다. 결론적으로 나는 첼로를 직업으로까지는 연결하지 못했다. 내가 처음으로 되고 싶었던 꿈은 사실 화가였다. 그 이유는 화가가 쓰는 모자가 너무 멋있어 보여서였다. 그림 그리는 것도 물론 좋아했다. 하지만 그림 그리기 대회, 포스터 공모전 등 참가하는 대회마다 떨어졌다. 한 번은 내 그림이 풍경화가 아닌 추상화 같다면서 반으로 찢어버린 선생님 덕분에 미술에 대한 트라우마까지 생기게 되었다.

음악과 미술 모두 내 길이 아니라고 생각할 때쯤, 수학이라는 학문을 접하게 되었다. 재밌었는지 좋아했는지 기억은 안 나고 그냥 문제를 맞히는 성취감에 묵묵히 공부를 해나가고 있었다. 쾌감이나 전율도 느껴보지 못했다. 그러다가 학교에서 시험을 보았는데 높은 점수를 받았고, 선생님과 친구들이 나에게 관심을 보였다. 여기서부터 수학을 좋아하는 마음이 조금씩 생기기 시작했다. 스스로 어려운 문제도 찾아 풀어보고, 한 문제를 오래 고민해보면서 쾌감이라는 것을 느꼈다. 그리고 친구들은 수학 문제를 물어보려고 쉬는 시간마다 나를 찾아왔다. 여기서 나는 누군가에게 영향력 있는 사람이라는 것을 알게 되었다. 결국, 우연히 끌려서 했던 것이 잘하는 일이 되었고, 좋아하게 되었다.

　이렇게 좋아하는 일은 '쾌감'을 통해 오기도 하며, 한편으로는 '실력'에서 오기도 한다. 실력은 곧 잘하는 일이다. 그래서 좋아하는 일과 잘하는 일은 매우 밀접하게 연결되어 있다. 실력을 인정받으면 '자기효능감'이 생기고, 쉽게 포기할 수 없으며 좋아하게 될 가능성이 크다.

좋아하는 일을 어떻게 찾나요?

지금부터 각자 무언가를 좋아하게 된 계기를 곰곰이 생각해보면 좋겠다. 쾌감이나 전율을 느꼈던 경험. 꼭 어떤 정해진 명사가 아니어도 된다. 아니, 그렇지 않을수록 좋다. 나는 처음엔 '수학'을 좋아해서 수학교사를 하고 있다고 생각했었지만, 나중엔 내가 '누군가에게 좋은 영향을 줄 수 있는'이라는 가치를 강력하게 원하고 있기 때문임을 깨닫게 되었다. 내가 반드시 수학교사가 아니라 일론머스크처럼 전기차를 만들어 인류와 세계의 미래에 도움이 되었다고 해도 난 성공한 사람이다. (물론 실력이 안 되지만 말이다.) 반대로 일론머스크가 추구하는 가치가 '다른 누군가에게 영향력 있는' 것이라면 나 대신 세종시에서 수학교사를 하고 있어도 그는 충분히 성공한 사람이다.

이런 이야기를 우리 반 학생들과 상담하면서 해준 적이 있다. 하지만 돌아오는 답은 쾌감과 전율에 대한 경험이 전무하다는 것이다. 대부분 호기심이나 단순한 쾌락에 불과했던 것 같다고 말한다. 또한, 단기간에 찾기 힘든 부분도 있고, 사실 우리 인간은 본인이 정말 원하는 것이 무엇인지 모르는 경우가 대부분이다. 자아 성찰이라는 것을 제대로 해보지 못했고, 학교에서도 무엇이 쾌감과 전율인지 알려주지도 않기 때문이다.

"아무리 좋아하는 일이라도 직업으로 하면 싫어진다는데.."

"좋아하는 일을 직업으로 삼으면 그 일에 대한 흥미가 떨어지지만
싫어하는 일을 직업으로 삼으면 인생에 대한 흥미가 떨어진다."

라는 말들이 있다. 좋아하는 일로는 성공하기 힘들까? 우리는
무엇을 직업으로 정해야 할까?

꿈=좋아하는 일+잘하는 일+남에게 도움이 되는 일

'무엇을 하면서 먹고 살아야 하는가?'라는 질문에 나는 잘하는
일을 하면 된다고 자신 있게 말할 것이다. 실제로 생계유지 즉, '먹
고 사는 일'은 우리에게 무척이나 중요하다. 먹고 사는 욕구가 충
족되지 않으면 그 어떤 다른 욕구도 온전히 채워질 수가 없다. 그
런 사람은 '나'라는 생명체를 돌볼 의무를 다하지 않는 자이다. 하
지만 우리의 인생은 생각보다 길고, 평균수명은 점차 늘어나고 있
다.

먹고 사는 일 다음으로 자아실현과 꿈을 이루기 위해서는 좋아
하는 일과 잘하는 일과 남에게 도움이 되는 일, 이 세 가지의 교차
점으로 결정하면 된다. 쉬운 말 같지만 이 말은 이상적이고 비현
실적인 이야기일 수 있다. 내가 좋아하고 남들보다 조금 잘한다고
생각하는 일을 '누군가의 행복이나 부족함을 채워줄 방법은 없을
까?' 라고 고민해볼 수 있다. 유튜브 크리에이터 '임한올'은 자신

의 목소리를 전달하는 일을 좋아했는데 어느 날 '시험 기간에 지쳐 있는 친구들을 위해 무슨 노력을 할 수 있을까?'를 고민했다고 한다. 그리고 그때 당시 가장 인기 있던 '리그 오브 레전드' 게임 캐릭터들의 성대모사를 녹음해서 친구들에게 들려주었다. 생각보다 친구들의 반응은 좋았고, 시험 기간 지쳐 있던 친구들이 신나서 행복해하는 모습에 기뻤다고 한다. 친구들은 그녀의 목소리뿐만 아니라 성대모사할 때 어떤 표정을 짓는지도 궁금하다는 피드백을 주었고, 처음으로 성대모사 하는 영상을 휴대폰으로 찍어 개인 SNS에 올렸다. 이 영상이 다른 사람들에게 즐거움과 힐링이 되었고, 지금은 80만 구독자를 보유한 유명 크리에이터가 되었다.

성공한 기업들은 어떤 생각을 가지고 일을 시작했을까? 다음은 창업특강 김영광 선생님의 강의 내용에서 발췌한 성공한 기업들이 모토로 삼았던 동기와 목적이다.

- 세상을 더 개방적이고 더 연결된 곳으로 만든다 - 페이스북
- 세상의 정보를 누구나 쉽게 사용하고 접근할 수 있게 한다 - 구글
- Capture and Share the world's moments - 인스타그램
- 금융을 쉽고 간편하게 - 토스
- Music&Artist for healing - 방시혁, 하이브
- 가장 효과적인 교육을 전 세계 모두에게 - 콴다
- 패션 브랜드를 돋보이게 하고 그들의 성장을 돕는 서포터가 된다 - 무신사
  (무지하게 신발사진 많은 사이트)

공통점이 있다면 그것은 바로 강력한 동기와 목적이 있다는 것이다. 토스(toss)는 대한민국 회사로 모두의 삶을 더 낫게 만들고 싶다는 동기로 시작되었으며 처음으로 사람들의 불편함을 수집하게 되면서 성장했다고 한다. 토스의 광고 중에 이러한 문구가 있다. '토스, 금융부터 바꾼다. 모든 것을 바꿀 때까지'. 그리고 그들은 자신이 좋아하고 잘하는 일에만 집중한 것이 아니라 세상의 요구와 불편함에 귀를 기울이고 그 방향으로 성공을 찾았다.

김인숙 대표의 '뭐 해 먹고 살지' 문답집에서도 비슷한 이야기가 있는데 '스위트 스팟(SWEET SPOT)'에 대한 내용이다. 스위트 스팟은 좋아하는 일과 잘하는 일, 그리고 사람들에게 선한 영향을 주는 의미 있는 일의 교집합을 뜻한다. 그리고 '내가 좋아하고 잘하는 일이라도, 나에게 의미 없는 일이라면 할 수 없다.'라고 말한다. 여기서 의미 있는 일은 다양하게 해석할 수 있지만, 세상이 원하고 필요로 하는 일과 일맥상통하는 부분이 있다. 문답집에 나와 있는 벤다이어그램을 채워보면서 내가 해야 할 일에 대해 생각해보기를 권한다.

의미있는 일
(세상이 원하는 일)

좋아하는 일

잘하는 일

　마지막으로 해주고 싶은 말은 무엇이든 경험에서 우러나온다는 것이다. 많은 경험을 해보아야 한다. 좋아하는 일이나 잘하는 일에 대한 고민과 그에 대한 해법은 경험이 있어야 찾을 수 있다. 내가 만약 그림 그리기 대회에 나가지 않았더라면, 혹은 첼로를 배우지 않았더라면 그것을 좋아하는지 잘하는지 고민조차 하지 않았을 것이다. 또한 내가 수학을 가르치는 일이 아니라, 다른 분야의 일을 더 잘한다는 것을 경험을 통해 알게 되었더라면, 내 직업은 바뀌었을지도 모른다. 대학에 입학한다면 동아리, 프로젝트, 대회 등에 참여하면서 다양한 경험과 세상을 얻어보기를 바란다.

2

남들처럼 평범하게 살고 싶은데
어떻게 해야 하나요?

#평범 #어디까지 알아보고 오셨어요? #Not Normal #평범하다는 것의 의미
#평범한 삶이 아닌 내 삶

평범이란 사치, 평범함의 기준

어릴 때는 성인이 되면 아주 자연스럽게 직업을 가지게 되는 줄 알았다. 내가 어릴 때 본 어른들은 대부분 샐러리맨이었다. 하지만 직업을 갖는 것은 대단히 어려운 일이며 수많은 과정을 통과해야 한다는 사실을 성인이 되면서 깨달았다. 어찌 보면 대학을 가기부터가 매우 어렵고 험난한 과정이다.

주변을 보면 "나는 남들처럼 평범하게 살고 싶어.", "내 꿈은 평범하게 사는 거야."라는 말을 하는 사람들이 많다. 평범한 삶을 꿈꾸는 이들에게 물었다. 우리나라에서 평범하게 산다는 것은 어떤 건가? 그들이 말하는 평범이란, 4년제 대학교를 졸업하고 대기업에 취직해서 30살 정도에 결혼하고 아이 둘을 낳는 것. 혹은 좋은 대학에 나와 전문직에 종사하며 30평 이상의 아파트를 소유하고 가정을 꾸리는 것. 사실 이러한 삶을 사는 것은 적어도 상위 10%에 해당한다. 인서울을 목표로 했을 때 갈 수 있는 학생들은 일반고 기준으로 했을 때 상위 10%이며 반에서 3등 정도 해야 하는데 결코 쉬운 일이 아니다. 취업도 그렇고 집도 그렇다. 서울에 아파트 가격이 평균 6억 정도 한다면 사실 이는 상위 10%에 해당한다. 그리고 이 모든 것들을 충족시킬 확률은 2% 미만이다. 우리나라에서는 사람들이 말하는 평범한 삶을 위해서 좇아야할 것들이 너무 많고 그렇기 때문에 유독 인생이 살기 힘들다고 생각하는 사람들이 한국에 많은 이유인 것 같기도 하다. 모든 사람이 상위 10%가 될 수 없고, 평범하다고 생각한 것이 사실 평범함이 아니기 때문이다.

 '평범하다'라는 말의 뜻을 사전에서 찾아보면 '뛰어나거나 색다른 점이 없이 보통이다.'라고 나온다. 과연 위에서 말한 삶들이 뛰어나거나 색다르지 않고 보통의 삶일까? 평범함의 기준을 정할 수 있긴 할까? 평범하다는 말을 쓰려면 일단 주변과 비교했을 때 비슷하다는 의미를 가져야 하는데 사람은 모두가 다른 범주 안에 살며 그 기준이 모호하다. 즉, 나의 환경이 바뀌면 평범의 의미도 바뀌게 되는 것이다. 평범이라는 말은 매우 상대적이며 뚜렷한 형체가 없는 말이다.

평범한 삶이 아닌 '내 삶'을 살아라

아직 세상을 경험해보지 못한 학생들에게는 어떤 삶이 행복한 삶일지, 그리고 어떤 삶이 옳은 방향인지 모를 수도 있다. 그래서 어른들이 정해놓은 루틴 대로 하다 보면 행복하겠지, 혹은 사람들이 말하는 삶을 좇다 보면 그게 좋은 삶을 사는 것이라고 믿을 수도 있다. '인생은 실전이다'라는 책의 저자 신영준과 주연규는 다음과 같이 말하고 있다.

'구체적인 인생의 목표가 없을 때 평범하거나 무난하게 살고 싶다고 말하는 경우가 많았다.'[21]

누군가는 대학교 4년제 졸업 후 대기업에 취직해서 결혼하고 아이를 낳는 삶이 목표일 수 있다. 하지만 중요한 것은 단순히 '남들처럼' 사는 것이 아니어야 한다는 것이다. 그리고 구체적인 '목표' 이전에 '목적' 또한 중요하다. 목표와 목적은 다르다. OO기업에 취업하는 것이 목표라면 그 목적은 돈을 많이 벌기 위해서, 나의 명예를 위해서 등이 있을 것이다. 돈을 많이 버는 목적도 생각해 보아야 한다. 항상 자신의 인생의 선택지에서 WHY를 생각하며 그려나가야 목적이 있는 삶을 살 수 있다. 아무런 목적 없이 남들이 만들어 놓은 프레임 속에 갇혀 살다 보면 끝도 없는 허무함이 밀려올 수 있다. 그 삶의 결말은 불행하다고 말하는 사람도 있다. 신의 직장이라고 불리는 직업을 갖고 있으면서도 행복하지 않

---

21) 신사임당, 주연규 '인생은 실전이다' p.30

은 이들도 있다. 나의 삶을 전체적으로 훑어보면 사람들이 말하는 '평범한 삶'이라고 말할 수도 있겠다. 지금 평범한 삶을 살고 있기에 행복한 것도 아니고 그렇다고 평범한 삶을 살아서 불행한 것도 아니다.

나는 고등학교 때 '왜 수학선생님이 되고 싶니?'라는 질문을 받았고, 지금은 '수학 선생님이 왜 되고 싶었니?'라는 질문을 받는다. 흔히 사람들은 '안정적이어서? 수학을 잘해서? 돈을 많이 벌기 때문에?'라고 되묻는다. 나 스스로 그런 질문을 들으면서 곰곰이 생각해 보았다. 수학을 좋아하고 잘하게 되어서 수학선생님을 꿈꾼 것은 맞는데 그 많고 많은 직업 중에 내가 이 직업을 갖고 싶은 마음이 강하게 든 것은 무엇 때문일까? 그 당시 성공이나 돈에는 관심이 없었다. 정말 내가 돈을 많이 벌고 싶었으면 선생님이 아닌 다른 직업을 했을 것이다. 교사가 안정적인 직장이긴 하지만 그것이 내가 꿈을 이루고 싶은 강한 동기를 주지는 못했다. 나보다 수학을 잘하는 친구들이 많았지만, 그 친구들이 모두 수학 선생님이라는 꿈을 갖지는 않았다. 내가 수학선생님이 되고 싶었던 이유는 수학을 친구들에게 알려주는 것, 어려운 문제를 해결하는 것들이 내 인생에 있어서 큰 행복을 가져다줄 것 같은 확신이 들었고, 점점 '나는 이 일을 해야만 해. 이 일을 해야 행복할 것 같아'라는 생각이 강하게 들었기 때문이다. 남들이 보기에는 굉장히 평범한 삶을 사는 것 같지만 그 과정은 절대 자연스럽게 남들처럼 살고 싶은 마음이 아닌 나름 뚜렷한 목적의식이 있었다.

고등학교 시절에 나의 불안감을 잡아주던 하나의 책이 있었다. 이미 유명한 '시크릿'이라는 책이다. 이 책은 먼저 학교에서 수업 시간에 영화로 보고 난 후에 책을 사서 읽어 보았다. 저자 론다 번은 잭 캔필드의 '영혼을 위한 닭고기 수프', 존 그레이의 '화성에서 온 남자 금성에서 온 여자' 책처럼 '비밀'을 활용해 건강과 부와 행복을 거머쥔 현대의 대가들에게서 얻은 지혜를 알려준다. 그 '비밀'은 바로 끌어당김의 법칙이라는 것이다.

사람들이 원하는 것을 얻지 못하는 유일한 이유는 원하는 것보다 원하지 않는 것을 더 많이 생각하기 때문이라고 말한다. 그리고 끌어당김의 법칙에 따라 성공한 실제 사례들을 소개해주는데 처음에는 믿기 힘들 정도로 신기했다. 간절히 원했던 소원들을 적어 매일 같이 끌어당김의 법칙에 따라 행동했더니 성인이 되고 나서 그 모든 것이 이루어져 있었다는 사례들이 믿을 수밖에 없을 만큼 쏟아져 나왔다. 내가 원하는 것을 생각만으로 얻을 수 있다니! 나는 밑져야 본전이라는 생각으로 따라 해보기 시작했다. 다이어리 맨 앞장에 내가 원하는 것들을 적고 매일 같이 그것들을 보면서 끌어당기는 연습을 했다. 그리고 내가 원하는 것을 이미 가졌다고 상상하고 행동했다. 순간 어렸을 때 교회에서 나가 기도하던 것과 비슷하다는 생각도 들었고, 진짜 이게 가능한 일인가 싶기도 하면서 마치 사이비가 아닌지 의구심이 들 때가 있었다. 그러다가 내가 의심하는 순간 그만큼 간절하지 않다는 생각이 들었고, 그 당시 내가 바라는 것을 이루기 위해서는 이 정도의 노력은 투자할 수 있다고 생각했다. 지금 생각해보면 참 웃기지만 나는 책의 내용에 따라 진심으로 우주의 기운을 모으고 내가 원하는 것을 간절히 바란다는 마음으로 실행에 옮겼다.

　10년이 지난 지금, 내가 적은 것들이 다 이루어졌냐고 물어본다면 반은 이루었고, 반은 아직 이루지 못했다. 잘 생각해보면 책에서 말한 법칙들 속에는 그럴듯한 원리가 담겨 있다. 그것은 바로 간절함과 뚜렷한 목적의식이라는 것이다. 원하는 것을 이미 얻었다고 생각하고 행동하고 그것에 몰두하고 있다는 것만으로도 이미 목적의식이 분명하고 간절히 원하는 것이다. 내가 원하는 것들을 적은 것 중에 아직 못 이룬 것이 있다면 간절함이 부족했던 사항이기도 하다. 그것을 이루면 기분은 좋겠지만 반드시 이뤄야 할 간절함과 뚜렷한 이유는 사실 없었다. '시크릿'에서 말한 마법과 같은 기적은 그 누구도 아닌 나 자신이 만들어 내는 비법이었다.
　론다 번이 말하는 비밀을 활용하는 방법은 다음과 같다.

구하라
당신이 뭘 원하는지
우주에 알려라.

믿어라
소원이 이미
이뤄졌다고 믿어라.

받아라
이미 받았을 때 느낄
감정을 지금 느껴라.

Not Normal

'적당하게 살지 마라. 1등과 꼴찌가 아니면 의미가 없다. 한 번뿐인 인생 제대로 목숨 걸어보자.' 스터디코드의 조남호 코치가 유튜브에서 'Not Normal'의 삶을 주장하며 했던 말들이다. 또한, 서태지는 '평범하게 사느니 죽음을 달라'라고 하였다. 두 사람의 인생 철학에서 공통으로 느낀 점이 있다. 살면서 내가 생각하는 것의 10배 이상의 노력을 기울여 본 적이 있는지에 대한 것이다. 조남호 코치가 1등 혹은 SKY가 아니면 공부하지 말고 다른 길을 찾아 떠나라고 했지만, 그 외의 모든 삶이 무의미하다는 것이 아니다. 적당한 대학에 들어갔다고 해서 그 사람의 인생이 적당하다는 것이 아니다. 끝을 본 사람만이 평범과 적당함을 논할 수 있다는 의미이다. 서태지는 음악적 재능이 훌륭하기도 했지만 그것을 뛰어넘는 피나는 연습을 통해 자신의 이름을 알렸다. 속사포 래퍼로 유명해진 조광일 역시 발음 교정을 위해 국어사전을 2번 이상 정독하였으며, 혀에 피가 나고 이빨이 흔들릴 정도로 연습을 했다고 한다. 나의 외삼촌은 학창시절 잠이 올 때 얼음물로 세수하고 살을 꼬집어 가면서 공부했으며, 고등학교 은사님께서는 임용 시험 준비할 때 하루에 모나미 볼펜 한 자루를 다 써가며 백지 공부를 하셨다고 하였다. 우리 모두 열심히 산다고 하지만 과연 어디까지 목숨 걸고 열심히 해보았느냐고 묻고 싶다.

앞서 평범의 기준은 모호하고 사람마다 다르다고 했다. 사실 그 기준은 끝까지 가본 자신만이 알고 있다. 나는 임용고사를 준비할 때 이보다 더할 수는 없겠다고 생각했다. 그 당시 내가 할 수 있는 모든 노력을 다했고, 그래서 만약 시험에 떨어졌어도 후회가 없었을 것이며 다시 도전하기도 힘들었겠다는 생각이 든다. 지금 나는 학문에 있어서는 적당한 노력을 하며 살고 있다. 내가 살면서 알아야 할 것들에만 적당히 집중해가며 평범하게 살아가는 삶을 택했다. 이렇게 할 수 있는 이유는 그 당시 공부의 끝을 보았기 때문이다. 내가 할 수 있는 임계점을 넘어 한계를 보았고, 더 이상 학업에 대한 미련은 남아 있지 않다.

그때 내가 적당한 노력으로 원하는 보상을 얻으려고 했더라면 지금 아직도 학업에 대한 아쉬움 때문에 무언가 더 하려고 했을 것이다. 끝을 모르는 상태에서 처음부터 '이 정도만 하면 됐어. 평범하고 적당한 거야'라고 정하는 것은 그저 자기 합리화에 불과하다. 편입하거나 이직에 도전하고자 하는 경우 참 멋있는 일이라고 생각하지만 어떤 사람의 경우에는 학업이나 취업에 대한 미련이 남아 있기 때문이라고 생각한다. '그때 좀 더 했더라면', '조금만 더 노력할 걸' 등의 후회와 본인의 잠재적 가능성에 대한 의심이 자꾸 미련을 버리지 못하게 만든다. 취업에 계속 실패하다가 '진짜 이번에 안 되면 다른 거 준비할 거야'라고 각오한 해에 붙는 경우가 많다. 그해에는 절대 남들처럼 평범하고 적당하게, 그리고 Normal하게 살지 않았을 것이다.

평범한 삶을 꿈꾸고 있는가? 아니면 평범하게 살면 망할까 걱정하고 있는가?

10년 전만 해도 대학을 당연히 가고 평범한 것으로 생각했는데 요즘은 생각이 많이 바뀌었다. 대학을 가지 않는 선택지도 늘어나고 있으며 그 이유는 바로 자신이 이루고자 하는 목표와 목적에 대학이 필요 없음을 깨닫게 된 경우이기도 하다. 우리는 사람들이 정해놓은 타임라인에 맞춰 살아갈 이유가 전혀 없다. '평범한 삶'이 아닌 '내 삶'을 찾으려고 해야 한다.

03

꼭
직업이 있어야 할까요?

#명절에 묻지 말아야할 것 #백세 시대? #백수 시대
#Bravo My Life #축구선수가 못 되면 심판은 어때?

한 때 모 정당에서 내건 현수막에 명절에 집안의 어른들에게 하는 당부로, 청년들에게 취업을 언제 할 건지 물어보지 말아달라는 내용이 있었다. 다들 그 현수막을 보며 쓸쓸함을 감출 수 없었다. 백세의 시대라고 하는 이 장수 시대에 더 어울리는 이름은 아마도 '백수의 시대'일 것이다. 젊어서는 취업을 못해 백수이고 노인이 되어서는 퇴직을 하고 나서 할 수 있는 일이 없어서 백수이다. 결국 백수가 아닌 시기는 우리 인생 100년 중 30여년 뿐이다. 이 30년 만이라도 직장에서 안정적으로 일할 수 있으면 그것도 성공한 인생이라고 여긴다.

20~30여년 전만 해도 한 직장에서 정년까지 일을 하는 것을 큰 미덕으로 여겼고 또 그러한 삶을 사는 사람들도 많았는데 1990년대 후반 IMF가 터지면서 상황이 많이 바뀌었다. 그러고 싶어도 그

럴 수 없는 시대가 되었고 이제는 다양한 직업군이 생기고 있다. 그리고 오랜 시간 자신만의 직업을 준비하고 또 다양한 방법으로 사는 사람들이 많아지면서 정년의 의미와 취업의 의미가 많이 변해가고 있다. 나아가 대학교 졸업은 곧 취업 및 사회생활이라고 하는 공식도 깨진지가 오래이다. 전에는 대학교 4학년 2학기가 되면 출석 시 '취업했어요'라고 말하면 출석을 한 것으로 인정해주기도 했고 또 그런 사람들이 많았다. 그런데 이제는 출석을 하지 않고, 취업했다고 직장에 가 있는 사람들이 많지 않다. 취업이 그만큼 어려워진 이유도 있겠지만 취업을 굳이 서두르지 않는 사회적 분위기도 있을 것이다.

그러니 대학교를 졸업하면서 내가 특정 직장에 취업이 되지 않았다고 해서 위축되거나 대학생활을 잘못했다고 생각할 필요는 없다. 당당히 졸업을 하고 당당히 백수의 시간을 맞이하기 바란다. 물론, 졸업과 함께 별도의 인턴이나 대학원 진학, 유학, 해외 생활을 해볼 수도 있지만 이 장에서는 아무런 직업을 가지지 않고 있는 이들을 위한 이야기를 해볼까 한다.

'슬기로운 감빵생활'과 '슬기로운 의사생활'이라는 '슬기로운' 시리즈의 드라마가 유행했다. 이 두 드라마는 어렵고 힘든 상황에서 어떻게 하면 슬기롭게 그 시간을 버텨낼 수 있는지를 보여준다. 아니, 버티는 수준을 넘어 그 어려운 시간을 주도하면서 자신에게 유익한 시간으로 만들어간다.

특히, '슬기로운 감빵생활'에서는 잘 나가던 유명 야구 선수가 들어와 생활을 하고 있었다. 그 안에서 자신의 운동 뿐만 아니라 여러 사람들을 돕기도 하고 또 도움을 받기도 하면서 나름의 의미 있는 '감빵생활'을 하고 있다. 그러던 중 더 억울한 누명을 쓰고 들어온 군인이 주인공에게 묻는다. 어떻게 하면 그렇게 감빵생활을 즐길 수 있냐고 말이다. 그때 주인공은 이렇게 말한다.

'살아야 하니까…'

어차피 이곳에서의 생활을 견뎌야 하기에 적극적인 태도를 가지고 사람들을 돕고 동료들에게 마음을 열면서 차근차근 미래를 준비한다. 좌완투수가 이곳에 들어와 왼쪽 어깨와 왼손을 다치게 되어 오른손으로 투구를 연습하면서 말이다. 정말 말도 안 되는 설정이라고 볼 수도 있지만 이런 태도라면 우리에게 주어지는 어떤 어려운 환경 속에서도 그것을 기회로 만들 수 있겠다는 생각이 든다.

각자마다 각기 다른 모습으로 취업을 준비하고 있을 수 있다. 어떤 사람은 공무원 시험으로, 어떤 사람은 교사 임용 시험으로, 어떤 사람은 토익이나 토플 공부를 하면서 취업 준비생으로, 어떤 사람은 대학원 준비를 하고 있는지도 모른다. 언제 직장에 들어가 돈을 벌어 사회인으로 참여할 수 있을지… 참으로 막막한 시간이다. 그런데 이것을 알아야 한다. 이때가 다시는 오지 않는 시간이라는 사실을 말이다. 분명 어느 직장이나 조직에 들어가고 나면 그때부터는 또 자유로워지기를 소망한다. 나에게 조금만 더 자유가 주어진다면 주말에 상사로부터 급한 일을 처리해달라는 연락을 안 받아도 되고, 일처리를 잘 못해 고객에게 자존심 상하는 말을 안 들어도 되며 친구들과의 저녁 약속 시간에 급하게 야근을 해야 해서 약속을 취소하지 않아도 되는 신분을 말이다. 그런 신분을 상상하고 기대하며 언제 사직서를 쓸 것인가를 생각한다.

네가 가는 곳이 길이다

졸업을 하자마자 취업을 했지만 그 뒤로 직장을 그만두고 다른 직업을 고민했던 시간들이 있었다. 또 같은 실수를 하고 싶지 않았기 때문에 더 신중했다. 그 시간에 내가 번 돈으로 생활을 할 수가 없었다. 언제 취업을 할지 모른다는 생각으로, 또 이 시간에 책도 좀 읽고 인생을 생각해봐야 하는 시간이라고 생각했기에 알바도 구하지 않았다. 거기다가 번듯한 직장 그만두고 알바를 하고 있다는 소리를 듣고 싶지 않기도 했다. 그래서 그냥 집에서 공부를 한다고 말을 해놓고 백수로서의 시간을 보냈다. 그러던 중 대학원 진학을 생각했고 대학원 진학을 준비하는 과정 속에서 대학 4년 동안 공부한 것들을 다시 정리하는 시간이 있었다. 그 광범위한 공부를 다시 정리하면서 때로는 폭 넓게, 때로는 깊이 있게 공부를 했다. 그러던 중 문학을 전공한 나로서 시 한 편을 제대로 읽고 암송한 일이 없었다는 사실을 알게 됐다. 시를 공부하다보니 윤동주의 '서시'와 김춘수의 '꽃'이 그렇게 아름다울 수가 없었다. 그 시를 읽고 또 읽고, 암송했다. 김시습의 '금오신화'와 허균의 '홍길동전'이 그 시대에 그렇게 대단한 문학인지 미처 몰랐었다. 공부를 하면서 감동을 얻기가 쉽지 않은데, 나는 어두운 자취방에 홀로 앉아 문학 속으로 빨려들어갔다. 그러면서 문학교사가 되기 위해 준비하던 나에게 문학을 잘 가르치고싶은 욕구와 문학에 대한 감동이 밀려오면서 더 자신감 있게 교단에 설 수 있었다.

또 그때, 교육에 관한, 시대의 흐름에 관한 여러 도서를 여유 있게 읽으며 내 인생과 진로에 대한 진지한 고민을 하는 시간이었다.

지금 생각해보면 그렇게 섣불리 이런저런 일에 눈을 돌리지 않고 깊이 있게 공부를 해본 것이 참 의미 있는 시간이었다. 다시는 오지 않을 그 시간 말이다. 백수의 시간이 그런 시간이다. 직업이 없는 시간이 아니라 미래를 준비하는 시간이다. 이런 저런 점수를 얻고, 스펙을 쌓는 시간도 필요하지만 이 시간 만큼 여유가 있는 시간이 또 없기에 많은 시간을 들여야 하는 그 의미 있는 공부를 한 번 해볼 필요가 있다. '슬기로운 백수 생활'을 해보면 어떨까?

Bravo Bravo my life 나의 인생아
지금껏 달려온 너의 용기를 위해
Bravo Bravo my life 나의 인생아
찬란한 우리의 미래를 위해
내일은 더 낫겠지 그런 작은 희망 하나로
사랑할 수 있다면 힘든 1년도 버틸 거야
일어나 앞으로 나가 네가 가는 곳이 길이다 [22)]

'슬기로운 감빵생활'에서 주인공이 어려운 상황이 주어질 때마다 자신만의 방법으로 모두가 상생하는 방법으로 이를 해결해가는 과정 속에서 삽입된 노래이다. 이 노래가 나올 때마다 감동이 되었다. 이 노래의 마지막 부분에 이런 대사가 있다.

'네가 가는 곳이 길이다.'

왜 우리는 굳이 직장이 있어야만 한다고 생각을 할까? 아마도 남들이 다 그렇게 하니까, 그것이 가장 보편적이라고 생각하니까 그렇게 하려는 것은 아닐까? 사실 누구나 다 직장이 있어야 했던 역사는 우리 나라 역사만을 놓고 보아도 100년이 안 되고 산업화가 본격적으로 이루어진 것도 60여년 정도 밖에 안 된다. 물론, 서양에서는 좀 더 산업사회의 역사가 길지만 그래도 누구나 다 직장이

---

22) Bravo My Life(봄여름가을겨울) 중

있었던 것은 아니다. 왜 우리는 태어나면서부터 자본을 벌어들여야 하는 도구가 된 것일까? 왜 우리는 청춘을 하고 싶은 일을 하면서 보내면 안 될까? 그것이 생활에 있어 무책임하다고 느껴진다면 돈을 조금씩이라도 벌면 된다. 조금 기대에 못미치는 곳이라도 가서 생활비 정도라도 벌면 된다. 그런데 왜 누구나 다 번듯한 직장이 있어야만 한다고 생각할까?

블루오션에 길이 있다

　백종원씨의 '골목식당'에 출연하여 전국 맛집이 되어버린 '연돈'이라는 돈까스 가게는 지금 제주도에서 명소가 되어가고 있다. 그분은 사실 원래가 고수였다. 까다로운 백종원씨가 그 집의 돈까스를 시식한 후, 최고의 돈까스라고 칭송했다. 백종원씨가 도와준 것은 메뉴를 줄이고 몇 가지에 집중하라는 주문 뿐이었다. 그분은 원래가 자신의 길을 걷던 분이다. 이 분은 백종원씨가 유명세와 사업으로서 날개를 달아준 것이지 어느날 갑자기 벼락출세를 한 것이 아니다. 그 돈까스를 만드는 과정이 워낙 깐깐해서 아무나 따라할 수 없고 그러면서 몸도 많이 힘들어 하루에 정해진 물량만을 판매하셨었다.　얼마 전에 연돈 사장님이 제주도에서 후진을 양성하겠다며 제자를 모집했던 일이 있다. 그런데 그 후진 양성이 잘 안 된다고 하는 기사를 본 적이 있다. 그 기사 내용을 보면 사람들이 그 식당에 들어가서 배우다가도 일이 너무 힘들어 금세 그만두고 떠난다는 것이다. 그것은 그분이 걸어온 길이 아무나 흉내낼 수 없는 길이었다는 것을 방증해준다. 그분이 생각했던 돈까스는 그분만의 고집과 그분만의 연구와 시간, 노력이 모여 그 길을 만들어낸 것이다. 아마도 남들이 하는 대로 식품 업체에 취업을 했다든지 이미 있던 프렌차이즈로 가게를 열어 운영을 했다면 상상도 못했을 일이다. 오랜 시간을 투자하고 꿋꿋하게 자신의 길을 걸어온 것이바로 또 하나의 길이 된 것이다. 아마도 그 상당의 시간들이 백수 내지, 창업 준비의 시간들이었을 것이다.

우리는 많은 시간을 남이 걸어갔던 길을 따라가느라 보낸다. 그런데 그것이 쉬운 길이라고 생각하지만 또 많은 사람들이 누구나 하려고 하기 때문에 역시 또 어려운 길이 되고 있다. 레드오션이다. 전에 소설가 이외수씨가 방송에 나와 자녀와의 대화 이야기를 한 적이 있다. 자녀가 아버지가 가르쳐준 방식 대로 살다보니 경쟁이 안된다는 말을 했다고 했다. 그래서 이외수씨가 그런 말을 했다고 했다.

'왜 꼭 축구를 해서 경쟁을 하려고만 하느냐? 차라리 심판 보면 되지 않느냐?'

모든 일을 경쟁 없이 할 수는 없다. 물론, 그 안에서 무슨 일이 있어도 축구선수가 되어야 하는 사람도 있다. 그런데 누구나 다 가려고 하는 일을 자기가 흥미도 없으면서, 꼭 그런 길을 가야하는지에 대한 점검도 하지 않고 그냥 어려운 길에 뛰어드는 것이 어찌 보면 낭비하는 시간일 수도 있다.

자신의 길을 만들어보는 것은 어떤가? 블루오션의 세계를 말하는 것이다. 이 길은 남들이 가지 않은 길을 가야 하기에 약간의 두려움은 있다. 그런데 생각보다 조금 더 빨리 자신만의 길을 찾을 수도 있다. 많은 사람과 경쟁하지 않아도 되기 때문이다. 파란색의 물감이 굳이 빨간색의 물감과 경쟁을 해서 왜 빨갛지 못한지에 대해 고민할 필요가 없다는 말이다. 파란색을 찾는 사람이 많이 없어서 주저하지 말라는 이야기이다. 졸업하고 바로 취업을 하겠다는 조급함을 버리고 조금은 천천히 멀리 보면서 자신의 인생을 점검하고 준비하며 자신만의 길을 준비해보기 바란다.

자신이 가는 길이 곧 길임을 믿는 것이 중요하다.

04

대학원,
진학해야 할까요?

#대학원 #춥고 배고프다 #지도교수의 9가지 유형
#배우는 곳이 아니라 탐구하는 곳

대학을 졸업할 때쯤 드는 한 가지 생각이 든다. '졸업하고 뭐하지? 차라리 대학원이나 갈까?' 란 고민을 많이 한다. 나 역시 졸업을 하며, 임용 시험을 치를 생각이 없어 대학원 진학을 고려했다. 4학년 교직 수업을 마친 후 교수님께 개별적으로 자문했다. "춥고 배고픕니다."란 답을 듣고 겁을 먹었지만, 시간이 흐른 후 결국 나는 대학원생이 되었다. 대학원 입학을 고려하는 이유에 대해 현재 대학원생에게 의견을 물으니 "공부를 심도 있게 하기 위해서, 회사에 취업하기 위해서, 전공 전환을 위해서 혹은 단순하게 학위가 필요해서"라고 말한다.

졸업자가 들려주는 대학원생에 대해

대학원은 일반대학원, 전문대학원, 특수대학원으로 구분한다. 차이점을 살펴보면, 석사와 박사를 육성해 전문 분야의 학문 자체를 탐구하는 일반대학원, 특정 분야의 전문인을 양성하는 전문대학원, 특정 분야에 정통하고 경험이 풍부한 전문가들이 같은 분야에서 학문적인 방법을 체계적으로 정리하는 것이 목적인 일반대학원으로 나눌 수 있다. 전문대학원은 법학전문대학원, 의학전문대학원 등이 대표적이고, 특수대학원은 교육대학원, 경영대학원 등이 있다. 대학원생은 크게 전일제 대학원생과 직장 일과 병행하는 대학원생으로 나눌 수 있다. 여기에서는 일반 대학원생을 기준으로 설명하고자 한다.

대학원생은 '읽고 쓰는 게 일이면서 돈은 못 버는 직장인'이란 말이 있다. 나의 대학원생 시절을 생각해보면 많이 읽고 발표도 많이 했다. 그런데 급여는 최저 시급조차도 못 받을 때도 있다. 종종 '아.. 난 여기서 무엇을 하고 있지?'라는 자책을 하기도 했는데, 등록금이라도 지원받으니 다행이었다. 물론, 전공에 따라서 차이는 있는데, 지도교수들이 프로젝트 등을 통해서 인건비를 줄 수 있는 상황도 존재할 것이다.

무엇보다 사회에서 바라보는 인식의 차이가 있다. 대학 졸업은 분명 했는데 사회인은 아닌, 학생과 직장인 사이에 끼어 있는 존재란 생각이 종종 들었다. 심지어 대학원생의 수업은 대게 10학점 이하로 공부를 하고 있다는 느낌이 들지 않는다. 그렇기 때문에 대학원 진학 전 고려해야 할 부분은 공부할 거리가 많다는 것이다. '아니, 수업이 적은데 공부할 거리가 많다니!'라며 놀랄 수도 있겠다, 나도 사실 처음 대학원생 진학해서 수강신청을 하면서 '등록금을 이렇게나 내는데, 수업은 이거 밖에 안 들어?'라는 생각이 들었다.

그렇게 해서 '얼마나 많은 지식을 전수 받을 수 있겠는가'라는 생각도 했는데, 분명한 건 대학원은 수업을 통해서 배우는 곳이 아니란 것이다. 잘 생각해보면 대학생 시절에 무엇을 배웠는지 기억하는 이들은 적다. 시험 공부가 전부였다고 해도 과언이 아닐 것이다. 그런데 대학원생은 자기주도 학습과 연관되어 있다. 무엇을 탐구하고 싶은지, 그러기 위해선 무엇을 배워야 하는지를 아는 게 중요하다. 돌이켜 생각해보면 무엇을 하라고 이야기 들은 적이 없다. 지도 교수님과의 상의는 필수지만, 결국엔 내가 판단하고 책임져야 하는 곳이다.

대학원 진학과 선택

대학원은 전기, 후기로 나눠서 모집한다. 일반적으로 전기 모집은 9월~10월 모집하여 다음 해 3월 입학, 후기 모집은 3월~4월 모집하여 9월 입학한다. 그리고, 반드시 모집 요강을 꼼꼼하게 확인해야 한다. 대학원 진학을 위해 자신이 지원하고자 하는 대학원을 조사하는 건 필수이다. 그리고 등록금과 장학 제도 등을 살펴보는 현실적인 고민도 해야 하고 해당 학기 대학원생을 모집할 예정이 있는지 확인하기 위해 담당 교수님과의 면담도 필요하다.

입학 원서를 작성할 때, 학업계획서를 작성하는데. 이는 주로 관심 분야 연구 경험, 학부와 대학원 전공 과목 중 관심 과목, 희망 연구 분야, 연구의 목적과 동기, 방법 및 진행계획, 성과 등을 작성하라는 경우가 많다.

! **연구 질문**	왜 혹은 어떻게 로 표현이 가능하다면 좋다.
! **연구 방법**	연구 질문을 어떻게 분석할 것인가에 대한 답변이 드러나야 한다. 흔히 양적연구, 질적연구로 구분 짓기도 한다.
! **선행연구 검토**	연구 질문과 유사한 연구를 검토하는 부분으로 가능한 최근 연구로 탐색을 한다.
! **연구의 의의 및 중요성**	진행하고자 하는 연구가 어떤 가치를 지니고 있는지, 그리고 선행연구와 어떤 차별성이 있는지를 기술한다.
! **연구의 진행 일정**	연구의 전체적인 진행을 구상하는 거야. 이 부분에서만 봐도 대학원생은 스스로 계획을 짜고, 연구를 진행해야 함을 알 수 있는 대목이야.

　대학원에 따라 전공 시험을 치르거나 전공 시험과 함께 면접까지 치르는 경우도 있는데, 부끄럽게도 처음 대학원을 지원할 때 전공 시험을 치르는 지도 모르고 전형을 치르러 갔던 적이 있다. 준비 없이 시험을 치렀으니 당연하게도 떨어졌다. 그리고 두 번째로 지원했던 때는 전기와 후기에 따라 전형 요소가 다르다는 걸 모르고 처음 응시했을 때처럼 준비했다가 낭패를 본 적이 있다. 그래서 강조하고 싶은 건 모집 요강을 꼭 잘 살펴보라는 것이다.

지도교수의 선택에 대해

학교, 전공, 장학금, 연구 분야 등의 고민거리도 있지만, 어떤 지도 교수를 만나느냐는 대학원생에게 중요한 문제이다. 대학원생에게 지도교수와의 관계는 개인적, 학문적으로 중요한 의미를 지닌다. 그 이유는 진로결정에 있어서 큰 역할을 할 수 있는 존재이기 때문이다. 어떤 지도 교수를 만나더라도 그보다 중요한 건 지도교수와의 관계를 만들어 가는 것이다. 어쩌면 사회 생활과도 유사한데, 앞서 돈 못 버는 직장인이란 비유를 생각해보면 좀 더 쉽게 이해할 수 있을 것이다.

가장 중요한 건 자신의 관심사가 그동안 지도교수의 연구와 유사한 지를 파악해야 한다. 학술연구정보 서비스(RISS)를 통해서 저자 검색을 통해서 어떤 부분에 관심이 있는지 쉽게 파악할 수 있을 것이다.

대학원 입학을 위해선 경제학적으로 기회비용을 생각해볼 필요가 있다. 대학원에서의 2년 동안 경제적 활동을 못 하는 경제적 활동을 못 하는 경우가 일반적이기 때문이다. 그렇기에 '왜 대학원에 가야 하는가?', '무엇을 하며 살고 싶은가?' 에 대한 답을 가지고 있어야 한다. 그리고 대학원생은 지적 호기심이 중요하다. 생각해보면, 나는 대학원생 시절에 교육학 중 진로에 대한 책, 논문을 가장 많이 읽었다. 모든 걸 잘할 필요가 없기에 내가 관심 있어 하는 분야가 있고 끈기 있게 도전할 수 있다면 도전해보는 것도 좋을 것이다.

대학원에서 지식을 익힌다는 생각보다는 탐구한다는 생각이 적절하다. 2년간 대학원 생활을 한다고, 갑작스레 없던 지식이 생기는 건 아니기 때문이다. 또한, 배웠던 지식이라고 해서 영원한 진리를 품은 것은 아니기에 대학원 졸업을 앞둔 시기에 공부한 것들이 이미 오래된 혹은 쓸모없는 지식이 될 수도 있다. 대학원의 첫 수업 시간에 한 교수님께서 "무슨 부귀영화를 누리기 위해 이 곳에 오셨습니까?"라는 질문을 던졌다. 이제 스스로 그 질문을 던져보면 어떨까? 거창할 필요도 없고, 누군가를 설득할 필요도 없다. 오직 스스로에 대한 답을 찾아가기 위한 대학원 생활이 되길 바란다.

앨리스 ㅣ 내가 어디로 가야 하는지 길을 알려줄래?
고양이 ㅣ 그건 네가 어디로 가고 싶은가에 달렸지.
앨리스 ㅣ 난 어디든 상관 없어.
고양이 ㅣ 그렇다면 어느 길로 가든 상관없잖아?

-이상한 나라의 앨리스 중-

05

친구들과
새로운 일을 해볼 수는 없을까요?

#애플도 페이스북도 구글도 동업에서 시작 #혼자 가면 빨리 가고 함께 가면 멀리 간다 #변방에서 중심으로 #성공한 동업자 따라하기

둘이서 함께 하면 좋은 이유

무언가 혼자서 하기 어렵다면 둘이서 시작하는건 어떨까? 많은 사람들이 혼자서 뭔가를 해보려다가 쉽게 좌절하곤 한다. 하지만 조금만 살펴보면 함께 해서 성공한 사례들을 찾을 수 있다. 고대 로마의 건국은 로물루스와 레무스라는 쌍둥이 형제가 세웠고 아이폰으로 유명한 애플도 스티브 잡스와 스티브 워즈니악 둘이서 시작했다. 구글 창립자는 래리 페이지와 세르게이 브린이라는 동갑내기 친구다. 넷플릭스도 마이크로소프트도 동업으로 시작했다.

젊은 시절에 혼자서 모든 것을 한다는 것은 쉽지 않은 일이다. 둘이서 한다는 것은 서로가 서로의 부족한 점을 채워주고 시너지 효과를 만들어낸다는 뜻이다. 스티브 잡스가 애플 제품의 기획과 설계에 중점을 두었다면 스티브 워즈니악은 그런 기획들을 기술적으로 실현하는 역할이었다. 스탠포드 대학의 룸메이트였던 래리 페이지와 세르게이 브린도 각각 구글의 개발과 운영을 분담해서 맡았다.

이렇게 현대 사회에서는 혼자의 기획만으로 성공하기란 어렵다. 실제로 미국에서도 창업의 경우 혼자 창업, 즉 1인 소유인 경우는 16%에 그치고 동업자가 있는 경우가 77%에 달한다. IT컨설팅 업체인 미국 델파이그룹의 토머스 쿨로폴루스 회장은 "1인 창업보다 2인 창업이 투자금을 30%이상 더 모을 수 있고 고객을 모으는 속도가 3배쯤 빠르다"고 말한 바 있다.

함께 해서 성공한 축구계 변방인

성공하지 못한 축구선수, 주목받지 못한 스포츠 캐스터. 작은 방한 칸에서 아프리카tv로 축구 중계를 하며 겨우 생계를 유지하던 이들이 지금은 뉴미디어 스타트업 회사 랩추종윤을 세웠다. 팟빵, 유튜브, 아프리카tv를 비롯해 방송국까지 종횡무진하며 축구 산업계의 돌풍을 불러 일으켰다. 지금은 하루에 직원만 10명 이상, 팟캐스트가 주 4개, 유튜브 영상이 하루에 4개 이상 올라오는 거대한 뉴미디어 회사가 되었다.

랩추종윤의 공동대표 이주헌과 박종윤은 자신의 원래 분야에서 성공하지 못했지만 함께 하면서 시너지를 낸 사례다. 그들이 운영하는 유튜브 이스타tv는 구독자 2021년 12월 현재 50만에 육박한다. 유튜브 수익 계산기를 지원하는 인플루언서 사이트에서 이 채널의 월간 수입을 7000만원 이상으로 추정하고 있다. 함께 쓴 '주식회사 랩추종윤'에서 이들은 혼자서 어렵다면 환상의 짝꿍을 찾으라고 말한다.

이들이 성공한 가장 큰 비법은 둘이서 서로의 시너지가 되어줬기 때문이다. 아나운서 출신답게 인터넷 방송에 적응을 하지 못하던 박종윤에게 이주헌은 큰 도움이 되었다. 즉각적이고 순간의 재미를 추구하는데 강하지만 지속력이 약하던 이주헌에게 박종윤은 시스템을 만들어주었다. 이렇게 부족했던 점을 서로가 채워주면서 이들의 합은 더하기가 아니라 곱하기, 아니 제곱이 되었다.

둘이서 부딪히지 않나요?

물론 혼자가 아니라 둘이서 할 때 어려움이 생기는 것도 사실이다. 고대 로마를 건국한 로물루스와 레무스는 쌍둥이 형제임에도 결국 형인 로물루스가 동생인 레무스를 죽이게 되었다. 페이스북도 마크 주커버그와 함께 창업했던 왈도 세버린과의 법정 갈등이 있었고, 심지어 공동 창립자 중 한명인 크리스 휴즈는 페이스북의 해체를 촉구하기도 했다.

기숙사생활을 해본 사람이라면 룸메이트와 맞춰가는 것도 쉽지 않다는 것을 알 수 있다. 가족과는 다르다. 돌이켜보면 가족은 눈치껏 알아서 맞춰주는 경우들이 많다. 보통은 부모님이 자식들에게 그렇다. 20년 가까이 키워온 자녀이기 때문에 화를 낼 때는 푸는 법이나, 예민하거나 속상할 때 대하는 방법을 잘 알고 있다. 한편으로는 자녀도 부모의 그런 대처가 익숙하기 때문에 편하게 행동할 수 있다.

그러나 룸메이트는 다르다. 나는 대학시절 1년 동안 살았던 기숙사에서 룸메이트와 3개월간 한 마디도 하지 않은 적이 있다. 지금도 왜 서로 대화가 끊겼는지는 알지 못한다. 어느 순간 룸메이트가 내게 말을 걸지 않았고, 나 역시 이유를 모른 채 '상대가 기분이 나쁜가보다' 하고 말을 걸지 않기 시작했다. 그렇게 3개월간 한 마디도 하지 않은 채 1년이 되어 짐을 빼고 방을 옮겼다. 아마 서로 이 서먹함을 어떻게 해결해야할지 모른채 눈치만 보다가 결국 문제 해결을 하지 못했다고 생각한다.

룸메이트만 이럴까? 사업을 함께 한다는 것은 더욱 어려운 일이다. 서로의 기분과 감정을 신경써주다가 결과적으로 돈도, 친구도 잃게 되는 일이 비일비재하다. 또 믿음이라는 이유로 한 쪽이 무한 신뢰를 하는 동안 다른 한 쪽이 신뢰관계를 져버리는 경우도 매우 흔하다. 스티브 잡스는 동업자인 워즈니악에게 판매 수익을 속여 이익의 일부를 횡령하기도 했다.

연예인 신동엽도 과거 동업을 했다가 크게 실패한 경험이 있다. 2004년 엔터테인먼트 사업에 도전했다가 동업자가 배신을 하며 큰 빚더미에 오르기도 했다. 그는 이후 한 프로그램에서 "다른 사람의 장점을 빨리 파악하는 것이 제 장점이자 단점"이라며 "그래서 사업 같은 경우도 큰 실패를 했다. 남들은 '저 사람 좀 별로인 것 같다. 위험하다'고 말해주는데 나는 장점만 보이더라"라고 밝힌 바가 있다.

함께 하려면 이해하라

이처럼 무조건적으로 함께 하는 것이 좋은 것은 아니다. 신뢰, 관계, 수익배분 등 골치아프고 때론 치명적인 일들도 있을 수 있다. 그러나 어려움을 미리 예상한다면 보다 현명한 답도 찾을 수 있지 않을까? 성공한 사람들에게 어떤 비법이 있는 것일까? 랩추종윤의 박종윤은 이렇게 말한다.

"만약 개인 방송을 둘 이상에서 하게 되거든 꼭 서로를 먼저 이해하라는 말을 전하고 싶다. 이 분야가 아니더라도 동업이 어렵다고 하는게 괜한 말이 아니다. 같은 성향의 사람일 필요는 없지만 서로의 스타일을 잘 알고 원만하게 맞춰가는 과정이 반드시 필요하다."[23]

실제로 이들은 전혀 다른 스타일이라 불편한 상황이 적지 않다.

---

23) '주식회사랩추종윤(이주헌, 박종윤)', 브레인스토어 227쪽

박종윤은 워커 홀릭이고 일에 대한 욕심이 굉장히 많은 반면, 이주헌은 자신이 좋아하는 영상을 찍을 때 개그감이나 순발력이 매우 뛰어난 대신에 흥미가 떨어지면 집중하지 못하는 성격이다. 그러나 박종윤은 이주헌의 역할을 존중하고, 또 이주헌 역시 박종윤의 일 욕심을 이해하면서 운영을 지속해가고 있다.

동업을 하기로 결심했다면 반드시 사람을 이해하고 대화하고, 또 한편으로는 안전장치들을 만들어야 한다. 국내에 드라마로 상영되기도 한 일본의 만화 '라이어게임'에서 남자 주인공은 말한다. "왜 사람을 믿지 못하냐고? 믿고 싶으니까 의심하는거야.", "믿는다면서 의심하지 않는 행위는 타인을 알려는 노력의 포기, 즉 무관심이야." 물론 지극히 냉소적인 이 주인공의 말을 들어야 할 이유는 없다. 그러나 무턱대고 믿는다는 것은 동업에서 좋지 않다. 서로 이해하기 위해 계속해서 노력해야 한다는 것이다. 계약서를 쓴다거나 하는 일들은 서로를 믿지 않기 때문이 아니라, 서로를 믿기 위해서 하는 일이다.

그리고 진짜 팁이 있다. 애플을 설립할 때 스티브 잡스와 스티브 워즈니악의 지분은 각각 45%씩이었다. 10%는 어디에 있냐고? 이 둘 사이에 문제가 생길 때 조율할 수 있는 홀수의 투자자들의 지분을 두었다. 랩추종윤도 마찬가지다. 이주헌과 박종윤의 지분은 각각 45%씩이고, 10%의 지분을 변호사에게 두었다. 둘이서 한다면 반드시 옆에 냉정한 조언자를 두어야 한다. 잘못하면 사람을 잃고 돈도 잃는 경우가 생긴다.

06

해외 취업을
해볼 수 없을까요?

#해외취업 #비자 #링크드인 #영어는 필수? #일단 해보자

어렸을 때는 해외에서 산다고 하면 조기 유학이나 해외에서 태어난 사람들만이 하는 특별한 일이라고 생각했다. 물론 나는 해외 취업의 경험은 전무하지만, 대학교 신입생 때 4학년 선배 한 분이 해외로 나가 교육계에 종사하는 것을 보면서 신선한 충격을 받았고 누구나 마음먹기 달렸다고 생각했다. 20대라면 해외 취업이라는 로망을 한 번쯤은 꿈꿀 것이다. 더군다나 학력, 나이, 성별 제한이 없다는 장점 때문에 더더욱 관심이 쏠리고 있는 듯하다. 해외 취업을 어떻게 해야 하는지 알아보기 이전에 먼저 왜 하려고 하는지 진지하게 생각해보는 것을 권하고 싶다.

해외취업을 하는 이유

해외 취업을 하는 이유는 사람마다 다르지만 몇 가지로 정리해보자면, 먼저 한국 문화와 자신의 성향이 맞지 않는다고 생각하는 경우가 있다. 자신이 종사하고 싶은 직무의 특성과 한국 기업의 문화들이 잘 맞지 않는 경우이다. 예를 들면, 출퇴근 시간이 정해져 있다는 점, 휴가를 쓰는 것이 자유롭지 못한 점, 회식에서의 술자리 문화 등이 자신의 인생 가치관 및 플랜과 맞지 않을 수 있다는 점 등이다. 이 경우에는 해외 취업을 통해 이민까지 계획에 염두에 두고 시작을 하는 것이 대부분이다. 다음으로 현재 졸업하게 되는 전공으로 당장 취업을 하기 어려운 경우이다. 전공과는 다르게 새로운 땅에서 새 출발을 하고 싶거나 자신이 가진 어학 능력 혹은 다른 재능으로 해외에서 일해보고 싶을 수 있다. 또는 디자인, 음악, 요리, IT 등의 계열에서는 해외 경험을 필요로 할 수 있다. 마지막으로 주변 지인의 해외 취업 경험을 듣고 좋은 기회라고 생각해서 도전해보는 경우도 있다. 어떤 이유든지 상관없다. 대신 자신이 왜 하려고 하는지, 그리고 그것을 통해 얻고 싶은 것이 무엇인지 한 번쯤 스스로 정리해보는 것이 필요하다. 단지 한 가지 주의해야 하는 것이 있다면 해외 취업을 도피의 수단으로 생각하지 않아야 한다. 현재 상황이 너무 힘들고 한국 사회에서 사는 것에 대한 회의감이 들어 해외 취업을 생각할 수도 있다. 해외 취업을 왜 하려고 하냐고 물어보았을 때 "한국은 공기도 안 좋고, 취업하려면 너무 많은 간판과 스펙을 요구해. 아이를 낳아 기르는 것도 경력에 문제가 되고, 집값도 너무 비싸."라고 불평과 불만을 늘어놓는 사람들이 있다. 어떤 환경이든 장단점은 분명 존재하기 마련이다. 단순한 불만으로 인해 해외 취업을 결정하는 것이라면 해외에 나가서도 또 다른 불

만으로 인해 쉽게 포기하고 돌아오는 일이 있을 수 있으니 뚜렷한
목표 의식을 갖고 도전해보는 것을 권한다.

이 글을 읽고 어쩌면 더 많은 고민에 빠지게 될 수도 있다. 하지
만 우리의 인생은 어차피 선택의 연속이며 선택하지 않은 것에 대
한 결과는 아무도 모른다. 자신의 선택에 고민을 충분히 그리고 신
중하게 하되, 너무 많은 고민과 선택 장애로 인하여 시간을 낭비하
는 일은 없도록 해야 한다. 20대는 실패해도 다시 돌아올 수 있을
만큼 충분히 젊고 아름답다.

> "네가 선택한 것들에 대한 결과만 알 수 있을 뿐, 그 선택을 내
> 리지 않았더라면 생겼을 결과는 타임머신이 없는 한 알 수 없어.
> 그러니까 완벽한 선택을 내리려고 고민하지 말고, 차라리 선택
> 을 최대한 빨리 내린 후, 거기부터 기회를 최대한 만들어나가는
> 데 노력을 기울이도록 해라."
>
> -게리 베이너척-

VISA가 뭐예요?

해외에서 일하려면 먼저 비자에 대한 개념을 알아야 한다. 나는 비자의 개념을 성인이 되고 나서도 한참 후에야 정확히 알게 되었다. 쉽게 말해 비자란, 국가가 외국인에 대하여 입국을 허가하는 증명서라고 이해하면 된다. 짧게 가는 여행이나 무비자인 나라의 경우 비자 발급이 필요 없지만 일을 하기 위해서 해외에 나가는 것이라면 반드시 비자 발급이 필요하다. 하지만 모든 사람에게 비자를 발급해주는 것이 아니라 자격 요건이 충족되는 경우에만 가능하고, 국내에서 해외 취업이 확정되었음에도 비자 발급 문제로 해외에 나가지 못하게 되는 경우도 많다. 따라서 가고자 하는 나라의 비자에 대해 꼼꼼히 조사해보는 것이 필요하다. 비자가 승인 나기까지는 3주에서 2달 가까이 소요되고, 비자의 종류에는 관광비자, 취업 비자, 결혼 비자, 단기방문 비자 등이 있다. 그중 일을 통해서 얻을 수 있는 취업비자는 대체로 다음과 같이 정리해 볼 수 있다.

1. 워킹홀리데이 비자(Working Holiday Visa)

워킹홀리데이 비자는 정확히 관광취업비자라고 할 수 있겠다. 쉽게 말해 여행을 하면서 노동을 겸할 수 있는 비자이다. 하지만 모든 나라에 대해서 가능한 것이 아니고 한국과 협정을 체결한 호주, 캐나다 등 23개국의 나라에 대해서만 가능하다는 것이 특징이다. 또한, 청년(대체로 만 18세~30세)들에게만 발급이 가능하며, 일할 수 있는 기간은 4개월~12개월 정도로 짧다. 취지는 노동력이 부족한 나라에서 상대국과의 상호 이해를 위해 외국의 젊은이들에게 입국을 허락하고 여행 경비를 마련할 정도의 노동을 할 수 있게 해주는 것이다. 현실을 보면 해외 고용주들이 워킹홀리데이 비자로 온 경우 12개월 이하라는 단기성 비자임을 알기 때문에 전문 직종의 기업에서는 대부분 채용하지 않는다. 그래서 주로 식당, 공장, 농장에서 일하게 되는 경우가 많다. 하지만 20대에만 누릴 수 있는 특권이기에 잘 활용한다면 충분히 얻어갈 수 있는 것들이 있다. 호주의 워킹홀리데이 비자 자격 요건은 다음과 같다.

★ 대한민국 여권 소지자

★ 비자 신청 시 연령이 만 18세 이상 30세 이하인 자

★ 이전 워킹홀리데이 비자로 입국한 적이 없는 자

★ 체류 기간에 부양 자녀를 동반하지 않는 자

★ 초기 소요비용(항공권 비용 포함)을 지닌 자

2. 졸업생 취업비자(Post-Study Work Visa)

졸업생 취업비자는 각 나라에서 인정하는 학사 또는 석사 코스를 수료한 뒤 어느 일정 기간 합법적으로 체류하며 일을 하게 해줄 수 있는 비자이다. 즉, 유학과정 이후에 이루어지는 취업비자라고 생각하면 된다. 그렇기 때문에 먼저 유학이라는 과정이 선행되어야 한다. 유학을 고민하고 있는 사람이라면 그 나라의 언어와 문화를 익힌 다음에 취업할 시간도 벌 수 있어 장점이 많은 비자이다. 하지만 유학 생활하는 동안 경제활동이 어렵고 학비를 내야 하는 부담이 있기 때문에 기회비용을 잘 고려해서 결정해야 한다. 영국에서 2년 동안 일을 할 수 있는 졸업생 취업비자 자격 요건은 다음과 같다.

★ Tier 4 비자를 지닌 자(Tier 4 비자는 영국 유학 비자를 지칭)

★ 코스를 성공적으로 통과한 자

★ 확인 가능한 영국 학위 이수자

3. 고용 비자(Employment Visa)

내 생각에 가장 보편적으로 해외 취업 시 이용하는 비자가 바로 고용비자이지 않을까 싶다. 고용비자는 각 나라에 취업을 목적으로 방문하는 외국인에게 발급해 주는 비자이다. 단, 특정 회사에서 스폰서를 지원한 경우에 받을 수 있기 때문에 국내에서 미리 채용절차를 모두 마쳐야 한다. 채용이 어렵다고 생각할 수 있지만 전 세계적으로 기업에서 필요한 인재들을 선발하기 위해 다양한 취업 프로그램들을 제공하고 있고, 구인 사이트 등의 도움으로 충분히 도전해 볼 만하다. 특정 회사의 스폰을 받기 어렵다면 고용 비자 중에 기술 이민 비자를 고려해보는 방법도 있다. 해외에서는 기술직에 대한 평가가 상당히 높고 연봉도 우리나라의 몇 배에 해당한다. 기술 이민 비자는 IT, 기계, 자동차, 조리 등 그 나라에서 수요가 굉장히 부족한 직업군에서 그 경력을 가진 사람들이 이 나라에 와서 바로 일을 시작할 수 있도록 도와주는 비자이다. 이 경우 특정 회사의 스폰 없이도 비자 발급이 가능하다.

4. 사업가 비자(Start-up Visa)

사업가 비자는 그 나라에서 사업을 설립하고자 하는 경우 국가에서 인정하는 승인기관에서 신청인의 사업 아이디어에 대한 승인을 받은 사람에게 발급해주는 비자이다. 아무래도 자국민들의 고용 창출을 늘려준다는 의미에서 고용비자보다는 조금 더 호의적이기도 하고 수월하게 받을 수가 있다. 대신 단순한 사업 아이디어와 투자 예정인 정도로는 부족하다. 그 사업이 어떻게 경영되고 있고 앞으로 어느 정도 성장할 수 있는지에 대한 증명이 필요하다. 또한, 자국민들을 제대로 고용하고 월급을 줄 수 있는지에 대해서도 입증을 해야 한다. 유튜버 '업플라이'가 한 영상에서 자신이 사업가 비자를 받았던 예를 소개하면 그녀는 어떤 앱을 개발하기 위해 동유럽에 있는 개발 에이전시를 고용하기 위한 계획을 세웠고, 앱 개발 비용+펀딩 세이빙내역+비지니스 파트너들과의 계약서+비용 퍼딩 계약서를 통해 자신의 사업 능력을 입증하였다고 한다.

해외 취업을 위해 필요한 것들

1. 영어 능력

"해외 가면 자연스럽게 잘하게 되는 것 아닌가요?", "토익, 토플, 오픽 영어 시험을 준비해야 하나요?" 해외 취업에서 가장 고민이 되는 부분이 있다면 바로 영어 능력이지 않을까 싶다. 먼저 해외에서 생활하다 보면 자연스럽게 영어 회화 실력이 늘 것으로 생각한다면 해외 취업에 있어서 큰 어려움에 부딪힐 수 있다. 원어민처럼 말을 할 수 있는 정도까지는 필요 없지만 일단, 현지에서 일을 시작하려면 의사소통은 기본이고, 직무에 필요한 기본 용어들을 알고 있어야 한다. 그렇다고 한국 기업처럼 토익, 토플과 같은 공인 영어 시험 점수를 딱히 요구하는 것은 아니다. 아마도 공인 영어 시험 점수로는 실제 업무에 필요한 영어 의사소통 능력을 판가름하기 어렵다는 점 때문일 것이다. 그렇다면 해외 기업에서는 무엇을 통해 의사소통 능력을 평가할까? 주로 인터뷰를 통해 종합적으로 실제 업무 능력을 평가한다. 사실 공인 점수보다 이 방법이 훨씬 효율적인 것이 대화 몇 마디 해보면 그 사람이 직무에 잘 적응하고 적합한 사람인지 금방 파악이 된다. 영어 실력이 좀 서툴더라도 다른 능력이 뛰어나면 종합적으로 좋은 평가를 받아 채용되는 경우도 있다. 인터뷰에서 좋은 점수를 받기 위해서는 실제 외국인들과 많이 대해보거나, 종사하고 싶은 분야의 뉴스 기사, 관련 책들을 통해 자주 쓰이는 용어, 문장들을 익히는 것이 좋다. 그래도 공인 시험을 통해 배움을 얻고자 한다면 토익이나 토플보다 IELTS 시험에 도전해 보길 추천한다.

2. 구직 사이트 활용

이제 구체적으로 해외 구직 사이트를 통해 일자리를 찾는 방법에 대해 알아보겠다. 나라마다 특화된 사이트들이 있기도 하지만 가장 대표적으로 'Linked in'이라는 사이트가 있다. Linked in은 넓게 보면 비즈니스 플랫폼이라고 생각하면 된다. 먼저 자신의 계정을 만들어 프로필에 짧은 자기소개서, 경력, 자격증 등을 작성하게 되어있다. Linked in에 올라오는 기본적인 채용 공고들을 활용할 수도 있고, 원하는 기업들에 대해 필터링하여 검색할 수 있다. 다른 장점으로는 자기 PR을 통해 개인 브랜딩을 할 수 있으며 네트워킹을 통해 인맥을 넓혀 동업을 할 수도 있다. 또한, 전 세계적으로 해외 기업 인사담당자들이 Linked in을 통해 필요한 인재들을 채용하기도 한다.

출 처 | 픽사베이

Linked in 외에 많이 사용하는 또 다른 사이트는 'Glass door'라는 사이트이다. 검색 기능을 활용하여 지원하고자 하는 나라나 도시, 직무를 검색하면 해당하는 기업들에 대한 기본적인 정보들을 모아 볼 수 있다. 또한, 실제 일하고 있는 사람들의 솔직한 평가 내용도 확인할 수 있으며 채용 면접에 대한 자료들도 얻을 수 있다.

고등학교 동창인 친구가 대학 졸업 후 캐나다 취업을 고민하던 때가 생각난다. 친구들과 내가 처음 그 고민 이야기를 들었을 때 대수롭지 않게 생각하고 넘겼다. 그런데 대학 졸업 후 친구는 캐나다에 가서 1년 동안 생활해보고 나서 정말 캐나다의 대학교로 재입학하며 떠났다. 캐나다에서 학사 과정을 수료하고 취업을 준비하는 모습을 보면서 자신의 삶을 스스로 개척해나가는 모습이 멋있었다. 이 친구를 보면서 가끔씩 나도 해외에서 살아보고 싶다는 생각을 문득 한 적이 있다. 물론 고향에 대한 그리움, 음식과 문화에 대한 적응 등 어려운 점들이 없지는 않았지만 지금은 영주권도 얻고 몇 년 전 자신이 꿈꾸던 생활을 하고 있는 듯하다.

해외 취업에 대해 많은 정보를 찾아보고 고민은 하고 있지만 걱정만 가득하여 실천에 옮기지 못하고 있는 완벽주의자들이 있다면 용기를 내서 도전해보는 것이 어떨까?

"일단은 하는 게 낫다."

-마이클 하얏트, <탁월한 인생을 만드는 법>-

07

N잡시대 멀티플레이어는
어떻게 탄생하는가?

#n잡 #편견 깨기 #성실함은 밥을 안 준다 #프로 N잡러 #재능공유 #인플루언서

　진로를 생각한다거나 취업을 한다거나 학과를 선택한다고 하면 그렇게 진지하고도 우유부단할 수가 없다. 분명히 내가 하고싶은 일이 있다고 생각했는데, 그 일을 잘하는지 모르겠고, 또 잘 한다고 생각했는데 전망이나 현실을 생각하니 선뜻 선택하고 달려가기에 두려움이 있다. 대학 학과를 선택할 때도 그랬고, 대학에 들어와 진로나 진학을 고민할 때에도 그랬다. 그리고 취업을 하려고 할 때에도 너무 신중한 나머지 타이밍을 놓치거나 '팔랑귀'가 되어 이리저리 기웃거리다가 더 미궁에 빠지는 경우가 많다. 험난하고도 복잡한 이 세상으로의 발돋움이 여전히 두렵고 망막하다. 그러한 이들에게 새로운 시대가 오고 있음을 알린다. 아니 이미 그런 시대가 와 있고 지금도 진행 중이다.

N잡의 시대가 오고 있다

그 시대라 함은 바로 'N잡의 시대' 복수를 의미하는 N과 직업을 의미하는 Job의 합성 신조어로 N잡이라는 단어가 생겨났고 바야흐로 이러한 시대가 오고 있음을 부정하기 어렵다. 잡코리아와 알바몬에서 조사한 설문에서는 직장인 89.7%가 N잡러가 더 늘어날 것임을 예상했다. 그 이유로는 '평균수명이 길어지고 정년 없는 일자리에 대한 관심이 높아져서'라는 답변과 즐기면서 할 수 있는 일을 찾는 이들이 많아져서'라는 등의 답변들이 있었다. 즉, 한 직장을 선택해서 평생을 정년퇴직까지를 생각하고 일하는 사람들이 많이 줄고 있고 대부분이 다른 직장으로의 이직을 꿈꾸거나 두 가지 이상의 직업을 가질 수 있다고 생각한다는 것이다. 직장인들의 72.4%가 N잡러가 되고 싶은 의향이 있다고 답한다.

많은 이들이 제2의 인생을 준비하거나 자아실현을 위해, 또는 삶의 활력을 위해서라도 새로운 직업과 일을, 취미 등을 원한다. 또는 직장과 취미활동의 경계가 무너지는 경우도 많이 있다. 예전처럼 좋은 곳에 취직했다고 집에서 자랑처럼 이야기를 하거나 그 직장에서 평생을 일하고 마지막에 눈물을 흘리며 쫓겨나듯이 그 직장에서 나오고싶지 않은 것이다. 평생을 일하고 시대가 변해 자신이 쓸모없어지는 시대가 왔을 때는 회사가 아니라 내 자신이 스스로 물러나고 싶다는 생각을 하기도 한다. 그렇기에 먼저 공부하고 먼저 노력해 자신을 업그레이드시키고 다양한 직업을 가지고 살고자 하는 것은 아닐까?

　다시 돌아와 우리는 왜, 진로에 관한 선택을 할 때 그리도 망설여
지고 두려움을 느끼는 것일까? 그것은 아마도 이 한 번의 선택이
나의 평생을 좌우할 것이라고 믿기 때문일 것이다. 그러니 처음 선
택할 때 잘 선택해야 나의 인생도 무난할 것이라고 본다. 그런데 과
연 그럴까? 많은 시간이 지나고 과거를 돌아봤을 때, 우리는 그 한
번의 선택이 지금까지의 결과를 만들어냈다고 보게 되는가? 그렇
지 않다. 영향을 미칠 수는 있으나 그 한 번의 선택으로 지금의 내
가 있는 것은 아니다. 여러번 선택을 하고 그 선택을 수정하기도 하
며 보완하고 또 돌아가면서 많은 시간이 연마되어 지금의 나를 만
들어낸 것이다. 그러니 사실 한 번의 선택을 하고 나서 그것을 수정
하거나 다시 선택하는 일들이 많다. 그러니 두려워 할 필요가 전혀
없다. 우리는 매 순간의 삶 속에서 부족한 것을 채우고 제 2의 안을
만들어내면서 성장한다. 지금 우리가 곤란해하고 있는 그 선택은
아무것도 아니다. 아무것도. 그냥 해보고싶은 일을 선택하면 된다.
그리고 부족하면 그 다음 일을 생각해보면 된다. 그리고 나서 공부
가 필요하면 그때서 또 자격증을 따거나 직업아카데미 혹은 대학원
진학을 해볼 수도 있다.

N을 만들어가는 나의 이야기

나는 대학을 다니는 내내 문학을 공부하고 연극을 보러 다녔으며 많은 공연들을 접하며 공연기획자를 꿈꾸었다. 그래서 무작정 '공연기획아카데미'에 들어갔다. 그곳에서 뮤지컬, 연극, 기업이벤트, 콘서트 등 다양한 공연 특강을 듣고, 기업 이벤트를 하고 싶다는 생각을 하게 된다. 그래서 무작정 그 안에서 알려진 이름이 난 회사에 이력서를 냈다. 그리고 인턴으로 취직을 하고 수습사원을 거쳐 정직원이 되었다. 그렇게 단계를 거쳐 첫 월급이 나오고 내가 기획하고 준비한 공연도 하나 둘 생기기 시작했다. 물론 치열한 시간들이었다. 문학을 공부하고 연극과 뮤지컬을 보러다녔던 내가 기업이벤트를 선택하면서 예술성 있는 공연 보다 기업의 생리와 요구에 맞는 공연을 만들다보니 무언가 잘 맞지 않는 옷을 입은 것만 같은 느낌이 들어 고민에 빠진다. 그리고 이직을 시도한다. 후회 없이 사직서를 내고 집으로 돌아올 수 있었던 이유는 바로, 직접 경험하면서 무엇이 잘 맞지 않는지, 무엇이 잘 맞는지를 몸으로 알아냈기 때문이다.

그리고 나는 교사라는 직업을 선택했다. 학부에서 문학을 공부한 나는 국어교사가 되기 위해 교육대학원에 진학했다. 그리고 내 직업 인생의 2막이 시작되었다. 교사자격증을 취득하기 전이었기에 교사자격증 없이 일을 할 수 있는 대안학교를 선택하게 된다. 그리고는 그곳에서 영혼을 다해 일을 했다. 학생들을 만나고 나를 나누었다. 나의 시간과 열의와 사랑을 나누었다. 지금 일하고 있는 학교에서는 매 학기 새로운 수업을 개설해야 한다. 그럴 때마다 새로운 선택을 하게 된다. 그리고 내가 몸으로 부딪히며 사랑해온 것들을 꺼내들어야 한다. 교사가 사랑하지 않는 수업은 학생들도 사랑하기 어렵기 때문이다. 이 부분에서 교사들이 한계를 많이 느낀다. 왜냐하면 대부분의 중고등교사들이 자신이 사랑하는 학문이 한두 가지 정도 밖에 없기 때문이다. 난 지난 시간들 속에서 많은 것들을 선택하고 거침 없이 사랑해왔기에 아직도 꺼내들지 못한 수업이 많이 있다.

난 지금 교과의 구분 없이 매 학기 새로운 수업을 개설해서 학생들로부터 선택을 받아야 하는 학교에서 일하고 있다. 그래서 나는 이곳에서 여러 이름으로 불리며 일을 한다. 교육학 교사, 문학교사, 유튜브 교사, 연극교사, 성경 교사, 인성교육 교사, 생활교육 교사, 공연기획자, 출판 업무, 작가….이런 일들을 다양하게 하며 나는 교사라는 직업을 가지고 있지만 실질적인 N잡러로 살아간다. 지금도 나는 대학원에서 공부를 하며 이렇게 글을 쓰고 책을 내는 일을 하기도 한다. 학생들과 유튜버가 되어 유튜브 채널을 운영하기도 하고 극단을 만들어 뮤지컬을 제작하는 일을 하기도 한다.

아직도 난 꿈을 꾸고 하고싶은 일이 많이 있다. 그것이 이상할 것이 없으며 여전히 나는 또 다른 N을 만들어간다.

N으로 가는 길

지금 왜 주저하고 있을까? 평생을 배워야 하는, 평생을 새로운 것을 만들어가는 것이 이 시대 직장인들의 운명이라면 오히려 그것이 자기를 찾아갈 수 있는 좋은 기회이다. 일하고 도전하고 공부하고… 그것이 평생의 과정이라면 지금 당신 앞에 놓인 선택은 그냥 한 걸음을 떼는 일일 뿐이라는 사실을 잊지 말아야 한다.

그리고 좀 더 시야를 멀리보고 조금은 가볍게 한 걸음 다가가야 한다. 그리고 내가 하고싶은 일부터 해야하는 일, 그리고 지금 하고 싶은 일, 혹은 좀 더 나이가 들어가 할 수 있는 일 등을 다양하게 생각해보며 자신의 인생을 설계해 나갈 필요가 있다. 결국 자신에게 주어진 일은 자신만이 할 수 있다. 그것은 생각보다 훨씬 많다. 내가 지금 학교에서 문학과 연극을 가르치는 일을 할 거라고는 20대 중반까지만 해도 전혀 생각해보지 못한 바이다. 지금 대학원에서 공부를 하고 글을 써서 출판을 하고, 그 다음의 일을 어떻게 펼쳐나갈 수 있을지를 생각해본다. 그러고보니 하고싶은 일은 너무나 많고 시간이 부족하다.

최근들어 N잡러들을 보면 낮에는 직장인으로 일하고 저녁에는 유튜버로 일을 하는 사람들도 있고, 1인 마켓을 열어 사업을 하는 사람들도 있다. 그리고 직업이라고 하기까지는 어렵더라도 드라마 '슬기로운 의사생활'에 나오는 의사들처럼 주말에 모여 밴드를 만들어 즐겁게 취미활동을 하는 사람들도 있다. 취미활동까지도 N잡에 포함 되는가에 대한 의문도 있겠지만, 그 취미활동을 통해 수익이 나기도 하고 전문성이 향상되어 취미 이상의 일을 하기도 하기 때문에 이 취미활동도 예전처럼 여가 시간 보내는 정도로 생각할 필요는 없다.

또한, 외국어에 정통한 사람이라면 학원에서 강사 일을 하면서도 강의가 없을 때는 번역이나 통역의 일을 하기도 한다. 최근에는 작가들이 책만 쓰는 것이 아니라 유튜버로 활동을 하기도 하고 브이로그나 팟캐스트 등을 통해 강연을 하며 그 내용을 책으로 만들기도 한다. 작가도 홍보와 마케팅 등 출판사에서 하는 일을 하는 시대가 온 것이다. [24]

이외에도 재능을 공유하거나 기부하는 활동을 하기도 한다. 돈을 벌지 못하더라도 자신의 재능을 발휘해 여러 사람들에게 유익을 주면서 자신의 존재감을 발휘하기도 한다. 사람은 돈으로만, 유익으로만 사는 존재는 아니기 때문이다.

무엇을 위해 일을 하는가에 대한 질문

일이 단지, 자신의 생활을 위해 돈을 벌어다주는 수단으로써만이 아니라 자신의 자아를 실현하고 인간관계를 넓혀가고, 새로운 지평을 열어주는 도구가 되기도 한다. 그렇기에 이제 일에 끌려가는 사

---

24) https://www.sisajournal.com/news/articleView.html?idxno=185118

람들이 아니라, 일을 추구하고 일을 만들어내는 사람들이 될 필요가 있다.

그렇다면, 그런 시작은 어떻게 할 수 있는 거냐고 묻는다. 그런 시작은 생각보다 간단하다. 일단 너무 많은 생각을 하지 않고, 지금 할 수 있는 일을 하면 된다. 그리고 또 하고 싶은 일이 생기면 너무 빨리 사직서를 내지말고 남은 시간을 활용하여 그 일을 하면 된다. 그러다가 자기가 더 하고싶은 일이 너무 많아져서 시간이 남지 않을 정도가 되면 그때 덜 하고 싶은 일을 그만두면 된다. 물론 이 과정에서 두 가지 이상을 병행하고 싶을 때 자신의 시간들을 다시 세팅해서 자리를 잡게 되면 드디어 N잡러가 탄생하게 되는 것이다.

유념해야 할 것은, N잡러가 되기 위한 목적을 가지고 너무나 큰 고통에 자신을 밀어넣지는 않기 바란다. N잡은 시대적 추세이며 도구이지 목적이 될 수는 없기 때문이다.
자기 자신을 좀 더 이 세상에서 발현하고 성장하기 위한 도구로 N잡러에 도전해보길 바란다.

08

프리랜서로 일할 수 있는
방법은 무엇이 있을까요?

#프리랜서 #중세시대부터 있었다고? #포트폴리오를 챙겨라
#프리랜서는 이렇게 산다 #섭섭한 그림책

　프리랜서(Free-Lancer)의 뜻은 일정한 집단이나 회사에 전속되지 않은 자유계약에 의하여 일하는 사람을 말한다. Free는 자유, Lancer는 창기병으로 중세시대에 영주와 주종 관계에 상관없이 자유롭게 계약에 따라 싸우는 용병에서 나온 말이다. 내가 프리랜서라는 말을 접하게 된 것은 강수정 KBS 전 아나운서의 프리선언 때이다. 어마어마한 경쟁을 뚫고 합격한 직업을 20대의 나이에 그만두고 나온다니 처음에는 도저히 이해할 수 없었다. 허무함 때문인 걸까? 아니면 수입이 맘에 들지 않아서 일까? 프리 선언 이후 강수정 아나운서는 예능이나 다른 방송 프로그램에 나오면서 뉴스에서는 볼 수 없었던 자유롭고 다양한 시도를 하는 것을 볼 수 있었다. 그리고 한 인터뷰에서 다음과 같이 말했다.

　'방송에 대한 욕심이 컸습니다. 다양한 방송을 해보고 싶었어요.

내가 어디까지 할 수 있을까. 어디까지 발전할 수 있을까도 궁금했습니다. 그래서 꿈을 찾아 나섰습니다.'

이때만 해도 나는 '프리랜서'라고 하면 뭔가 신비로운 이미지가 떠올랐다. 거창하고 경력이 많거나 특별한 재능이 있어야 하는 줄 알았다. 요즘은 프리랜서라는 개념이 넓어져 많은 분야에서 프리랜서로 일하는 사람들이 늘어나고 있다. 프리랜서로 일하는 사람들에게 프리랜서 삶의 장단점에 관해 물어보았다.

첫째, 출퇴근이 정해져 있지 않다는 것이다. 대부분 직장인이라면 9시 출근, 6시 퇴근이 기본인데 프리랜서로 일을 하게 되면 일에 따라서 시간이 유동적이다. 재택근무를 하는 일이라면 2시에 일어나 라면 하나 먹고 일을 시작해도 되며, 강의하는 일이라면 강의 시간에 맞춰 나가면 된다. 이런 부분이 장점이 될 수도 있지만, 한편으로는 퇴근 없이 밤새워 일하는 날도 있을 수 있다.

둘째, 열심히 하는 만큼 보상이 확실하다는 것이다. 그 어느 직장보다 성과주의에 충실한 직업이 바로 프리랜서이다. 직장에서는 내가 열심히 해도 결국 나의 일이 아니라 회사의 일이기 때문에 아무래도 성취감이나 보람이 상대적으로 적을 수 있다. 또한, 수입도 정해진 액수가 있는 것이 아니라 내가 일을 구하고 찾아서 한 만큼 돈을 벌 수 있다. 여기서 함정은 일이 없으면 수입이 없을 수도 있다는 것이다. 즉, 수입이 불안정하다는 것이다.

셋째, 샘솟는 창의력과 아이디어를 마음껏 실현할 수 있다. 회사
는 내 아이디어를 실현하기에는 한계가 있는 곳이다. 반면, 프리랜
서로 일하면 오로지 내가 주체가 되어 일하며 그에 따른 결과와 책
임도 오로지 나에게 있다. 그렇기에 일을 하지 않는 쉬는 타임에도
24시간 내내 일 생각으로 가득 찰 수밖에 없을 것이다.

포트폴리오에서 시작해서 포트폴리오로 끝난다

프리랜서로 일을 시작하려면 가장 먼저 무엇을 해야 할까? 프리
랜서마다 다르겠지만 자신만의 포트폴리오가 있어야 한다. 그동안
자신이 해온 경력이나 작품들이 있다면 최대한 많이 외부에 노출하
는 것이 좋다. 나는 인스타나 페이스북과 같은 SNS를 하지 않지만,
자신의 홍보하거나 알리는 도구로는 그만한 것이 없다. 블로그나
유튜브를 하는 것도 하나의 방법이다. 최근에 수학교사 연구회에서
'경제수학'이라는 주제로 강의해주실 강사님을 찾고 있었는데 지인
들 통해서는 도저히 원하는 느낌의 강사님을 찾을 수 없었다. 결국
블로그와 유튜브에서 활동하고 있는 강사님의 활동 경험, 창작물들
을 보고 직접 연락을 하게 되었고, 연구회에서는 강의를 성공적으
로 개최할 수 있었다.

'나는 돈도 없고, 인맥도 없는데 어떻게 일을 구하지?' 라는 걱정

을 한다면 지금부터 나를 브랜딩하여 널리 알릴 수 있는 포트폴리오를 업로드 추천한다. 내가 4년 전에 가르쳤던 중학생 중에 액세서리를 만드는 것을 취미로 하는 아이가 있었다. 만든 물건을 가족들과 친구들에게 선물로 주기도 했다. 주변에서는 그 친구의 액세서리를 참 좋아해 줬다. 그 당시에는 유튜브가 활성화되지 않았기에 밴드라는 플랫폼에 자신의 작품을 매일 하나씩 일기처럼 올렸다. 그리고 작품 사진에 대한 설명과 자신의 느낌까지 적었다. 그것을 누군가 보고 연락이 와서 판매 요청을 했다. 그때부터 그 아이는 자신이 만든 헤어핀, 머리끈, 목걸이 등을 만들어 택배를 보냈고 1년 동안 꽤 많은 양의 작품을 팔았다. 그 아이가 밴드에 자신의 작품을 알리지 않았다면 주변 칭찬으로 그쳤을 것이다. 네일샵 준비 중이던 나의 지인은 네일 포트폴리오를 만들기 위해 1년 동안 나와 친구들의 손톱에 네일 아트를 해주면서 인스타에 결과물을 올렸다. 포트폴리오가 완성될 때쯤 네일샵을 차리고 적극적으로 자신의 작품들을 홍보했다.

프리랜서로 할 수 있는 직업들

그림 그리는 것을 좋아한다면 가장 대표적으로 일러스트레이터가 있다. '섭섭(SUBSUB)'이라는 일러스트레이터를 들어본 적이 있는가? '섭섭은' 그의 이름 마지막 글자를 두 번 반복해서 지은 닉네임이라고 한다. 아마 그의 작품을 보면 어디선가 한 번쯤 보았거나 익숙할 것이다. 나는 그의 작품인 '섭섭한 그림책'이 인터넷으로 인기를 끌게 되면서 알게 되었다. 그는 예전부터 '또 다른 나'를 표현하는 캐릭터들을 그려 인스타에 올렸는데 반응이 좋았고 사람들이 알아주기 시작했다. 중학교 1학년 수학책 표지에도 그의 작품이 있다. 딱딱하고 어려울 것 같은 수학책이 귀엽고 힐링을 줄 것 같은 하나의 작품이 되었다.

출처 | 지학사

일러스트레이터는 교과서, 책뿐만 아니라 굿즈를 만들어서 판매하기도 하고, 건물 외벽에 그림을 그리기도 한다. 섭섭 작가는 에스팀 엔터테인먼트 사옥 전면에 '나와 너, 우리'를 상징하는 세 명의 귀여운 캐릭터를 그려 회사의 이미지를 표현하는 일을 했다.

　유튜버와 영상편집가도 대표적인 프리랜서이다. 모든 영상은 편집이 가장 중요하다. 어떻게 편집하는가에 따라 영상의 재미와 몰입감 등이 달라진다. 예전에는 영상 편집가라고 하면 방송국이나 큰 기업에서 일하는 사람을 떠올렸는데 최근에는 영상도 찍고 편집까지 하려면 시간이 굉장히 오래 걸리기 때문에 대부분 영상 편집을 외주 맡기는 경우가 많다. 얼마 전 학생들 동아리 축제 활동 영상을 찍어 학교 발표회에 내보낸 적이 있었는데 축제 당일 나는 일단 학생들의 활동 영상을 무작정 찍었다. 학생들을 지도하면서 찍다 보니 영상이 짧게 끊기는 부분도 있었고 흔들리거나 지루한 부분도 있었다. 나는 동아리 학생 중 미디어 영상학과에 진학을 앞둔 학생이 있어 이 날 것의 영상물을 주고 편집을 부탁해보았다. 그 학생은 예전부터 자막 넣기, 배경음악 깔기, 편집점 찾아 편집하기 등등 영상 편집을 하는 기술이 있었기 때문에 빠른 시간 안에 엄청난 퀄리티의 영상을 만들어 냈고, 그 동아리 영상이 영광스러운 1등을 하게 되었다. 그것을 본 여러 친구들과 선생님들은 그 학생에게 많은 칭찬의 박수를 보냈고, 졸업하면 바로 일거리를 찾을 수 있겠다는 생각이 들었다.

요즘은 유튜브, 블로그처럼 디지털을 활용한 분야가 훨씬 넓어지고 있다. 특히 우리는 온라인 마케팅에 따라 물건을 소비한다고 해도 과언이 아니다. 이에 따라 '디지털 노마드'라는 말도 생겨났다. 디지털 노마드는 디지털(digital)과 유목민(nomad)을 합성한 신조어로, 디지털 기기를 통해 재택 혹은 이동 근무를 하면서 자유롭게 생산 활동을 하는 사람을 일컫는 말이다. 오늘은 앞으로의 역사 중에서 기술의 발전이 가장 느린 날이라고 생각한다. 즉, 디지털 기기의 발전은 무궁무진하며 그것을 활용한 일 또한, 늘어난다는 말이다. 최근에는 코로나19로 인해 직장을 잃거나 재택근무 환경이 좋아지면서 디지털 노마드에 대한 관심이 급증하였다. 또한, 외국 영화처럼 카페에서 커피를 마시며 노트북으로 일을 하는 사람들의 로망도 한몫한 것 같다.

프리랜서를 고민하고 있는가? 그렇다면 자신이 가지고 있는 실력을 포트폴리오로 만들어 시작해보면 어떨까?

9

경험하지 못한
세계로 가볼 수 있을까요?

#일론머스크가 뽑은 5가지 키워드 #테슬라 #스페이스X #블루오리진
#우주로 여행가는 미래가 현실로 #뉴럴링크 #메타버스

코로나19가 많은 이들에게 수많은 좌절을 가져다 주었지만, 또 누군가에게는 새로운 기회가 되기도 했다. 새로운 흐름에 변화한 이들은 성공했지만 그렇지 못한 이들은 실패했다. 당장 학창시절을 떠올려보면, 갑작스럽게 원격수업이 시행되는 과정에서 어떤 친구는 자기주도적 학습계획을 짜면서 성적이 올랐지만, 기존의 학교 시스템의 관리에 익숙해져 자신을 관리하지 못한 친구들의 성적은 그렇지 못했다.

새로운 흐름에 탄 대표적인 기업가가 일론 머스크다. 불과 몇년 전까지만 하더라도 몽상가 소리를 듣던 그가 이제는 대표적인 혁신 기업가로 인정받고 있다. 팬데믹이 시작되던 2020년 2월, 그는 테슬라 관련 유튜브 'Third Row Tesla'에 출연하여 자신이 대학시절 생각했던 '세상을 바꿀 5가지'에 대해 소개했다.

그가 꼽은 5가지 키워드는 인터넷, 다행성 시대, 유전자 조작, 지속가능한 에너지, 그리고 인공지능이다. 머스크는 90년대 초반 인터넷 붐이 일어나자 박사과정을 등록한지 이틀만에 자퇴를 하고, 인터넷 관련 기업을 차린다. 그는 인터넷이 정보의 확산을 가져다주고 이것이 세상을 바꿀 것이라고 확신했다. 또 SF소설을 좋아했던 탓에 어릴 때부터 우주에 대한 호기심을 가지고 있었는데, 이것이 그의 기업 스페이스X를 창업하게 된 계기가 되었다.

그러나 머스크의 관심사들이 처음부터 각광받았던 것은 아니다. 불과 몇년전만 하더라도 머스크에 대해 '사기꾼'이라며 극단적인 악평을 하는 사람들도 많았다. 그러나 코로나19 상황에서 새로운 패러다임의 필요성을 사람들이 체감하면서 그의 기업 테슬라, 스페이스X 등이 주목받으며 상황은 역전되었다. 미국 타임지에서는 2021년 '올해의 인물'에 엘런 머스크를 선정하며 "정부나 산업계가 자신의 야심을 따르게 만들었다"라고 이유를 밝혔다.

새로운 세계를 만들어가는 일론 머스크

일론 머스크를 소개한 이유는 그가 코로나19로 변화된 세상의 이득을 보았기 때문만이 아니다. 오히려 그 반대다. 그가 제시하는 아이디어들을 소개하기 위해서다. 앞서 언급한 스페이스X는 우주탐사를 목표로 하는 민간회사다. 머스크는 "2025년까지 화성에 사람을 보내겠다"는 선언을 해놓은 상태다.

머스크의 스페이스X에 이어 또 다른 민간우주탐사기업이 있다. 바로 아마존의 창립자 제프 베이조스의 블루 오리진이다. 블루 오리진은 우주 관광을 목표로 2021년 7월 20일, 제프 베이조스가 직접 탑승해 고도 100km에 도달, 무중력 상태 3분을 경험하는 우주비행에 성공했다.

이에 질세라 머스크의 스페이스X도 우주선 '크루 드래곤'으로 민간인 4명을 태우고 3일간 우주여행을 선보이기도 했다. 시대를 이끌고 있는 두 CEO들이 우주산업에서 또 다시 경쟁을 벌이고 있는 셈이다. 어쩌면 상상만으로 존재했던 우주여행이 우리 세대 내에서 가능하게 될지도 모른다.

운송수단도 그의 관심사 중 하나다. 대표적인 것이 하이퍼루프 프로젝트와 더 보링 컴퍼니다. 하이퍼루프 프로젝트는 2019년 한 고등학교의 '도전 골든벨' 문제에 출제되면서 화제를 끌기도 하였다. 당시 '도전 골든벨'에서는 하이퍼 루프를 다음과 같이 소개했다.

"현재 많은 나라와 기업에서는 대중교통의 혁신을 일으킬 차세대 이동수단으로 '이것'을 손꼽고 있다. 이것은 2013년 미국의 엔지니어 출신 기업가인 일론 머스크가 제시한 것으로 공기 마찰이 없는 진공 튜브를 시속 1300km 캡슐형 열차가 미끄러지듯 달리는 '꿈의 이동수단'이라 불린다.

　여기에 이어 머스크는 수직 이착륙이 가능한 전기비행기 개발을 꿈꾸고 있다.

　장거리 운송만이 아니다. 그의 또 다른 회사 더 보링 컴퍼니는, 출근길이 너무 막혀 지루함(boring)을 느끼던 머스크가 떠올린 아이디어에서 비롯되었다. 도로의 지하를 뚫어 차량용 터널을 만드는 것, 그는 이것을 차량용 엘리베이터라고 표현했다. 땅을 뚫는 것이니 토목회사로 분류되지만, 이렇게 되면 새로운 지하세계가 열리는 셈이다.

　우주부터 지하까지 새로운 세계를 만들어내려는 머스크의 계획이 물론 당장 실현 가능한 기획은 아니다. 더 보링 컴퍼니의 계획만 하더라도 아직 문제점들이 여럿 보인다. 그러나 몇년 전까지만 하더라도 그의 대표적 기업 테슬라가 사기꾼 취급받았던 것을 생각해보면 어떤 일들이 발생할지 모르는 일이다.

인간, 기계와 디지털 세상과 결합하다

　그의 계획은 세상을 넓히는 것만으로 끝나지 않는다. 그의 관심사는 인간의 뇌에도 미친다. 일론 머스크는 '2022년 인간의 뇌에 마이크로 칩을 이식할 계획'이라고 밝혔다. 이런 그의 계획을 담당하는 회사가 '뉴럴링크'다. 사람의 뇌에 컴퓨터 칩을 이식해 뇌 활동을 기록하고 자극해 질병이나 장애를 극복한다는 목표를 가지고 있다. 특히 이 기술은 인간의 뇌나 척수 손상 또는 신경 장애와 같은 질병을 가진 이들에게 획기적인 치료법이 될 예정이다.

뉴럴링크에서는 2020년 돼지, 2021년 원숭이 등에 실험을 마쳤다. 실제로 원숭이 실험에서 원숭이는 뇌의 생각만으로 컴퓨터 속 핑퐁게임을 성공했다. 원숭이에게 조이스틱을 주고 조작하는 동안 뇌파를 읽어낸 뒤, 조이스틱을 떼어내고 오직 원숭이의 뇌파만으로 컴퓨터가 신호를 읽어 핑퐁게임을 진행한 것이다.

인간의 뇌파를 기계가 읽어내는 것이 뉴럴링크라면, 반대로 인간이 또 다른 현실 세계에 존재하는 메타버스도 있다. 메타버스는 가상, 초월을 의미하는 메타(Meta)와 현실세계를 의미하는 유니버스(Universe)의 합성어이다. 새로운 개념은 아니지만 현실과 연동시키면서 기존 가상현실에서 진화된 개념으로 자리잡았다.

메타버스라는 용어는 1992년에 출간된 닐 스티븐슨의 소설 '스노우 크래쉬(Snow Crach)'에서 처음 등장했다. 이 소설에서는 메타버스를 고글과 이어폰이라는 시청각 출력장치를 이용해 출력장치를 이용해 접근할 수 있으며 정치, 경제, 사회 활동이 가능한 가상세계로 묘사했다. 그러나 당시만 하더라도 충분한 기술이 뒷받침되지 못했다.

그러나 코로나 팬데믹으로 인해 비대면 수업, 재택 근무 등이 확산되면서 메타버스는 현실 속으로 본격화되기 시작했다. 특히 통신기술에서 초고속, 초연결이 가능한 5G가 사용화된 점이 가장 큰 도움이었다. 그동안에는 가상현실(VR)이나 증강현실(AR) 등의 화질이 좋지 못해서 현실감이 떨어졌으나, 통신기술의 발달로 메타버스는 생동감 있는 세계를 구축해나가고 있는 중이다.

특히 마크 주커버그의 페이스북은 아예 회사 이름을 '메타 플랫폼스'로 바꾸며 메타버스 분야 개척에 힘을 쏟고 있다. 주커버그는 한 언론사와의 인터뷰에서 메타버스를 '임바디드 인터넷(Embodied Internet)'이라고 표현했는데 온 몸으로 나타내는 인터넷이라는 뜻이다. 메타버스가 가려는 길을 정확히 표현했다고 할 수 있다. 마이크로소프트도 메타버스 경쟁에 뛰어들었다. 이들 기업들은 자사 플랫폼을 통해 메타버스를 구현하는데 에너지를 쏟고 있다.

이 모든 흐름을 다 이해하라는 것이 아니다. 중요한 것은 세상이 변화하고 있다는 것이다. 우리가 그 동안 경험하지 못한 세계가 계속해서 찾아오고 있으며 그 모든 변화는 누군가에게는 위기지만 누군가에게는 기회가 될 수 있다. 중요한 것은 변화를 읽어낼 수 있는 눈, 그리고 변화를 기회로 만들어낼 수 있는 힘이다.

새로운 세계를 읽는 세 가지 방법

이런 눈과 힘은 갑작스럽게 찾아오지 않는다. 자신의 눈과 힘을 기를 수 있는 세 가지 방법을 추천하고자 한다.

첫째, 경제공부를 하길 바란다. 돈을 벌기 위한 공부를 하라는 것이 아니다. 산업의 변화를 가장 쉽게 느낄 수 있는 것은 단연 주식 등 금융시장이다. 경제공부를 통해 시장의 눈을 배우고 판단하는 법을 익히길 권한다.

둘째, 서점에 들르는 습관을 갖기를 추천한다. 온라인 서점을 방문하는 것보다 직접 오프라인 서점을 들르는 것을 추천한다. 일본의 광고 기획자 시마 고이치로는 그의 책 '나는 매일 서점에 간다'에서 정보를 모으는 방법이 여러가지가 있지만 그 중에 가장 추천하는 것은 서점이라고 말했다. 그는 "결과적으로는 책을 읽는 것이지만 서점에 가는 행위도 그만큼 의미가 있다. 서점은 일상에서 새로운 정보와의 만남을 최대한 늘릴 수 있는 장소다. 많은 정보가 서로 연결되어 완전히 새로운 것으로 변하는 화학 작용이 일어날 수 있다."라고 서점 예찬론을 펼쳤다. 이처럼 서점은 미처 생각하지 못했던 새로운 정보를 만나는 곳이다.

셋째, 이 책을 처음부터 다시 한 번 읽길 바란다. 이 책은 새로운 도전을 할 수 있도록 실패와 성공의 이야기들을 담으려고 했다.

인상 깊은 내용의 참고문헌을 찾아 그 책을 읽으면서 자신의 간접 경험을 확장해가길 바란다. 책을 좋아하다보니 학생들에게 "인생의 책을 추천해주세요."라는 얘기들을 가끔 듣는다. 그러나 한 권의 책은 그 자체만으로 존재할 수 없다. 10대 때 읽은 책과 40대 때 읽은 책이 가져다 주는 감동과 정보가 똑같을 수 없다. 그렇기에 여러 정보들을 접하고 확장해나가는 것이 중요하다.

세상의 변화를 모두 다 따라가야한다는 강박관념을 가질 필요는 없다. 인터넷이 처음 등장한지 30년이 넘어가지만, 여전히 인터넷 세계에 적응하지 못하면서도 세상을 잘 살아가는 어른들도 많다. 인터넷 쇼핑몰로 수천만원을 버는 시대에 전자상거래에 대한 개념을 전혀 이해하지 못하는 사람들도 있다. 마찬가지로 메타버스니 우주탐험이니 하더라도 이 것과 상관없이 이 땅에 발을 붙이고 하루를 사는 사람들도 많다.

메타버스만 하더라도 이미 1990년대부터 언급되었던 것인데 30년이 지나서 비로소 재각광을 받는 셈이다. 모든 일에는 '타이밍'이라는 것이 있다. 세상이 급변한다고 해서 자신을 놓치지 말고, 타이밍을 읽는 눈을 길러야 하는 것이다. 그리고 세상은 예측되는 대로 움직이지만은 않는다. 지금 이 순간의 예측이 모두 미래로 이루어지지는 않는다는 것을 기억하기를 바란다.

에필
로그

여기까지 읽었다고 해서 여러분의 마음이 정리되었을 거라고 기대하지 않는다. 오히려 고민거리가 늘어나고, 미래에 대한 생각이 복잡해졌을지도 모른다. 몇 번의 한숨을 내쉬었을지도 모를 일이다.

그러나 그렇게까지 걱정할 필요는 없다. 또한 '아무런 선택도 하지 않는다는 선택지'만 경계하라고 말해주고 싶다. 두려워서, 하기 싫어서, 다들 이러니까...그런 식으로 나아가게 되는 길의 끝에는 결국 버거운 결말이 기다리고 있을 뿐이었다.

무엇이든 선택이라는 것을 해보기 바란다. 직접 선택한 길이라면 설령 넘어지더라도 툭툭 털고 일어날 수 있게 될 것이고, 길을 잘못 든 거 같더라도 상관없을 것이다.

시간이 지나고 나면 '그때 그시절에 왜 그것을 하지 못했을까?' '왜 더 도전하고, 더 아파하지 못했을까?'를 생각하며 후회들을 많이 한다. '라떼는 그랬지'라는 말을 과거에 대한 후회와 더불어 그런 상황 때문에 '그저그런 삶을 살 수 밖에 없었다'는 자기합리화와 자기 위로를 입에 달고 살 수는 없지 않은가?

우리가 지금 이시간, 많이도 힘겹고 두려운 이유는 살아보지 않은 세상을 살아내야 하기 때문이다. 지금은 하루가 다르게 급변하는 사회이기에 '라떼는….'이라고 조언을 해주는 어른들의 말을 그대로 믿어야 할지, 과거의 이야기는 귀를 닫아야할지 그것도 어려운 선택이다.

　하지만, 이 책에서 저자들이 논한 많은 이야기들이 살아보지 않은 세상을 살아가야 하는 외로운 그대들에게 잠시 쉬어가며 생각할 수 있는 '카페'가 되어줄 수 있기를 바란다. 이 카페에서 어떤 세상을 어떻게 살아갈 것인가를 고민하며 힘겨운 한 걸음을 내딛을 수 있기를 바란다. 그 걸음은 우리 뒤에 따라오는 누군가에게는 발자취가 될 것이며 이정표가 될 수 있을지 어찌 아는가?

　많은 사람들은 사는 것이 어렵기에 이런 저런 것을 포기할 수밖에 없었다고 말한다. 그래서 아무것도 선택하지 않고 가만히 있었다고 말을 하고는 한다. 한 번 뿐인 인생인데 어려움은 있어도 무엇이든 도전할 수 있는 이 시대를 살아가면서 아무것도 안 하면서 살 수는 없지 않은가?

　우리는 이제 무언가를 선택해야 한다. 나는 무엇이 될 것인가? 나는 어떻게 살 것인가? 나는 어떤 흔적을 남길 것인가에 대한 선택의 책임은 오롯이 나에게 있기 때문이다.

저자일동

| 함께 읽어보면 좋은 책 |

- 지금 너에게 필요한 말들 (정동완, 조영민, 조성미, 신종원, 손우주), 미디어숲
- 그리스인 조르바 (니코스 카잔차키스), 열린책들
- 이번생엔 N잡러(한승헌), 매일경제신문사
- 주식회사 랩추종윤(이주헌, 박종윤), 브레인스토어
- 내가 하는 일 가슴 설레는 일. 가마타 히로시
- 나는 매일 서점에 간다(시마 고이치로)
- 굿 워크 (E. F. 슈마허), 느린걸음
- 인생학교-일 (로먼 크르즈나릭), 쌤앤파커
- 죽음의 수용소에서 (빅터 프랭클), 청아출판사
- 왜 일 하는가 (이나모리 가즈오), 다산북스
- 시그니처 (이항심), 다산북스
- 곰브리치 세계사 (에른스트 H. 곰브리치), 비룡소
- 21세기를 여는 대화 (이케다 다이사쿠 아널드 토인비), 화광신문사
- 강신주의 감정수업 (강신주), 민음사
- 이타적 인간의 출현 (최정규), 뿌리와 이파리
- 다산선생 지식경영법 (정민), 김영사
- 국가란 무엇인가 (유시민), 돌베개
- 사피엔스 (유발 하라리), 김영사
- 불씨 (도몬 휴우지), 굿인포메이션
- 지치지 않는 힘 (이민규), 끌리는책
- 성공하는 사람들의 7가지 습관 (스티븐 코비), 김영사
- 데미안 (헤르만 헤세), 민음사
- 명견만리 시리즈 (명견만리 제작팀), 인플루엔셜
- 여덟단어 (박웅현), 지식하우스스
- 어린 왕자 (생텍쥐페리), 더스토리

- 사랑의 기술(에리히 프롬), 문예출판사
- 화성에서 온 남자 금성에서 온 여자 (존 그레이), 동녘라이프
- 행복의 지도 (에릭 와이너), 문학동네
- 이것이 메타버스다. (최재용 외), 미디어북
- 다시 일어서는 용기 (알프레드 아들러), 스타북스
- 내 삶의 의미는 무엇인가 (이시형, 박성미), 특별한 서재
- 스님의 주례사 (법륜), 휴
- 미움 받을 수 있는 용기(기시미 이치로, 고가 후미타케 저), 인플루엔셜
- 부활 (톨스토이), 동서문화사
- 인간관계론(데일 카네기), 미래지식
- 지도 밖으로 행군하라(한비야), 푸른숲
- 그건, 사랑이었네(한비야), 푸른숲
- 사랑하라 한 번도 상처받지 않은 것처럼(류시화 엮음), 오래된 미래
- 하고싶은 일을 해 굶어 죽지 않아(하종강 외), 시사인북
- 리얼월드러닝(김하늬), 푸른들녘
- 그러니 그대 사라지지 말아라(박노해), 느린걸음
- 달과 6펜스(윌리엄 서머싯 몸), 민음사
- 아프니까 청춘이다(김난도), 쌤앤 파커스
- 88만원세대(우석훈, 박권일), 레디앙
- 평균의 종말(토드 로즈), 21세기 북스
- 있어 보이는 나를 만드는 방법(티젠 오나란), 동양북스
- 이장우의 브랜드(이장우), 올림출판사
- 인생은 실전이다(신명준, 주언규), 상상스퀘어
- 시크릿(론다 번), 살림Biz
- 안녕, 스무살(김수현), 마음의 숲

20대를
시작하는 너에게

초   판 1쇄 발행 2022년 5월 15일

지은이   정동완 조영민 김승호 송다혜 신종원
감 수   안혜숙
펴낸이   꿈구두
펴낸곳   꿈구두
디자인   안혜숙 맨디디자인

출판등록   2019년 5월 16일, 제 2019-000010호
블로그   https://blog.naver.com/edu-atoz
이메일   edu-atoz@naver.com
ISBN   979-11-91607-19-2